學紫微斗數
遇見更好的自己！

黎庭／著

推薦序　別忘了，我們都應當有能力遇見更好的自己！

當黎庭跟我說她計劃把研究多年的紫微專業整理出書時，我著實為她的想法興奮不已，畢竟這個朋友我真的認識太深、太了解她的個性了。她雖然性格大大咧咧，但是做起事來心思可是非常細膩，還略帶點龜毛的個性。因此我認為，如果黎庭要出書，肯定是本經過再三琢磨的好書。最有趣的是，黎庭的出生年月日正巧與知名的西洋星座專家同一天，可見老天爺早早就已為她安排好要走在為人解惑的道路上。

黎庭與我曾經是同事，一直以為我們兩個應該都會在原本的工作場域一直順風順水地平穩做下去，直到退休；然而，命運的安排卻始料未及，我們都面臨更換跑道與創業的轉折，這樣的挑戰其實都不在我們原有的人生計劃中。於是我回到南部家鄉創業，成立her spa；而黎庭則選擇轉換工作跑道，轉戰命理界。沒想到，在研究我的命盤時發現，這種種的巧合，其實在命盤中都能看出端倪。現在回想，當時的挫折與崎嶇也許是上天的安排。黎庭原本只是單純地想了解為何人生會遭遇這些不公平、不愉快的事。而當初的「想了解」，竟成為她踏入命理界的動機。換言之，我的創業之路也只是順著老天所給予我的考驗前進，轉念後回想，感謝上天對我的看顧，殫精竭慮都是為了讓我對身處的環境與人事物更有貢獻的方向而努力。

從一個命理界的門外漢，到如今成為命理界的當紅炸子雞，黎庭的成功絕非偶然。台灣有許多好的命理師，但黎庭卻是少數不放入個人想法、不恐嚇、不挑顧客喜歡聽的話講、不故弄玄虛、不會旁敲側擊的命理老師。她總是以客觀的方式來為顧客服務，也不鼓吹或強調要加購周邊商品，反而提醒客戶們要冷靜思考。她認為：當心安靜了，心思就縝密了，縝密的心思自然而然能帶領自我尋找下一個方向，或走向下一個階段。是的，黎庭就是這樣一位讓人感到舒適、自在，且風格清新的命理老師，面對她時能讓人感到格外輕鬆且具有信任感。並且，她還是口風很緊的老師，因此，不少頗負盛名的政商名流都指名要找黎庭老師排紫微命盤。

同樣巧合的是，黎庭往命理界努力，我則依舊在美容界以原有的專業開創更多的可能。紫微的術數與漢方師出同源，都是從陰陽五行開始。學習漢方可以深刻感受到身體與周遭環境的連結，以及每日從心到身不同的變化，再從這些變化中找出適合自己的生活方式與態度，包括飲食、生活習慣等。而學習紫微則可以更深入認識自己，也許不僅僅是單單排出命盤、算出流年，而是透過這些資訊中找出更適合自己的生活技能、想法，找尋與自己相同磁場的人，共創更好的未來。而這種「遇見更好的自己」的一種生活信念，恰巧就是漢方的本意，可見紫微與漢方的最終目的其實是相同的。所以每年我都會請黎庭幫我排當年的流年，希望能藉此趨吉避凶，找到更適合自己的生活哲學，而黎庭確實也總是能提供我許多良善的建議。

不諱言，紫微斗數絕對是門高深的學問，如果願意投入心思與時間專研學習，將能更加了解自己、掌握自己的性格特質。尤其黎庭又是不藏私的人，她願意將她所學的知識與更多人分享，只要有心投入的人都能追尋更美好的生活。紫微斗數教導我們，無論你是誰，只要能運用自己的命盤抓住機運，就能贏得精彩的人生。這就如同我透過漢方芳療與飲食，藉此幫助顧客調整體態與精、氣、神，讓店內顧客從內而外都能變得更美、更好。本書推出後，讀者將有機會更貼近紫微斗數，就如同漢方之於生活、成為生活的常識，也是人人都需要的每日處方簽。

願這麼棒的一本書能讓更多人尋得心靈的安靜，感受世界的美好。

her spa和和恬 營運長　唐金梅

序

你從網路推薦書單，查看了這本書的內容簡介；或者從書店書架上選了這本書，並找了個角落席地而坐閱讀之時，作者可以稍作猜測，現在的你或許正處於迷惘、失落、苦悶、沮喪的逆境中，正在努力嘗試要把自己從這無所適從的抑鬱感中拉出的關鍵時刻。其實，就在你收藏了這本書的當下，命運早就注定給了你一個可以開啟認識自己，並且學習如何不讓自己命與仇謀的適逢其會了。

如果你有下列狀況，強烈建議學習本書：

為什麼好事都不會先輪到你？

為什麼你常常被當工具人？

為什麼別人很會說場面話，你卻很卡？

為什麼別人常常偷懶沒事，你只是喘口氣就被抓？

為什麼你那麼努力，收穫卻不成比例？

為什麼出力的是你，拿到好處的是別人？

為什麼你總是遇人不淑？

為什麼你愛的人不愛你，愛你的人你卻不愛？

為什麼你的愛情，總是還沒開始就結束了？
為什麼你都存不到錢？
為什麼你好不容易存到一點錢，又有狀況花掉了？
為什麼你投資總是賠錢出場？
為什麼你的快樂感總是很短暫？
為什麼你心裏想要的很難成真？
為什麼你愛抱怨工作，也常常換工作？
為什麼你得不到主管的青睞？
為什麼你跟別人都處不來？
為什麼你總感覺身邊小人一堆？
為什麼你自卑又沒自信？
為什麼總是覺得沒有人了解你？
為什麼你常常感覺空虛、寂寞、冷？
為什麼你就只喜歡宅在家？
為什麼你總是三心二意、三分鐘熱度？
為什麼你沒有辦法接受別人的建議？

為什麼你的老公不長進、小孩不聽話？
為什麼你跟家人不同心？
為什麼你的健康這麼糟？
為什麼你的情緒會出問題？
為什麼你連喝水、呼吸都會胖？
為什麼？為什麼？到底是為什麼？……

雖然人生有好多好多的為什麼，但人生也有很多很多的幸福美好，等著你去發掘與體驗。人生只有一次，既然你被賦予了生命，也就等於擁有了無數的機會，所以，不管你認識的這個世界，是你認為的多麼複雜或者不容易，重要的不是執著在自己的處境如何，而是應該如何著手處理自己的處境。如果只是把自己一直放在在問「為什麼？」的狀態裡，那麼，即使有好事降臨，快樂感也會被不幸感給掩蓋。只有積極的去解開自己內心的枷鎖，才能讓生命產生更新穎的想法，與活出新生活的積極態度。

即使社會大眾對於生命的未來，普遍的認知是未知的，但紫微斗數祖師爺陳希夷，早已把厚厚重重一輩子的人生密碼，網羅、書寫在一張薄薄小小的命盤裏。如果你想為糾結在心中，好多好多的為什麼找到答案，只要理解本書作者對紫微斗數的現代化詮釋，就能為自己重新定義新的人生方向，找回優勢主導權，讓生命的未來未知數，變成是自我可以掌控與預知的未來已知數。

即使生活不盡如人意，也不要活在比較式，要專注在自己的步伐。
認識自己、升級自己，做自己的最佳版本。

本書內容介紹

本書是作者學習研究、實用紫微斗數的相關知識與書籍將近二十年，運用了更簡易好記的方法來詳述紫微斗數的基礎理論、排盤與論命方法，能讓讀者更快速學習、理解紫微斗數。書的內容重點如左邊提示：

第一章・紫微斗數要義：讓初學者了解紫微斗數的起源、派別以及論述方式。

第二章・紫微斗數排盤專有工具：完整的介紹，排出一張專屬你的紫微斗數命盤所有需要的使用元素。

第三章・專有、常用名詞解釋：紫微斗數的宮位、主要星曜排法，與解盤時相關的專有名詞解說。

第四章．生年四化與紫微星曜、格局全解說：解說單星與雙星命盤的特質、喜忌、優缺點、特殊格局，以及列出星曜會坐入與不坐入宮位的規則重點。

第五章．空宮的生命素質：空宮的命盤以及生命能量。

第六章．命盤排盤及範例解說：說明如何排出一張紫微命盤，並且解說命盤的生命重點。

出版宗旨

一本抵多本，讀者省錢、作者開心。
讓讀者從紫微斗數幼幼班，晉升至碩士班程度。
只談學理邏輯、不評派別優劣、不假鬼假怪。
江湖一點訣，教你紫實變半仙。

目錄

第三章・專有、常用名詞解釋

第一章

紫微斗數要義

在全球已進入先進技術戰略5.0及AI的時代，傳統算命也應該隨著時代的演進，走向「生命健檢」的全新概念。

紫微斗數，套句現在的語言，就是生命的大數據。因為紫微斗數巧妙運用了星象學、自然科學、地理學、邏輯學、心理學、社會學、人文學、統計學、哲學等學理，結合了紫微斗數相關的星曜、干支、宮位、宮職、四化等等，組合成非常龐大的古代智慧，成為結構縝密、層次分明、理論清晰的論命系統。

更簡單的說，紫微斗數是將包羅萬象的理論，運用標準化的十二宮，呈現了「我」的一生；也是現代人常說的，「我的生活圈、生態圈」，加上了與外界的因緣際會，產生各種關係與感覺，記載著人一生的得與失、吉凶禍福、富貴貧病等生命歷程。而這些生命歷程中的各種結果所產生的關係與感覺是好是壞？是讓你感到自信或卑微、富有或貧困、幸福或缺憾、無怨或後悔、高尚或低級、快樂或憂傷、健康或衰弱、釋然或憤怒、羨慕或嫉妒、或者是沒有感覺、還是不想有感覺呢？

現在，就一起透過這本書，了解自己並且打開智慧的開關，啟動人生的好命模式吧！

紫微斗數起源

- 五五代方士陳摶，希夷祖師（西元八七二年─九八九年）觀星所創作。
- 採用了農曆的生辰來編排命主命盤，進而預知命主的一生運程與因緣果報，並能給予正面、積極的建議。
- 以天干地支為排盤經緯，將人在一生中會產生互動的人事物，分為十二個宮位與特殊宮位—身宮。
- 透過出生年月日時，推算出紫微星的落點位置，加上中南北斗星曜、雜曜與神煞，依照規則各就各位排列組合，產生一個人的專屬命盤。
- 紫微主星與輔星、神煞，結合天干四化能量與地支靈動，相互影響，構成一個人先天與後天的命與運。

第二節 紫微斗數派別

派別真的不少，但就以現今論命解盤採用最多的兩大方式分類，讓各位學習時能集中火力。

現今紫微斗數之派別大致分為兩大主流：

· 三合派

稱為南派，是以十四個主星所組成的六十星系，與空宮十二星系為主軸，藉由宮內所有星曜的星情、能量、三方四正會逢、生年四化闡述為命格論點。

· 四化派

又稱為北派或飛星派，是以宮內主、輔星的四化、自化、合化、納音的化氣為主，來作為論命的重點。

第二章

紫微斗數排盤專有工具

雖然這些名詞很多，但看了幾次之後，就會自然而然的記到腦子裡，不需要特別去死背硬記。

遷移宮	流曜	化權	五行局	五行
疾厄宮	命宮	化科	大限	天干
財帛宮	父母宮	化忌	小限	地支
子女宮	福德宮	五行長生十二神	流年月日時	天地人位
夫妻宮	田宅宮	生年博士十二星	主星	六十甲子
兄弟宮	官祿宮	流年歲前星	輔星	納音
身宮	奴僕宮	流年將前星	化祿	五虎遁起寅首
	身主	命主		

紫微命盤格式：十二宮及身宮實際以命主的生辰來定各個宮位位置與紫微斗數的星曜。

遷移宮 7	疾厄宮 6	財帛宮 5	子女宮 4
奴僕宮 8	紫微命盤格式		夫妻宮 3
官祿宮 9			兄弟宮 2
田宅宮 10	福德宮 11	父母宮 12	命宮 1

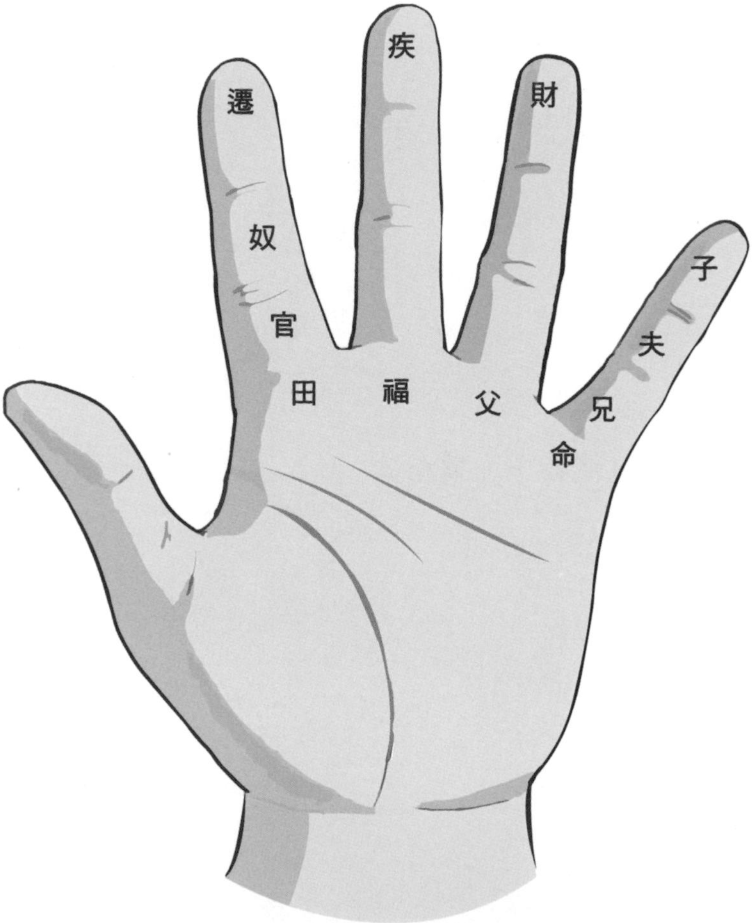

掌中命盤：以命主的命盤宮位排列來定掌中命盤位置。

第一節 五行

五行：**金木水火土**這五種物質，從古至今都被視為是構成宇宙萬物的基本元素。金代表權勢與能力、木代表體質與形象、水代表速度與融合、火代表魅力與熱度、土代表心性與穩定。這五種元素碰撞後相生相剋，使萬物產生變化，而形成各種宇宙現象，在古代被廣泛運用在神仙方術（山）、中醫（醫）、中國命理學（命）、相術（相）和卜卦（卜）。

五行生剋制化之理：星曜在各宮位有不同表現與喜忌，也表示這五者若是過與不及反而會產生傷害。

- 相生：金生水，水生木，木生火，火生土，土生金，代表合和、吉祥、增旺。
- 相剋：金克木，木克土，土克水，水克火，火克金，代表不合、兇厄、減福。

第二節　天干

天干最簡單的概念，就是古人計算時間的方法，而且有專屬及所對應的涵義。

- 十天干會依序循環使用，代表年、月、日、時，也分成陰陽五行以及方位。
- 甲、乙、丙、丁、戊、己、庚、辛、壬、癸，對應數字為1、2、3、4、5、6、7、8、9、10。
- 是祿權科忌四化生發的依據。
- 是五虎遁起寅首的依據。
- 是定五行局時的必要元素。
- 甲、丙、戊、庚、壬屬陽，陽男陽女；乙、丁、己、辛、癸屬陰，陰男陰女。
- 甲、乙屬木，東方；丙、丁屬火，南方；戊、己屬土，中央；庚、辛屬金，西方；壬、癸屬水，北方。

天干重點整理：

天干				
名稱	涵義	五行	身體	方位
甲	拆 「剖符而出」	甲陽木	陽、肝、膽、胰、四肢、神經、精	東
乙	軋 「抽軋而出」	乙陰木	神、毛髮、頸、頭、眼	東
丙	炳 「炳然著見」	丙陽火	心、眼、陽、肝、肩、皮膚、脊	南
丁	強 「萬物丁強」	丁陰火	椎、血管、血壓、神經、齒	南
戊	茂 「萬物茂盛」	戊陽土	胃、腸、肝、膽、脾、胰、鼻、腿	中
己	紀 「有形已識」	己陰土	足、肩、胸、肌肉、脊髓	中
庚	更 「收斂有實」	庚陽金	陽、頭、肺、齒、骨、呼吸道、經	西
辛	新 「初新收成」	辛陰金	絡、筋、胸、腋下、聲音	西
壬	任 「任養萬物」	壬陽水	腎、耳、汗、生殖、泌尿、四肢、	北
癸	揆 「物可揆度」	癸陰水	膀胱、血液、肛門	北

陰陽							
陽	甲 1	丙 3	戊 5	庚 7	壬 9	陽男	陽女
陰	乙 2	丁 4	己 6	辛 8	癸 10	陰男	陰女

第三節　地支

地支跟天干一樣也有著時間的意思，而十二個地支代表著每一個人出生那一年的生肖。以下為重點整理：

- 鼠、牛、虎、兔、龍、蛇、馬、羊、猴、雞、狗、豬，把這些生肖轉換成地支，就是子、丑、寅、卯、辰、巳、午、未、申、酉、戌、亥，另一個意思就是所謂的「時辰」。
- 與天干一樣，地支也是定五行局時的必要元素。
- 由地支子開始分陰陽。
- 地支丑與未，是日升月落陰陽的交界，會比其他地支多了「陰」與「陽」這兩種特性。
- 寅卯辰：春；巳午未：夏；申酉戌：秋；亥子丑：冬。寅卯、巳午、申酉、亥子對應東南西北及木火金水；辰戌丑未歸中，屬土。
- 是專屬的五行屬性，分方位與季節，與八卦相對應。

地支重點整理：

身體	節氣	月分	方位八卦	五行	陰陽	時辰	涵義	數字	生肖	地支
腎、耳、生殖、膀胱、血液、肛門	大雪冬至	11月	北坎	水	陽陰極	23：00-24：59	孳	1	鼠	子
脾、胃、肝、膽、腸、肌肉、生殖	小寒大寒	12月	中艮	土	陽陰	01：00 02：59	紐、扭	2	牛	丑
四肢、肝、膽、神經、精神、毛髮、頭、眼	立春雨水	1月	東北艮	木	陽	03：00-04：59	髕、移、演	3	虎	寅
頸、腸、肝、膽、胰、腹、四肢、神經、精神	驚蟄春分	2月	東震	木	陰	05：00-06：59	冒、茂	4	兔	卯
脾、胃、肝、膽、胰、腸、肩、胸、腋下、鼻、脊髓	清明穀雨	3月	中巽	土	陽	07：00-08：59	震	5	龍	辰
心、眼、腸、肝、肩、皮膚、脊椎、血管、神經、齒	立夏小滿	4月	東南巽	火	陰	09：00-10：59	已、起	6	蛇	巳
心、眼、肩頸、頭、腸、骨、血壓	芒種夏至	5月	南離	火	陽陽極	11：00-12：59	仵、牾	7	馬	午
眼、胃、脾、脊椎、頭、肩頸、腸	小暑大暑	6月	中坤	土	陰陽	13：00-14：59	味、昧	8	羊	未
腸、頭、肺、齒、骨、呼吸道、經絡	立秋處暑	7月	西南坤	金	陽	15：00-16：59	申、身、神	9	猴	申
齒、骨、肺、呼吸道、胸、腋下	白露秋分	8月	西兑	金	陰	17：00 18：59	老、就、飽	10	雞	酉
胃、腸、肝、膽、胰、鼻、腿足、腹	寒露霜降	9月	中乾	土	陽	19：00-20：59	滅	11	狗	戌
腎、耳、汗、生殖、泌尿、四肢	立冬小雪	10月	西北乾	水	陰	21：00-22：59	核、荄	12	豬	亥

涵義	代表字	地支
陽氣即將要開啟，萬物也正在等待新生。	孳	子
天氣仍然寒冷，萬物正在等待發育中。	紐	丑
萬物尚未發育出土，種子尚在扭結中。	扭	
陰氣尚強，萬物被抑制還無法生發。	髕	寅
萬物已經快要生長。	移	
萬物開始生長發育。	演	
如同陽氣冒出，萬物已經出土。	冒	卯
萬物出土，生長力茂盛。	茂	
雷聲、閃電、雨水出現。	震	辰
陽氣已出，萬物漸趨成形。	巳	巳
陽氣旺盛。	起	
萬物茂盛成長。	仵	午
陽氣旺盛後趨盡，陰氣初生。	牾	
萬物都有不同的變化。	味	未
陰氣開始生長，萬物出現衰弱形狀。	昧	
陰氣已經開始初長成形。	申	申
萬物都已經成熟。	身	
萬物到此已飽熟老化。	老	酉
表示可以收成。	就	
萬物已經十分成熟。	飽	
陽氣已經熄滅，萬物枯萎歸於塵土消失。	滅	戌
萬物像堅核成為種子。	核	亥
陽氣稍長，隨著陰衰而至。	荄	

地支十二宮重點說明

巽 東南 立夏 小滿 巳 起 心、眼、腸、肝、 肩、皮膚、脊椎、 血管、精神、齒 09：00-10：59 陰 6 陽 蛇 火 4月 巳	離 南 芒種 夏至 仵 牾 心、眼、肩頸、 頭、腸、骨、血壓 陽極 11：00-12：59 陽 7 陽 馬 火 5月 午	坤 中 小暑 大暑 味 昧 眼、胃、脾、脊 椎、頭、肩頸、腸 陽陰 13：00-14：59 陰 8 陽 羊 土(火) 6月 未	坤 西南 立秋 處暑 申 身 神 腸、頭、肺、齒、 骨、呼吸道、經絡 15：00-16：59 陽 9 陰 猴 金 7月 申
巽 中 清明 穀雨 震 脾、胃、肝、膽、 胰、腸、肩、胸、 腋下、鼻、脊髓 07：00-08：59 陽 5 陽 龍 土 (木) 3月辰	日 ： 陽	月 ： 陰	兌 西 白露 秋分 老 就 鮑 齒、骨、肺、呼吸 道、胸、腋下 17：00-18：59 陰 10 陰 雞 金 8月 酉
震 東 驚蟄 春分 冒 茂 頸、腸、肝、膽、 胰、腹、四肢、神 經、精神 05：00-06：59 陰 4 陽 兔 木 2月 卯			乾 中 寒露 霜降 滅 胃、腸、肝、膽、 胰、鼻、腿足、腹 19：00-20：59 陽 11 陰 狗 土(金) 9月 戌
艮 東北 立春 雨水 髕 移 演 四肢、肝、膽、神 經、精神、毛髮、 頭、眼 03：00-04：59 陽 3 陽 虎 木 1月 寅	艮 中 小寒 大寒 紐 扭 脾、胃、肝、膽、 腸、肌肉、生殖 陰陽 01：00-02：59 陰 2 陰 牛 土(水) 12月丑	坎 北 大雪 冬至 孳 腎、耳、生殖、膀 胱、血液、肛門 陰極 23：00-24：59 陽 1 陰 鼠 水 11月 子	乾 西北 立冬 小雪 核 荄 腎、耳、汗、生 殖、泌尿、四肢 21：00-22：59 陰 12 陰 豬 水 10月 亥

紫微斗數將天地東西南北乘上陰陽（6乘2），就產生所謂的「黃道吉日」。所以一年有12個月、12個生肖，一天有12個時辰，一個人的命盤有12個宮位因緣，而這12個宮依照地支屬性，也區分成天、地、人位。

而人生在世所講求的就是要天時、地利、人和，才能夠更讓人享有順遂、成功的機會。

第一項 天位

天位就是子、午、卯、酉這四個宮位。

命宮坐落在這四個宮位的朋友，天生有人緣、愛熱鬧、喜歡交朋友、喜歡表現與奉獻、情感豐富、口才佳、學習力很強、喜歡賺錢不論多寡、花錢大方、完成工作講求速度效率。不過，情緒起伏比較大、得失心重、容易狂悲或狂喜。也要注意桃花引出的是非與耗財，運勢需要結合宮內星曜與各種變化來定吉凶。

<table>
<tr>
<td>蛇　巳</td>
<td>南　離　火
夏至
陽極
馬　午</td>
<td>羊　未</td>
<td>猴　申</td>
</tr>
<tr>
<td>龍　辰</td>
<td rowspan="2" colspan="2">天　位
四正宮：正東西南北方。
四敗宮：極端、功虧一簣、物極必反、聰明一世、糊塗一時。
四桃花：人緣桃花、情慾、異性吸引力。
四極宮：春分、夏至、秋分、冬至。
四沐浴：潔身、洗淨、沉浸、滋潤、蘊養。</td>
<td>西　兑　金
秋分
月旺
雞　酉</td>
</tr>
<tr>
<td>東　震　木
春分
日升
兔　卯</td>
<td>狗　戌</td>
</tr>
<tr>
<td>虎　寅</td>
<td>牛　丑</td>
<td>北　坎　水
冬至
陰極
鼠　子</td>
<td>豬　亥</td>
</tr>
</table>

第二項 地位

地位就是辰、戌、丑、未這四個宮位。

命宮坐落在這四個宮位，基本上財運都不錯，但容易產生六親緣薄的狀況。個性會比較剛強、孤獨，是個對自己在意的事非常執著的人。渴望成功，常常會因為忙於賺錢的事國內外奔忙，忘了關照婚姻，不利婚姻關係；責任心重，有扛事情的擔當。坐辰、戌宮位，喜歡在金錢跟事業上與人一較長短；坐丑、未宮，個性比較陰晴不定、患得患失。也是需要結合宮內星曜與各種變化來定吉凶。

<table>
<tr><td>蛇 巳</td><td>馬 午</td><td>中 坤 土
夏餘
羊 未</td><td>猴 申</td></tr>
<tr><td>中 巽 土
春餘
龍 辰</td><td colspan="2" rowspan="2">地 位
四庫地：儲存、四方進財之財庫。
四墓宮：四方之土，有土斯有財、謹慎保守。
四餘氣：春餘、夏餘、秋餘、冬餘。
四華蓋：孤獨、隱藏、藝術才華、氣度不凡、見解超群。</td><td>雞 酉</td></tr>
<tr><td>兔 卯</td><td>中 乾 土
秋餘
狗 戌</td></tr>
<tr><td>虎 寅</td><td>中 艮 土
冬餘
牛 丑</td><td>鼠 子</td><td>豬 亥</td></tr>
</table>

第三項　人位

人位就是寅、申、巳、亥這四個宮位。

命宮坐落在這四個宮位，比較活潑好動、喜歡追求新事物、東奔西跑外出旅遊、不愛受拘束、坐不住，容易受外在環境影響而驛動，伴侶可能是在異地相遇或是外國人，也會為了賺錢四處奔波驛動，工作享樂並行，要注意婚姻家庭問題。可以透過不停的變動而生財，逢到祿星就會越動越旺；逢到煞星就容易定力不足，更加辛勞、諸事不順。也是需要結合宮內星曜與各種變化來定吉凶。

東南　巽　火 立夏 蛇　巳	馬　午	羊　未	西南　坤　金 立秋 猴　申
龍　辰			雞　酉
兔　卯			狗　戌
東北　艮　木 立春 虎　寅	牛　丑	鼠　子	西北　乾　水 立冬 豬　亥

人　位

四馬宮：驛馬、勞碌奔波、異動、離鄉背井。

四立宮：立春、立夏、立秋、立冬。

四生宮：長生、生長、成長。

第四項　地支宮位與天地人位的特質

即你的十二宮所坐的宮位會具備哪些元素。因為地支為命無法量化，而且沒有善或惡的分別，談論的是純粹的、在心靈深處的特質與個性、態度與價值觀。

十二地支對紫微斗數論命有著相當程度的貢獻，相較於各個星曜表相於外，可以量化，地支卻是在暗地裏發出能量，導引出每一個人的內在潛藏特質。就像是十二地支在十二個宮位所代表的方位、陰陽、四季、五行的意象，可以是熱情、正向、慷慨、上進、機伶、友愛、樂觀、穩重、成長、魅力、突破的……，也可能是負面、保守、溫和、固執、呆板、剛強、叛逆、吝嗇、搖擺、傲慢、勞心、奔波等的心性與狀態。

蛇 巳	馬 午	羊 未	猴 申
龍 辰			雞 酉
兔 卯			狗 戌
虎 寅	牛 丑	坎 北 大雪 冬至 孳 腎、耳、生殖、膀胱、血液、肛門 陰極 23：00-24：59 陽 1 陰 鼠 水 11月 子	豬 亥

天位：四正、四敗、四桃花、四極、四沐浴宮。

水瓶座特質：天才星與智慧星、理想與人道主義、機靈與心靈主義。

宮位特質：深藏不露、看透人心、聰明機伶、細膩、重心靈面；有推理力、創造力、善於思考，博愛平等、講求科學、邏輯概念、對流行資訊敏鋭、前瞻性、獨創性、研究心、愛好和平、説話一針見血、人緣桃花、玄學、哲學、科學家特質。

蛇 巳	馬 午	羊 未	猴 申
龍 辰			雞 酉
兔 卯			狗 戌
虎 寅	艮 中 小寒 大寒 紐、扭 脾、胃、肝、膽、腸、肌肉、生殖 陰陽 01：00-02：59 陰 2 陰 牛 土(水) 12月 丑	鼠 子	豬 亥

地位：四庫地、四墓、四餘氣、四華蓋宮。

魔羯座特質：利己、理想、務實、現實、堅毅主義。

宮位特質：有實際的人生觀、一步一腳印的前進、小心謹慎、勤奮、喜歡安定、克服困難的毅力、不容易受影響、努力向上、有家庭觀念、扭轉局勢、志向遠大、忍耐力強、追根究底、自我意識強、氣質佳、大小事皆慢、不輕易放棄出場、財運不錯、重吃穿享受、企業家特質。

<table>
<tr><td>蛇 巳</td><td>馬 午</td><td>羊 未</td><td>猴 申</td></tr>
<tr><td>龍 辰</td><td rowspan="2" colspan="2">人位：四馬、四立、四生宮。
射手座特質：享樂、樂觀、完美、浪漫、活躍、自由、冒險、挑戰主義。
宮位特質：崇尚自由、敬業、閒不住、精力充沛、愛表現、愛打扮、生性樂觀、熱情、剛直率真、心智能力及體力充沛、重視公理與正義、無法被束縛、挑戰別人底線、不喜歡被指使、慷慨友善、活躍社交、愛好旅行、豐富的幽默感、對人有一套、愛表達演說、虎虎生風、外交家特質。</td><td>雞 酉</td></tr>
<tr><td>兔 卯</td><td>狗 戌</td></tr>
<tr><td>艮 東北 立春 雨水
髕、移、演
四肢、肝、膽、神經、精神、毛髮、頭、眼
03：00-04：59
陽 3 陽
虎 木 1月 寅</td><td>牛 丑</td><td>鼠 子</td><td>豬 亥</td></tr>
</table>

蛇 巳	馬 午	羊 未	猴 申
龍 辰			雞 酉
			狗 戌
虎 寅	牛 丑	鼠 子	豬 亥

天位：四正、四敗、四桃花、四極、四沐浴宮。

天蠍座特質：計劃、智慧、直覺、神祕、堅強理智、仁慈慷慨主義。

宮位特質：有衝勁、學習成長、時時計劃、第六感強、人緣桃花旺盛、狡兔三窟、動靜皆宜、不易老、機警、易受驚嚇、完美主義、氣質高雅、善惡分明、容易心軟、慈善助人、眼光品味高、愛乾淨、敏鋭、企劃能力、專業知識；推廣教育家、宗教家特質。

震 東 驚蟄 春分

冒、茂

頸、腸、肝、膽、胰、腹、四肢、神經、精神

05：00-06：59

陰 4 陽

兔 木 2月 卯

<table>
<tr><td>蛇 巳</td><td>馬 午</td><td>羊 未</td><td>猴 申</td></tr>
<tr><td>巽 中 清明 穀雨
震
脾、胃、肝、膽、
胰、腸、肩、胸、
腋下、鼻、脊髓
07：00-08：59
陽 5 陽
龍 土 (木) 3月 辰</td><td colspan="2" rowspan="2">地位：四庫地、四墓、四餘氣、四華蓋宮。
天秤座特質：平衡、中庸、完美、現實理想、和平、機會、優雅、浪漫主義。
宮位特質：國內外奔動、離鄉背井、神龍見首不見尾、積極突破、獨立自主、出謀策劃、異性與同性緣佳、聰明、點子多、熱心助人、操心負責、自我要求、坐不住、重心情平衡、喜歡交朋友但不一定會領導朋友、喜歡新去處、多才多藝、善變、冒險家特質。</td><td>雞 酉</td></tr>
<tr><td>兔 卯</td><td>狗 戌</td></tr>
<tr><td>虎 寅</td><td>牛 丑</td><td>鼠 子</td><td>豬 亥</td></tr>
</table>

巽 東南 立夏 小滿 巳、起 心、眼、腸、肝、肩、皮膚、脊椎、血管、精神、齒 09：00-10：59 陰 6 陽 蛇 火 4月 巳	馬 午	羊 未	猴 申
龍 辰			雞 酉
兔 卯			狗 戌
虎 寅	牛 丑	鼠 子	豬 亥

人位：四馬、四立、四生宮。
處女座特質：超級完美、批判、強迫、現實、知性主義。
宮位特質：藝術天分、手藝精巧、處事精明、心思細密、開始衝刺、積小成大、行程排滿、奔波勞碌、口才表達佳、外冷內熱、觀察力強、生意高手、分析力佳、要求性高、追求完美、精神潔癖、喜外出娛樂、追求新事物、好動、熱情慷慨、投緣才有話聊、領導能力、善鑽營、教育家特質。

蛇 巳	離 南 芒種 夏至 仵、牾 心、眼、肩頸、 頭、腸、骨、血壓 陽極 11：00-12：59 陽 7 陽 馬 火 5月 午	羊 未	猴 申
龍 辰	天位：四正、四敗、四桃花、四極、四沐浴宮。 獅子座特質：正直、英雄、誠懇、尊重、效率、本位主義。 宮位特質：天生傲骨、超級愛面子、希望受尊重、喜歡當老大管理眾人、照顧人、個性積極、好勝心強、開誠布公、驕氣重、野心與膽子大、敢衝、易出人頭地、喜惡分明、交遊廣闊、即使害怕也勇往直前、自戀、樂觀、勞碌、敢賺肯拚、技智取財、政治家特質。		雞 酉
兔 卯			狗 戌
虎 寅	牛 丑	鼠 子	豬 亥

蛇 巳	馬 午	坤 中 小暑 大暑 味、昧 眼、胃、脾、脊椎、頭、肩頸、陽 陽陰 13：00-14：59 陰 8 陽 羊 土(火) 6月 未	猴 申
龍 辰			雞 酉
兔 卯			狗 戌
虎 寅	牛 丑	鼠 子	豬 亥

地位：四庫地、四墓、四餘氣、四華蓋宮。

巨蟹座特質：實用、家庭、保護、念舊、主觀、悲觀的樂觀主義。

宮位特質：人情味、工作努力、孝順、保護家人、重視安全感、敏感、專業能力、飽暖憂思、身心變動反覆不一、愛享受、協調助人、重外表、外柔內剛、做事謹慎保守、領悟力及觀察力強、預感強、喜宗教命理五術、想像力與理想多、不認輸、哲學家特質。

蛇 巳	馬 午	羊 未	坤 西南 立秋 處暑 申、身、神 陽、頭、肺、齒、骨、呼吸道、經絡 15：00-16：59 陽 9 陰 猴 金7月 申
龍 辰			雞 酉
兔 卯			狗 戌
虎 寅	牛 丑	鼠 子	豬 亥

人位：四馬、四立、四生宮。

雙子座特質：變通、雙面、完美、勤快、好辯、潔癖主義。

宮位特質：個性多變、勇於創新、善變通、機警、外熱內冷、活力充沛、聰明機智、重義氣、適應能力強、另類創意、精明能幹、喜辯論、敢抗議申訴、閒不下、多國語言能力、四處奔忙、人緣桃花、愛吃愛說、觀察力強、與異國異鄉人有緣、反對黨、革命家特質。

蛇 巳

馬 午

羊 未

猴 申

兌 西 白露 秋分
老、就、飽
齒、骨、肺、呼吸
道、胸、腋下

17：00-18：59
陰 10 陰
雞 金8月 酉

天盤：四正、四敗、四桃花、四極、四沐浴宮。

金牛座特質：價值、現實、規律、計劃、和平、堅持、評論主義。

宮位特質：控制欲、要有代價才有平衡感、喚醒、思考縝密、善良顧家、熱心助人、好管閒事、異性緣佳、不懂拒絕、善良、叛逆敢為、創新論調、管理領導、機智善評論、聰明、協調性、樂觀、有財有福、企圖心強、欲望強盛、理直氣壯、評論家特質。

龍 辰

兔 卯

狗 戌

虎 寅

牛 丑

鼠 子

豬 亥

蛇　巳	馬　午	羊　未	猴　申
龍　辰			雞　酉
兔　卯			乾 中 寒露 霜降 滅 胃、腸、肝、膽、胰、鼻、腿足、腹 19：00-20：59 陽 11 陰 狗 土(金) 9月 戌
虎　寅	牛　丑	鼠　子	豬　亥

地位：四庫地、四墓、四餘氣、四華蓋宮。
牡羊座特質：愛現、好奇、任性、白目、衝動、顧家、行動派主義。
宮位特質：任事忠誠負責、堅守崗位、好奇心強、追求發掘新鮮事、率性重情、忠心義氣、信用佳、注重內外形象、個性強烈、有謀略、異性同性緣佳、善安排、有理想衝勁、樂觀、自我意識強、創新、國內外忙碌、調查、策略家特質。

蛇 巳	馬 午	羊 未	猴 申
龍 辰			雞 酉
兔 卯			狗 戌
虎 寅	牛 丑	鼠 子	乾 西北 立冬 小雪 核、荄 腎、耳、汗、生殖、泌尿、四肢 21：00-22：59 陰 12 陰 豬 水 10月 亥

人位：四馬、四立、四生宮。

雙魚座特質：浪漫、自尊、幻想、變色龍、多慮、戲劇性主義。

宮位特質：情感豐富、愛乾淨、神經敏銳、聰明機靈、反應快、自尊心強、能力好、心事內藏、經營高手、有開創力、四處遊玩奔波、外表剛毅、不按牌理出牌、跳躍式思想、琴棋書畫、五術、有福、照顧家人、重飲食享受、追求欲望滿足、藝術家特質。

第四節　六十甲子

就是指十天干與十二地支的組合。以甲子年為起始，接續到癸亥年，就形成了六十對干支配對的一個週期。每一個人的出生年、月、日、時都與干支有關。另外，命宮干支也是取得納音的必要依據，並且也可以由此得知每一個人的五行局。可以參考下頁的列表。

六十甲子與五行

1 甲子 (金)	2 乙丑 (金)	3 丙寅 (火)	4 丁卯 (火)	5 戊辰 (木)	6 己巳 (木)	7 庚午 (土)	8 辛未 (土)	9 壬申 (金)	10 癸酉 (金)
11 甲戌 (火)	12 乙亥 (火)	13 丙子 (水)	14 丁丑 (水)	15 戊寅 (土)	16 己卯 (土)	17 庚辰 (金)	18 辛巳 (金)	19 壬午 (木)	20 癸未 (木)
21 甲申 (水)	22 乙酉 (水)	23 丙戌 (土)	24 丁亥 (土)	25 戊子 (火)	26 己丑 (火)	27 庚寅 (木)	28 辛卯 (木)	29 壬辰 (水)	30 癸巳 (水)
31 甲午 (金)	32 乙未 (金)	33 丙申 (火)	34 丁酉 (火)	35 戊戌 (木)	36 己亥 (木)	37 庚子 (土)	38 辛丑 (土)	39 壬寅 (金)	40 癸卯 (金)
41 甲辰 (火)	42 乙巳 (火)	43 丙午 (水)	44 丁未 (水)	45 戊申 (土)	46 己酉 (土)	47 庚戌 (金)	48 辛亥 (金)	49 壬子 (木)	50 癸丑 (木)
51 甲寅 (水)	52 乙卯 (水)	53 丙辰 (土)	54 丁巳 (土)	55 戊午 (火)	56 己未 (火)	57 庚申 (木)	58 辛酉 (木)	59 壬戌 (水)	60 癸亥 (水)

第五節 五虎遁起寅首

五虎遁起寅首：

這是排紫微命盤時決定宮位天干最重要的元素，就像船錨定位後，一切就有了生命的根源與靈動。定了寅宮的天干後，就依照順序，再從第二格卯宮順時鐘排上其他的天干。所以，每個人的生年天干就是起寅首的鑰匙。

而在每一個宮位干支配對好了之後，就會形成每一個大限、流年、小限、流月日時分各層級的四化，影響著每個人的運程。

五虎遁起寅首					
生年天干	甲己	乙庚	丙辛	丁壬	戊癸
寅首	丙	戊	庚	壬	甲

疊干宮位：

因為天干比地支少了兩個數，在兩者數目不相等的情況下，在子丑寅卯這四個宮位就一定會有重複疊干的現象。

範例：

農曆92年生，癸未年，癸天干起甲寅。

丁巳	戊午	己未	庚申
丙辰	疊　干		辛酉
乙卯			壬戌
甲寅	乙丑	甲子	癸亥

第六節 紫微命盤格式與掌中命盤

紫微命盤：

呈現在自己一生中所有息息相關人事物的宮位，想學習紫微斗數，這就是最基本入門的功課。命盤格式有十二個宮位，包括命宮、兄弟宮、夫妻宮，子女宮、財帛宮、疾厄宮、遷移宮、奴僕宮（交友宮）、官祿宮（事業宮）、田宅宮、福德宮、父母宮，加上特殊宮位的身宮。命盤內註記著命主出生年月日時、各宮位置、星曜、干支、大小限、流年、四化等資料，是命主專屬的命運數據。

不論是何種派系的紫微斗數老師們，大致都將基本命盤定義為144盤。

從紫微斗數的學理中，各個派別有以下幾個論法：

1.「12個紫微在支乘上12宮」，或是「12個月乘上12個時辰」，就構成了144種基本命盤。

2.依照星系排列有空宮、單星、雙星等這三種狀態。

・紫武廉殺狼破第一星系：雙星15盤，單星18盤，共33盤。

・機陽同陰梁巨第二星系：雙星9盤，單星18盤，共27盤。

・空宮12盤。

・33＋27＋12＝72，72乘2（相反宮位）＝144。

如果乘以十個生年四化，再加上輔星（吉星及煞星）、神煞以及雜曜的不同組合排列，命盤就會產生出無以數計、無以計算的萬千變化了。

<table>
<tr><td>田宅　巳</td><td>官祿　午</td><td>奴僕　未</td><td>遷移　申</td></tr>
<tr><td>福德　辰</td><td colspan="2" rowspan="2">命主姓名
生辰　生肖
五行局
大限　流年　小限
流月　流日
十二宮　四化　納音
身宮　命主　身主</td><td>疾厄　酉</td></tr>
<tr><td>父母　卯</td><td>財帛　戌</td></tr>
<tr><td>命宮　寅</td><td>兄弟　丑</td><td>夫妻　子</td><td>子女　亥</td></tr>
</table>

第七節 命宮與身宮

依照個人農曆出生月與生時所排定。從自己的命宮位置就可以排出其他十一個宮位，以及特殊宮位身宮。

・從寅宮起算到出生月。

・再從算到的宮位順、逆時鐘數生辰。（逆數到生時安命宮，順數到生時安身宮）。

附註：紫微斗數命盤中所有的排法，都是依照紫微斗數安星訣所排定。但因為都是古文不易懂，所以作者直接用最簡單的方式來呈現，讓讀者容易明瞭與學習。

範例：

假設命主農曆十二月酉時生，不分男女，都是從寅時起一月，順時鐘數至十二月在丑宮，再從丑宮起子時，逆時鐘數到酉時，命宮就落在辰宮的位置；身宮就從丑宮起子時，順時鐘數至酉時到戌宮，身宮就在戌宮的位置了。

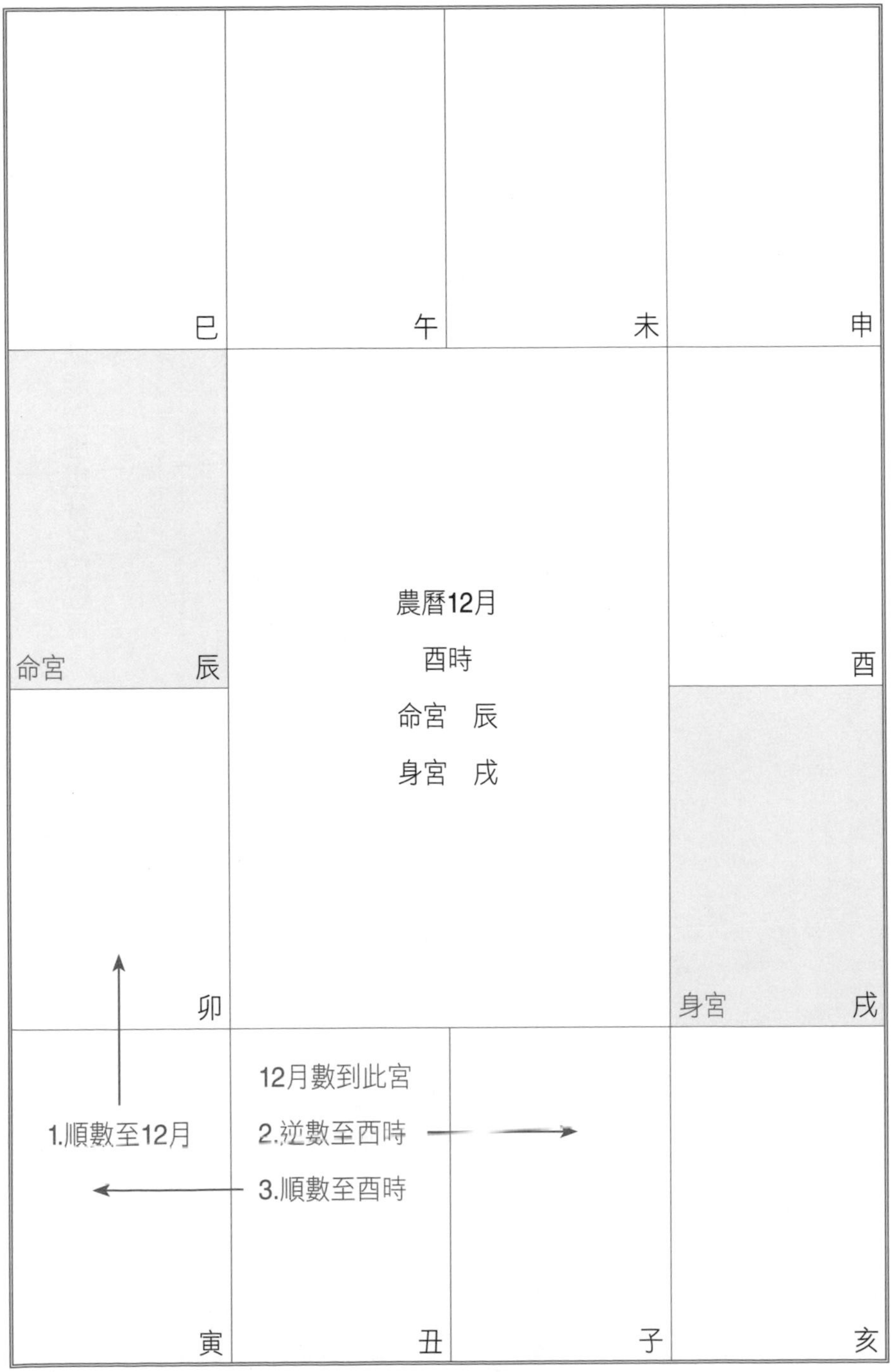
巳
午
未
申
命宮
辰
農曆12月
酉時
命宮　辰
身宮　戌
酉
卯
身宮
戌
12月數到此宮
1.順數至12月
2.逆數至酉時
3.順數至酉時
寅
丑
子
亥

快速找身宮的方法：

用出生時查找，很快就能對應出身宮的位置。

生時	身宮
子午	命宮
丑未	福德宮
寅申	官祿宮
卯酉	遷移宮
辰戌	財帛宮
巳亥	夫妻宮

貼心小提醒：

・以命宮而言，數字為1為單數，身宮也一定在單數宮位。

・子午時生，身宮在命宮。
丑未時生，身宮在福德宮。
寅申時生，身宮在官祿宮。
卯酉時生，身宮在遷移宮。
辰戌時生，身宮在財帛宮。
巳亥時生，身宮在夫妻宮。

第八節 五行局與大限

五行局：

要排出一張紫微命盤一定要先安紫微星，也就是要先知道命主的五行局。五行局是依據命宮坐落位的干支定出來的，與命宮大限起始歲數、宮位、納音等密不可分，當然也代表生命重要的氣蘊與內涵。

五行局分別為水二局、木三局、金四局、土五局、火六局。五行局的四大用途如下：

1 安紫微星的位置。
2 決定大限起運的歲數。
3 安長生十二神（宮氣）。
4 取得納音。

五行局掌中訣：

假設某位命主的生辰是農曆61年（壬子年）5月卯時陽女，由此得知壬年起壬寅，命宮落在卯宮，命宮干支是癸卯（依五虎遁及安命宮規律），所以，就用癸卯來定出五行局。

1 對照圖中手指，先找出天干癸的位置。

2 從癸的位置往順時鐘方向，畫出相連的三角連接線。

3 在這三角形的圖中，從癸的手指位置開始，順時鐘兩兩一數起子丑、寅卯、辰巳……循環。這位命主的命宮地支是卯，所以，數到卯的那一個位置在金，命主的五行局就是金四局。

• 掌中訣有很多種用途，也可以拿來當作手掌上的命盤使用。習慣用掌中訣之後，就會有專業命理師的樣子了。

讀者可以使用自己的手掌，照著圖示來快速地找出自己的五行局：

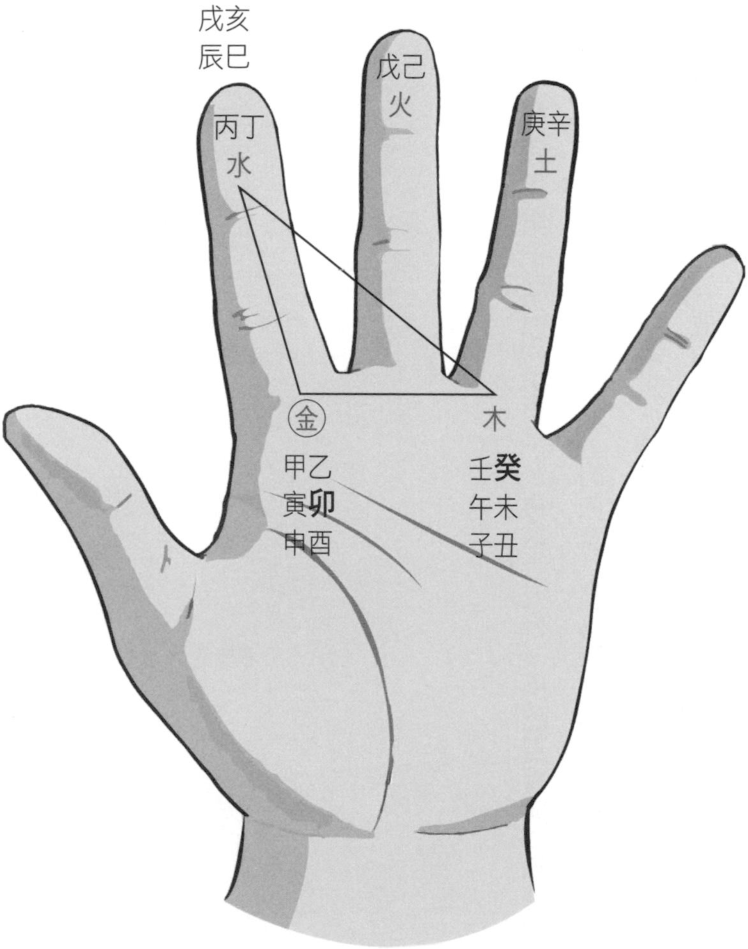
戌亥
辰巳
丙丁
水
戊己
火
庚辛
土
金
木
甲乙
寅卯
申酉
壬癸
午未
子丑

起運 年齡	五行局
4歲起大限運	金4局
3歲起大限運	木3局
2歲起大限運	水2局
6歲起大限運	火6局
5歲起大限運	土5局

第九節 納音

納音：

起源眾說紛紜，原理是使用古樂與六十甲子，再結合五行，所配對而成的納音歌訣。它使用了具體的形物，說明了抽象的意涵，表示蘊藏在每個人的內在、性格特質與行事風格等意象。有了納音，在推算命盤時就有更多的元素加入，命盤解說就會越詳細。

貼心小提醒：紫微斗數命盤納音取的是命宮的干支，而不是生年干支。（出生年干支所屬納音，也是重要的生命依據）

六十甲子納音

土5局	火6局	水2局	木3局	金4局	五行局
庚午 辛未 路傍土	丙寅 丁卯 爐中火	丙子 丁丑 澗下水	戊辰 己巳 大林木	甲子 乙丑 海中金	
戊寅 己卯 城頭土	甲戌 乙亥 山頭火	甲申 乙酉 井泉水	壬午 癸未 楊柳木	壬申 癸酉 劍鋒金	
丙戌 丁亥 屋上土	丙申 丁酉 山下火	壬辰 癸巳 長流水	庚寅 辛卯 松柏木	庚辰 辛巳 白臘金	
庚子 辛丑 壁上土	戊子 己丑 霹靂火	丙午 丁未 天河水	戊戌 己亥 平地木	甲午 乙未 砂中金	
戊申 己酉 大驛土	甲辰 乙巳 覆燈火	甲寅 乙卯 大溪水	壬子 癸丑 桑柘木	壬寅 癸卯 金箔金	
丙辰 丁巳 砂中土	戊午 己未 天上火	壬戌 癸亥 大海水	庚申 辛酉 石榴木	庚戌 辛亥 釵釧金	

涵　　義	金4局
有時因為個性內向、不積極而懷才不遇，但若能勇於適時展現才能，就能遇見伯樂、揚名貴顯。	甲子乙丑 海中金
個性剛毅果斷、氣勢如虹，要注意勿鋒芒太露、過於強勢或給人無情的感受，而招惹是非攻訐。	壬申癸酉 劍鋒金
心地質樸忠厚，只要能接受磨練與培養能力、提升人際關係，假以時日就能有一番富貴與成就。	庚辰辛巳 白臘金
個性粗獷、缺乏耐性，暗藏的能力需要多一點毅力，培養實力，以掌握機運表現才能發光發熱。	甲午乙未 砂中金
優點是可塑性高、缺點是比較沒有主見，若能找對方向發揮專長，運勢就一定可以由弱轉強。	壬寅癸卯 金箔金
喜歡華麗崇尚虛榮、聰明美麗、做錦上添花陪襯他人，只要堅持自、我增強實力就能歷久不衰。	庚戌辛亥 釵釧金

涵　　義	木3局
生命力旺盛，如枝葉茂密的森林大樹，有理想上進心、有愛心庇蔭照顧別人，要注意樹大招風。	戊辰己巳 大林木
個性隨和柔軟也柔弱，感情豐富，心思細密情緒多，要強化自己的主見，切勿見異思遷、不專一。	壬午癸未 楊柳木
生命力強，性格堅強禁得起考驗，做事有紀律、按部就班，自尊心強，只要不招嫉妒就能夠成貴格。	庚寅辛卯 松柏木
隨遇而安、聰明、能解決一般性的困難，要培養面臨危機時有臨機應變的能力，就能平安向上。	戊戌己亥 平地木
照顧及提供他人協助，並有自己的生存之道，是能錦上添花與雪中送炭的人，要學習持盈保泰。	壬子癸丑 桑柘木
沉靜剛強不怕惡勢力、情義對人、不善於表達，若能學習柔軟，會讓自己更經得起各種考驗。	庚申辛酉 石榴木

涵　　義	水2局
個性清澈較無雜質、能吸收別人能量也能支援他人、有人生理想，但容易有方向不明確的問題。	丙子丁丑 澗下水
熱心內蘊自立自強，有才情但高深莫測不容易被發現，且生命能量源源不絕，努力一定一生富貴。	甲申乙酉 井泉水
資源豐富源源不絕、多情飄盪、願意付出，人生要學習明心定性，不抱著遊戲人間的心態則吉。	壬辰癸巳 長流水
心性博愛憨厚，個性像天上的雨，能滋潤別人也能造成傷害，學習收放自如與適可而止則萬事佳。	丙午丁未 天河水
能吸收與結合他人的智慧與能量，個性鮮明、活力十足，要懂得滿招損、謙受益的道理，則成就可期。	甲寅乙卯 大溪水
胸襟寬大、行事有魄力、大格局、大方向，但要注意細節，以免有載舟亦能覆舟的風險發生。	壬戌癸亥 大海水

涵　　義	火6局
為人熱心、精力充沛有志向、自信，但容易自視甚高，要多充實才能前途光明，千萬勿急躁壞事。	丙寅丁卯 爐中火
精明又內斂，才華與能力可以被看見，行事風格能夠剛柔並濟，但不要給人太過於精算的感覺。	甲戌乙亥 山頭火
雖然曖曖自發光，但敏銳度與反應度不足，常常有心但用功不足，要加強自信以增強實力能力。	丙申丁酉 山下火
個性火爆剛強、注重效率、做事風風火火，要注意欲速則不達、後繼無力，造成事情變化、惡化。	戊子己丑 霹靂火
能吃苦耐勞、扛責任、照亮別人、能文能武，在必要的時候潛力能爆發，勿誇大愛現則更佳。	甲辰乙巳 覆燈火
熱心熱情、光明博愛、慷慨大方、精力旺盛，在助人時也累積了自己的福報，但凡事勿太過。	戊午己未 天上火

涵　　義	土5局
個性本質像大地一樣綿延寬廣，寬厚仁慈、直爽，若能培養自身的包容性與耐性，一定能有好收穫。	庚午辛未 路傍土
做事有原則、堅守崗位、樂於幫助人，並且對在意的人事物都有保護防禦的本質，但勿高傲。	戊寅己卯 城頭土
對認定的事執著、有愛心，經過一番磨練後，提升了忍受苦難的能力，未來能達成理想與富貴。	丙戌丁亥 屋上土
依賴性強，做事拘泥、少變通，雖也有能力，但也需要更多別人的幫助提攜，所以有沒有貴人很重要。	庚子辛丑 壁上土
穩重、反璞歸真，能因為自身努力後得到的地位受到尊崇，只要不受限於自滿，人生就能更精進。	戊申己酉 大驛土
為人清雅中帶貴氣，能反省沉澱自己，也能應付混亂大場面，培養收放自如的能力運勢會更佳。	丙辰丁巳 砂中土

第十節 命主與身主

命主：

命主是先天與生俱來的靈動、脾性與內心的想望，也是命宮的輔助星與守護星。依照命宮坐落的地支來安置、編訂北斗星，會有該星曜的星性特質。

命主星有貪狼、巨門、祿存、文曲、廉貞、武曲、破軍。

命主	命宮地支
貪狼	子
巨門	丑 亥
祿存	寅 戌
文曲	卯 酉
廉貞	辰 申
武曲	巳 未
破軍	午

身主：

身主與命主與生俱來的特質不同，代表著後天的性質以及表現於外的作為，也是身宮的輔助星與守護星。是依照生年地支來安置、編訂南斗星，會有該星曜的星性特質。

身主星有鈴星、火星、天相、天梁、天同、文昌、天機。

生年地支	身主
子	鈴星
午	火星
丑未	天相
寅申	天梁
卯酉	天同
辰戌	文昌
巳亥	天機

第十一節　大限、小限、流年

第一項　大限

大限就是一個人在每一個十年中會經歷的人生主軸與階段。

依據五行局所起的歲數，配合農曆生日過後加1的虛歲，陽男陰女順行，陰男陽女逆行，每十年更換一個宮位。這個大限宮位會呈現命主在這十年中的運勢主軸。

範例：

假設男生農曆51年生，尾數1為奇數就是陽男，若他是水2局，命宮在未宮，命宮就從2歲起大限，第二大限就順時鐘運行，依次安排大限。

大限排法如下表：

<table>
<tr><td>102-111
巳</td><td>112-121
午</td><td>2-11
第一大限
命宮 未</td><td>12-21
第二大限
申</td></tr>
<tr><td>92-101
辰</td><td colspan="2" rowspan="2">陽男 51年生 陽男
命宮在未
水二局
陽男順行</td><td>22-31
酉</td></tr>
<tr><td>82-91
卯</td><td>32-41
戌</td></tr>
<tr><td>72-81
寅</td><td>62-71
丑</td><td>52-61
子</td><td>42-51
亥</td></tr>
</table>

第二項 小限

小限與流年排法不同，是以命主的農曆生日過後加一歲計算，每過一個農曆生日小限就會移到下一個宮位，男順女逆排。小限指的是你在這一年中的情緒轉變與運程。透過了解小限，配合流年來調整自己的行為與情緒，可用於一年中趨吉避凶。

每過12年，第13歲、25歲、37歲、49歲、61歲、73歲、85歲、97歲……以此類推，都是回到1歲的起始宮位，繼續依照順逆排小限歲數。

小限排法：

生年支	申子辰	巳酉丑	寅午戌	亥卯未
小限1歲起始宮位	戌	未	辰	丑

1歲開始男順女逆排

快速找出小限的方法：

與生年支連成三角的宮位會有一個宮位是四馬宮，從這個四馬宮往前兩個宮位的位置，就是小限一歲的位置了。

範例：

假設生年支為辰。

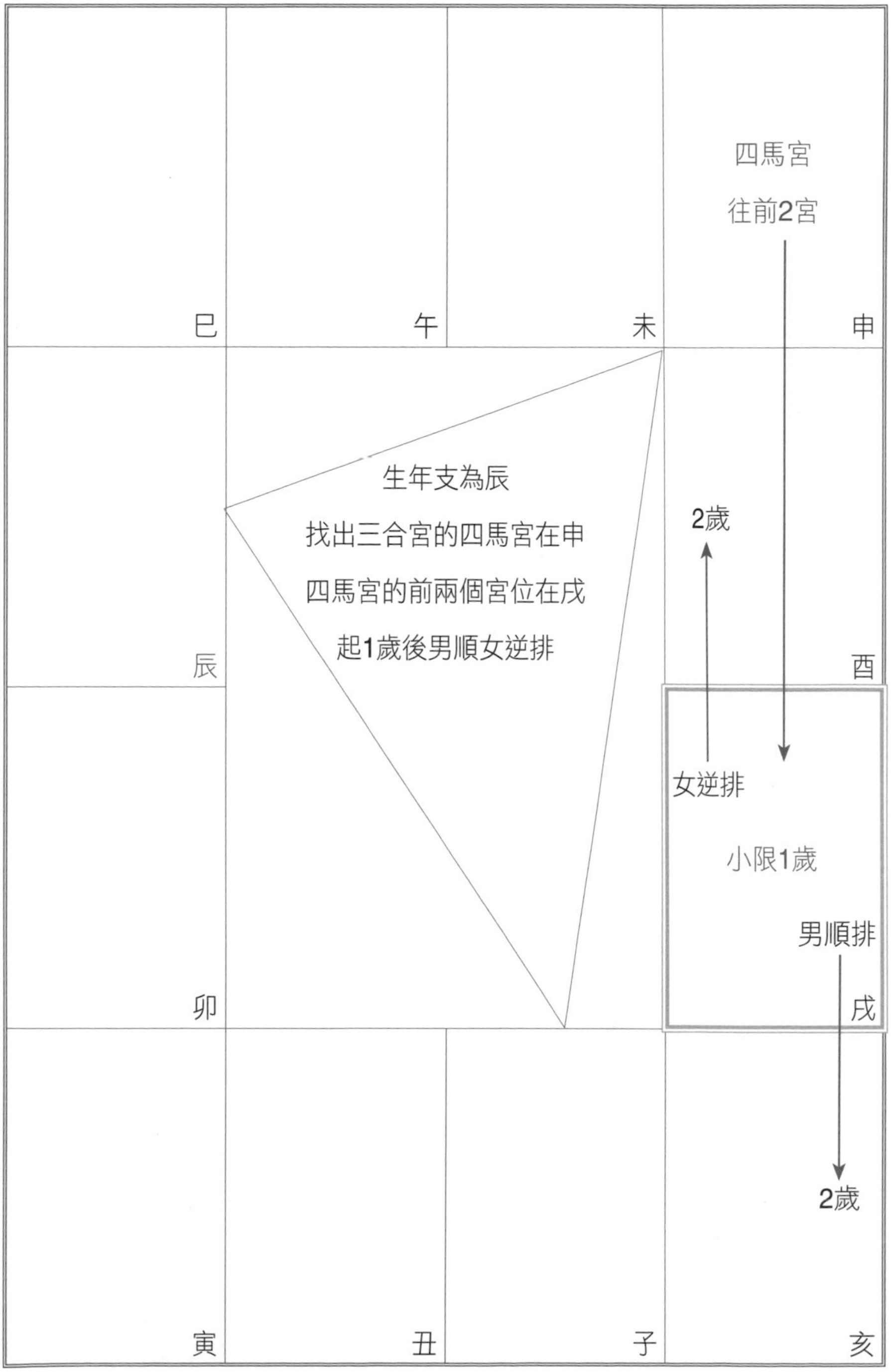
四馬宮
往前2宮
巳
午
未
申
生年支為辰
找出三合宮的四馬宮在申
四馬宮的前兩個宮位在戌
起1歲後男順女逆排
2歲
辰
酉
女逆排
小限1歲
男順排
卯
戌
2歲
寅
丑
子
亥

第三項　流年與子年斗君、流年斗君

流年：

流年的概念，就是六十甲子中每一對天干地支輪動的一年。例如：今年為民國一一〇年，天干為辛，地支為丑，今年就是辛丑年。以此宮位中的狀況探討在這一年之中的運勢，所有人的流年都會落在同一個宮位。

因為要讓讀者快速找出流年斗君的位置，所以，本書不再列出子年斗君以及流年斗君的排法，而是直接教各位找出流年斗君的位置。

子年斗君：

子年斗君的位置是以出生月分及出生時支來查找，主要的作用是用來求得流年斗君的位置。

流年斗君：

流年斗君是以子年斗君在支及流年支來查找，是用來求得流年正月的起點，可以審視流月、流日、流時的吉凶。

快速找出流年斗君的方法：

假設本命盤寅宮的宮位是疾厄宮，以後每年流年斗君的位置就在流年疾厄宮的宮位，在這個宮位起正月。

範例：

斗君在寅宮是疾厄宮。

夫 巳	兄 午	命宮 未	流年疾厄宮 起正月 父 申
子 辰	斗君在寅宮是疾厄宮 110年流年辛丑年 流年命宮在丑 流年疾厄宮在申 流年斗君在申起正月		福 酉
財 卯			田 戌
斗君 疾 寅	流年命宮 遷 丑	奴 子	官 亥

紫微、天府星系十四顆主星與十二顆吉凶輔星、祿存星

紫微排盤星線主星共有十四顆：

紫微星線	天府星線
紫微	天府
天機	太陰
太陽	貪狼
武曲	巨門
天同	天相
廉貞	天梁
	七殺
	破軍

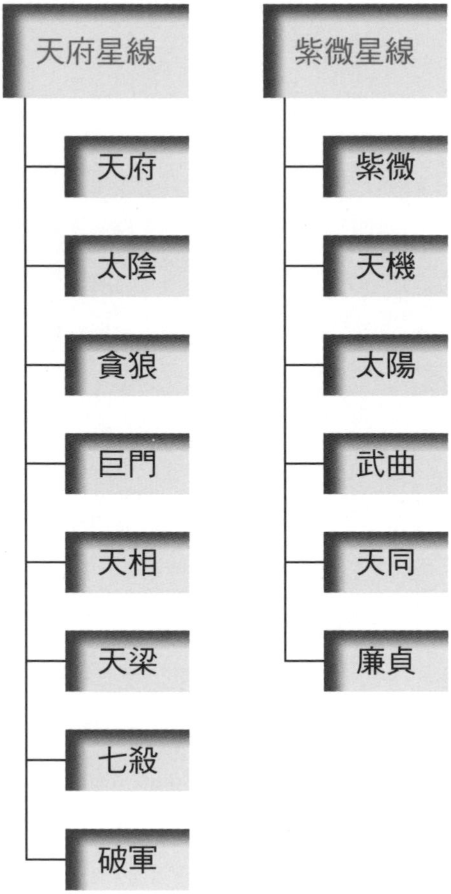

輔星有六吉星與六凶星：

六吉星：

六凶星：四煞星與空劫。

重要吉星：祿存。

祿存

第一項　安紫微星及星線

若是依照紫微斗數總訣，必須以五行局各局的口訣來尋找紫微星，這會非常的繁複。所以，在此用最簡單的方法教大家找出紫微星落點。

安紫微星方法：

把五行局當分母，生日數當分子。

・所有的起點都由寅宮開始數。

・將生日數，除以五行局數。

・除盡由寅宮順數商數，除不盡就加上可除盡的數字。

・加上的數字是偶數，再往前加上數字的宮數。

・加上的數字是奇數，再往後加上數字的宮數。

範例：

1.剛好除盡：

24日÷金4局＝6

由寅宮順數商數6，在未宮安紫微星。

<table>
<tr><td>巳</td><td>午</td><td>商數6
紫微
未</td><td>申</td></tr>
<tr><td>辰</td><td rowspan="2" colspan="2">農曆24日
金4局
24÷4＝6商數
從寅宮順數商數6</td><td>酉</td></tr>
<tr><td>卯</td><td>戌</td></tr>
<tr><td>順數
寅</td><td>丑</td><td>子</td><td>亥</td></tr>
</table>

2. 除不盡：

・加上可以除盡的數字是偶數時：

（8日＋2）÷土5局＝商數2

由寅宮順數商數2到卯宮，再從卯宮前一宮辰宮，開始順數加上的偶數2，在巳宮安紫微星。

+2
紫微
巳
午
未
申
2.順數
辰
農曆8日
土5局
（8+2）÷5=2商數
1. 從寅宮先順數商數2
2. 再從前一宮順數加上的2
（2為偶數順數）
酉
1. 商數2
卯
戌
順數
寅
丑
子
亥

・加上可以除盡的數字為奇數時：

（13日＋5）÷火6局＝3

由寅宮順數商數3到辰宮，再從辰宮後一宮卯宮開始逆數加上的奇數5，在亥宮安紫微星。

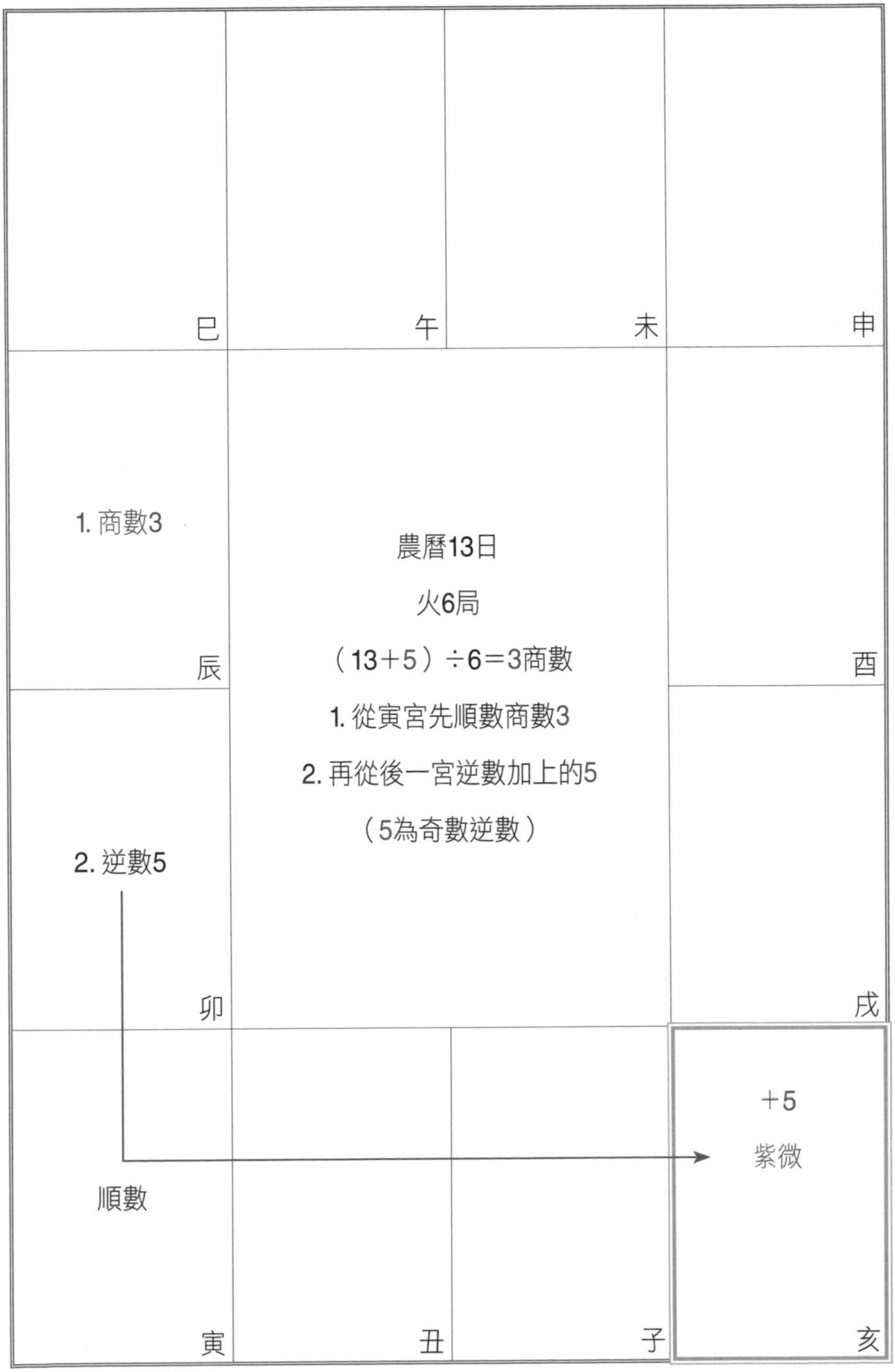
巳
午
未
申
1. 商數3
辰
農曆13日
火6局
（13＋5）÷6＝3商數
1. 從寅宮先順數商數3
2. 再從後一宮逆數加上的5
（5為奇數逆數）
酉
2. 逆數5
卯
戌
＋5
紫微
順數
寅
丑
子
亥

<table>
<tr><td>天同
巳</td><td>武曲
午</td><td>太陽
未</td><td>申</td></tr>
<tr><td>辰</td><td colspan="2" rowspan="2">安紫微星線：
假設紫微在戌宮，
紫微天機逆行，
隔一陽武天同星，
再隔二宮廉貞位，
隔三再見紫微君。</td><td>天機
酉</td></tr>
<tr><td>卯</td><td>紫微
戌</td></tr>
<tr><td>廉貞
寅</td><td>丑</td><td>子</td><td>亥</td></tr>
</table>

第二項　安天府星及星線

天府星與紫微星一定成斜線相對，只有在寅宮及申宮是坐在同一個宮位內。

安　天　府　星

天府 （紫微） 巳	天府 （紫微） 午	天府 （紫微） 未	紫微 天府 申
天府 （紫微） 辰			天府 （紫微） 酉
天府 （紫微） 卯			天府 （紫微） 戌
紫微 天府 寅	天府 （紫微） 丑	天府 （紫微） 子	天府 （紫微） 亥

貪狼 巳	巨門 午	天相 未	天梁 申
太陰 辰			七殺 酉
天府 卯			戌
寅	破軍 丑	子	亥

安天府星線：

假設天府在卯宮，
天府太陰貪狼順，
巨門天相天梁跟，
七殺空三見破軍，
隔宮望見天府星。

第三項　安六吉星、祿存星與六凶星

六吉星：

安左輔、右弼：

依照生年月分。左輔起辰宮順數到生月，右弼起戌宮逆數到生月。

巳
午
未
申
左輔
辰
左輔辰宮順數生月
右弼戌宮逆數生月
酉
右弼
卯
戌
寅
丑
子
亥

安天魁、天鉞：

依照生年天干。

甲戊庚年生安天魁在丑宮、天鉞在未宮。

乙己年生安天魁在子宮、天鉞在申宮。

丙丁年生安天魁在亥宮、天鉞在酉宮。

辛年生安天魁在午宮、天鉞在寅宮。

壬癸年生安天魁在卯宮、天鉞在巳宮。

<table>
<tr><td>壬癸
巳</td><td>辛
午</td><td>甲戊庚
未</td><td>乙己
申</td></tr>
<tr><td>辰</td><td colspan="2" rowspan="2">依照出生年干排定
天魁
天鉞
（依顏色分天魁 天鉞）</td><td>丙丁
酉</td></tr>
<tr><td>壬癸
卯</td><td>戌</td></tr>
<tr><td>辛
寅</td><td>甲戊庚
丑</td><td>乙己
子</td><td>丙丁
亥</td></tr>
</table>

安文昌、文曲：

依照生時支。文昌戌宮起，逆數到生時；文曲辰宮起，順數到生時。

巳
午
未
申
文曲
辰
文昌戌宮逆數生時
文曲辰宮順數生時
酉
文昌
卯
戌
寅
丑
子
亥

安祿存星、六凶星：

安祿存、擎羊、陀羅：

因為擎羊、陀羅這兩顆凶星，是依照祿存的落點在前後一宮安星，所以只要先安好祿存的位置，擎羊與陀羅的位置就可以輕鬆得知了。

祿存是依照生年天干安星。

甲年生安寅宮、乙年生安卯宮、

丙戊年安巳宮、丁己年安午宮、

庚年生安申宮、辛年生安酉宮、

壬年生安亥宮、癸年生安子宮。

定出祿存星的位置後，在祿存前一宮安擎羊，後一宮安陀羅。

丙戊 巳	丁己 午	未	庚 申
辰	依生年天干安 祿存 前一宮擎羊 後一宮陀羅		辛 酉
乙 卯			戌
甲 寅	丑	癸 子	壬 亥

安火星、鈴星：

依照生年支與生時支。

火星：

生年支申子辰起寅宮，再順數至生時。

生年支巳酉丑起卯宮，再順數至生時。

生年支寅午戌起丑宮，再順數至生時。

生年支亥卯未起酉宮，再順數至生時。

鈴星：

生年支申子辰、巳酉丑、亥卯未起戌宮，再順數至生時。

生年支寅午戌起卯宮，再順數至生時。

<table>
<tr><td>巳</td><td>午</td><td>未</td><td>申</td></tr>
<tr><td>辰</td><td colspan="2" rowspan="2">火星
依生年支起
再順數生時
鈴星
依生年支起
再順數生時
（依顏色分火星 鈴星）</td><td>亥卯未
酉</td></tr>
<tr><td>巳酉丑
寅午戌
卯</td><td>申子辰
巳酉丑
亥卯未
戌</td></tr>
<tr><td>申子辰
寅</td><td>寅午戌
丑</td><td>子</td><td>亥</td></tr>
</table>

安地空、地劫：

依照生時，從亥宮順逆數。

地空從亥宮起，逆數至生時。

地劫從亥宮起，順數至生時。

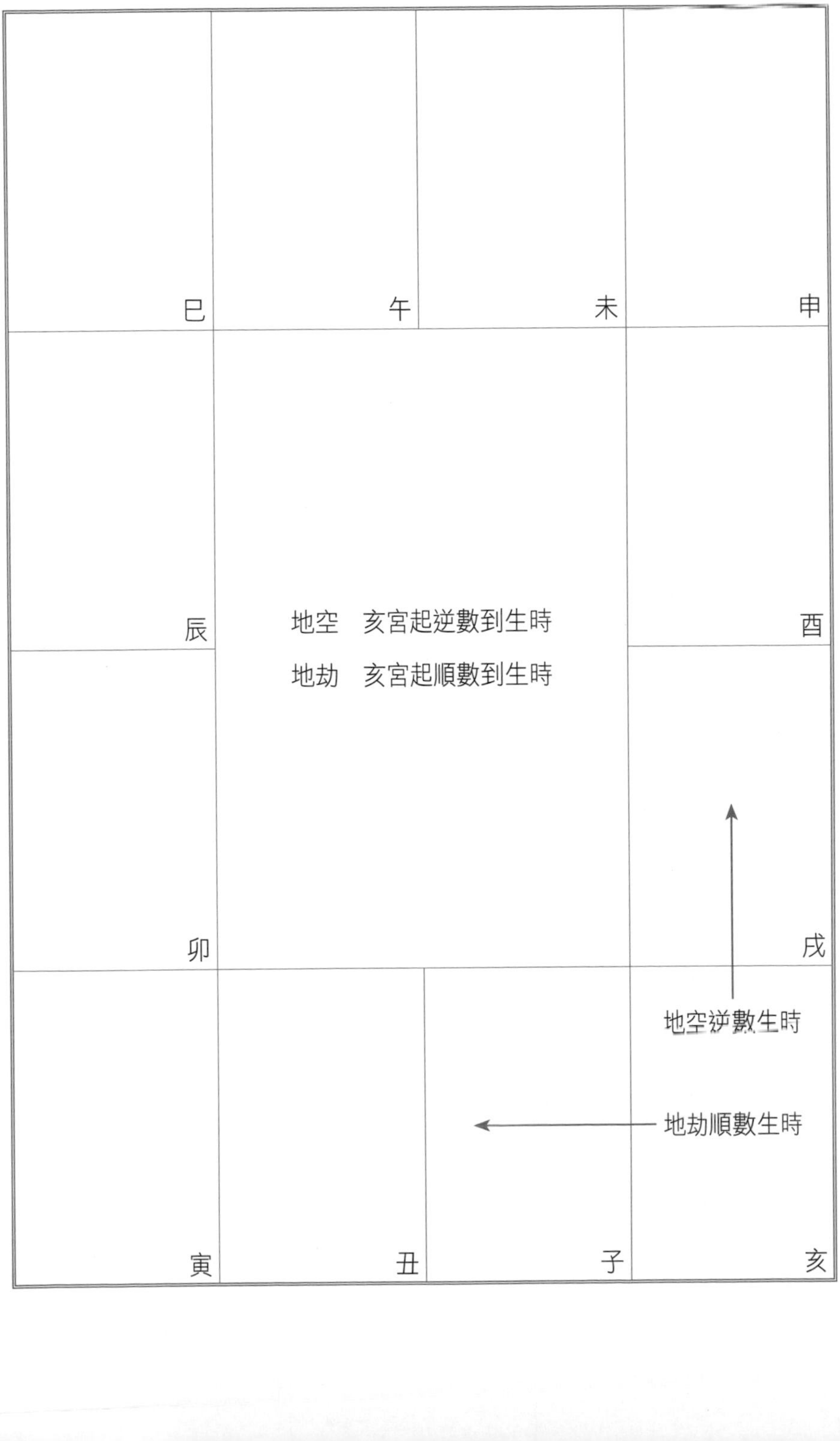
巳
午
未
申
辰
地空　亥宮起逆數到生時
地劫　亥宮起順數到生時
酉
卯
戌
地空逆數生時
地劫順數生時
寅
丑
子
亥

第四項　紫微命盤基本格式

這只是紫微斗數主星、輔星十二種基本命盤排法，因為每個人的生辰、男女陰陽順逆不同，再加上干支、輔星、四化、雜曜、神煞後，就能排出個人的專屬命盤了。

第四項　紫微基本格式

太陰×	貪狼○	天同× 巨門×	武曲△ 天相◎
廉貞△ 天府◎	1 紫微在子		太陽△ 天梁△
			七殺◎
破軍△		紫微△ 子	天機△

廉貞× 貪狼×	巨門○	天相△	天同○ 天梁×
太陰×	2 紫微在丑		武曲△ 七殺○
天府△			太陽×
	紫微◎ 破軍○ 丑	天機◎	

巨門○	廉貞△ 天相◎	天梁○	七殺◎
貪狼◎	3 紫微在寅		天同△
太陰×			武曲◎
紫微○ 天府◎ 寅	天機×	破軍◎	太陽×

天相△	天梁○	廉貞△ 七殺◎	
巨門×	4 紫微在卯		
紫微○ 貪狼△ 卯			天同△
天機△ 太陰○	天府◎	太陽×	武曲△ 破軍△

天梁×	七殺○		廉貞◎
紫微△ 天相△ 辰	5 紫微在辰		
天機○ 巨門◎			破軍○
貪狼△	太陽× 太陰◎	武曲○ 天府◎	天同◎

紫微○ 七殺△ 巳			
天機△ 天梁◎	6 紫微在巳		廉貞△ 破軍×
天相×			
太陽○ 巨門◎	武曲◎ 貪狼◎	天同○ 太陰◎	天府△

武曲△ 破軍△	太陽○	天府◎	天機△ 太陰△
天同△	10 紫微在酉		紫微○ 貪狼△ 酉
			巨門×
	廉貞△ 七殺◎	天梁◎	天相△

天機△	紫微◎ 午		破軍△
七殺◎	7 紫微在午		
太陽◎ 天梁◎			廉貞△ 天府◎
武曲△ 天相◎	天同× 巨門×	貪狼○	太陰◎

天同◎	武曲○ 天府○	太陽△ 太陰×	貪狼△
破軍○	11 紫微在戌		天機○ 巨門◎
			紫微△ 天相△ 戌
廉貞◎		七殺○	天梁×

	天機◎	紫微◎ 破軍○ 未	
太陽○	8 紫微在未		天府○
武曲△ 七殺○			太陰○
天同△ 天梁◎	天相◎	巨門○	廉貞× 貪狼×

天府△	天同× 太陰×	武曲◎ 貪狼◎	太陽△ 巨門◎
	12 紫微在亥		天相×
廉貞△ 破軍×			天機△ 天梁◎
			紫微○ 七殺△ 亥

太陽○	破軍◎	天機×	紫微○ 天府△ 申
武曲◎	9 紫微在申		太陰○
天同△			貪狼◎
七殺◎	天梁○	廉貞△ 天相◎	巨門○

第十三節 紫微命盤各類星曜

第一項 生年干星系

年干星系有祿存、擎羊、陀羅、天魁、天鉞、天官、天福、天廚、截路、空亡、化祿、化權、化科、化忌。

祿存	天廚
擎羊	截路
陀羅	空亡
天魁	化祿
天鉞	化權
天官	化科
天福	化忌

另外，還有依照出生年的歲次來排定的旬空星（旬中、空亡）。

旬中
空亡

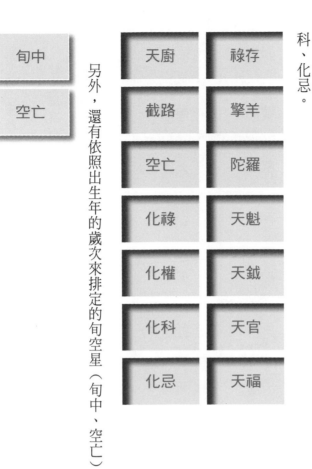

第二項　生年支星系

年支星系有天馬、華蓋、天空、天哭、天虛、紅鸞、天喜、孤辰、寡宿、咸池、龍池、鳳閣、蜚廉、破碎、月德、天德、天才、天壽。

天馬	咸池
華蓋	龍池
天空	鳳閣
天哭	蜚廉
天虛	破碎
紅鸞	月德
天喜	天德
孤辰	天才
寡宿	天壽

第三項　月、日、時系星曜

以農曆出生年的月、日、時來排星曜。

月星系：

左輔、右弼、天刑、天姚、月馬、解神、天巫、天月、陰煞。

左輔
右弼
天刑
天姚
月馬
解神
天巫
天月
陰煞

日星系：
三台、八座、恩光、天貴。

三台
八座
恩光
天貴

時星系：
文昌、文曲、地空、地劫、台輔、封誥，以及用生年支與生時支所排出的火星與鈴星。

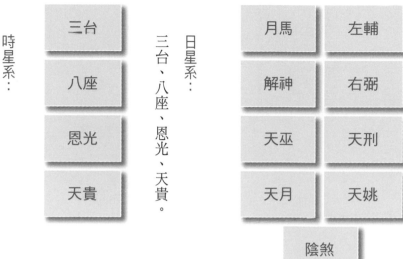

文昌
文曲
地空
地劫

台輔
封誥
火星
鈴星

其他：

天傷、天使。天傷固定在奴僕宮（交友宮）；天使固定在疾厄宮。

天傷
天使

第四項　流年干支星系

流年干星系：

流年干星系有流年祿存、流羊、流陀、流魁、流鉞、流昌、流曲、流年四化。

流年支星系：

流年天馬、流年紅鸞、流年天喜。

流年天馬

流年紅鸞

流年天喜

第五項　流年歲前十二星

歲建、晦氣、喪門、貫索、官符、小耗、大耗、龍德、白虎、天德、弔客、病符，這十二星從流年支的宮位順時鐘方向排定，每年順時鐘換一個宮位，每十二年重複一次。

歲建

晦氣

喪門

貫索

官符

小耗

大耗

龍德

白虎

天德

弔客

病符

第六項　流年將前十二星

將星、攀鞍、歲驛、息神、華蓋、劫煞、災煞、天煞、指背、咸池、月煞、亡神，這十二星每變換一次流年支，一次移動三個宮，每隔四年會重複一次。

申子辰年子宮起，巳酉丑年酉宮起，寅午戌年午宮起，亥卯未年卯宮起順排。

將星	災煞
攀鞍	天煞
歲驛	指背
息神	咸池
華蓋	月煞
劫煞	亡神

第七項　五行長生十二神

長生、沐浴、冠帶、臨官、帝旺、衰、病、死、墓、絕、胎、養，依照五行局以及陽男陰女順排、陰男陽女逆排而定。

起長生快速方法：

・金局命巳起長生・木局命亥起長生・水局命申起長生・火局命寅起長生・土局命申起長生

長生	病
沐浴	死
冠帶	墓
臨官	絕
帝旺	胎
衰	養

第八項　生年博士十二星

不論男女，都是依循祿存星起博士，按陽男陰女順行、陰男陽女逆行排定。順序如下：博士、力士、青龍、小耗、將軍、奏書、飛廉、喜神、病符、大耗、伏兵、官府。

博士

力士

青龍

小耗

將軍

奏書

飛廉

喜神

病符

大耗

伏兵

官府

第九項　大限星系

大限祿存、限羊、限陀、限魁、限鉞、限昌、限曲、限鸞、限喜、限馬、大限四化。

大限陀羅	大限擎羊	大限祿存
大限文昌	大限天鉞	大限天魁
大限天喜	大限紅鸞	大限文曲
大限四化	大限天馬	

附註：有些星曜排法未說明，將留待未來新書或上課時解說。

第三章

專有、常用名詞解釋

說到這兒，先補充有關紫微斗數的論命概念。十二宮位包括陰陽、內外、動靜、強弱、吉凶等元素，在論述運勢時，一定要結合宮位干支、星辰、宮職、四化等所有的條件、特質與變化，才能更精準地剖析命盤的因緣果報。

第一節　十二宮位及特別宮位

紫微命盤十二個宮位，會隨著歲月流轉，與各個宮位內的星曜組合產生輪動變化，加上宮位內的宮干四化，也發射出不同的能量挹注或衝擊，讓人每十年、每一年、每月、每日、每時、每分、每秒，隨時與周遭人事物編織成先天與後天碰撞的命運悲喜劇。

若以命宮為1為單數宮起算，單數宮宮位為陽宮，雙數宮宮位為陰宮；宮位又分成我宮及他宮。

我宮：

是與自身最為密切的宮位，即命宮、福德宮、田宅宮、官祿宮、疾厄宮、財帛宮。

他宮：

是自身與外在密切的宮位，即兄弟宮、夫妻宮、子女宮、遷移宮、僕役宮、父母宮。

命宮：

狹義的解釋為我自己；廣義而言，就是我這一生與十二宮產生的對待關係，進而有了喜惡、吉凶禍福的生命歷程。命宮也就是你一生下來老天爺給你的先天本錢，是其他宮位的源頭宮位、一生無法割捨的命運主軸與運勢，也是你一生處世態度與價值觀的總覽，展示一個人外貌形體、流露的氣質、包括個性、思想、行為、品行、抉擇、才能、機遇、精神狀態、喜惡、嗜好、終生吉凶禍福、富貴貧病、格局大小、運勢順逆等最要的中樞宮位，也是一生中自己與所有人事物接觸時，因自己與生俱來的性格、內在思維、外在行事作風，所展演出的真實人生劇場，也是引導你一生運途最重要且明確的方向盤。

兄弟宮：

是在說明你的兄弟姐妹們、手足的多寡以及有無兄弟姐妹，或者有沒有異父母的兄弟姐妹，以及與母親的關係及母親的狀況。兄弟宮除了用來分析兄弟姐妹、母親的個性與行事風格、成就、專長、財務等種種狀態，也可看出自己與兄弟姐妹、母親之間彼此的情分以及對待模式，是親密或疏離、有助益或是拖累；也可看出自己擁有不動產的現金價值多寡、與合夥人及婆媳問題、自己健康的本錢。

夫妻宮：

這是有關自己的擇偶偏好，喜歡的是什麼類型特質的人，以及彼此的對待關係，就是與你談感情、長期有肉體關係，或有婚姻關係的這些人。跟你在一起時，是一時乾柴烈火，激情來得快去得也快；還是還沒有開始就結束了；相處起來愉不愉快，未來能不能走在一起；是貼心的另一半或是恐怖情人；是提供良好經濟生活、也能提升你的人，還是需要你照顧的人；年紀大小、長相、品行、對感情與婚姻的態度、類型等也能顯示出。另外，也可以看出與你是天賜良緣、歡喜冤家、讓人羨慕的一對，還是暴力相向、想離離不掉，相敬如「冰」、同床異夢、聚少離多、離婚收場或會不會再婚的宮位。

子女宮：

要探討的是這輩子在名義或實質上要叫你爸或媽的子女樣態，包括你是否要經歷千辛萬苦才能生育小孩，或無法擁有小孩，或小孩生下來又失去的宮位。也可以看出是否有無法出世、與你無緣的孩子，以及小孩對於家庭與父母的吉凶對待；這些小孩的個性特質與能力、與你的緣分深淺及好壞，是孝順還是叛逆、光宗耀祖或是敗家子、有沒有智能或身體上的障礙；成長、就學、就業的過程與成就高低等都可以探知。另外，還有一個解釋是你的性能力，以及兩性關係的相處模式。

財帛宮：

可以了解你對金錢的態度與使用的方法，也是你的消費習慣；與可以看出擁有現金的多寡與流通性；是視錢如命還是花錢如流水，敢賺肯賺還是伸手牌；是樂善好施還是小氣財神，是省小花大還是理財高手。也可以看出是不是敢賺黑心錢或是只賺清高財；投資玩大的還是穩定生財；固定收入還是多種財源。可透視一生中財運的素質與格局，也看得出自己的財帛宮，做什麼行業才能賺得到錢，例如：科技業、金融業、藝文業、不動產業、廣告業、服務業、政府單位、紡織業、餐飲業、醫療業……等較適合從事的行業種類。

疾厄宮：

也稱為心境宮，是探討身心靈的宮位，包括是否會重視健康問題、體質強弱、先天或後天；急、慢、良、惡性疾病；生病輕重程度、是否能得到好醫生的醫治等，都會在疾厄宮顯示。另外，疾厄宮也是自己的強弱點、深層潛意識、心智與情緒表達的探索宮位。

遷移宮：

可顯示你與外界互動時，從你的所作所為、別人對你產生了什麼既定印象，給了你什麼評價，以及你希望自己在外是以什麼形象示人。也可經由這個宮位看出一個人是否外出機會多、容易離鄉背井；外出運是強是弱、驛動對自己是加分或是減分、在外容易發達順遂；人緣旺盛、受人歡迎、機運多，還是與人寡和、人際關係不佳，甚至是容易與人發生糾紛或發生意外血光災難的事件。舉凡出門在外、住居搬遷、工作變動、社交才能、人際關係等，只要跟外在環境與變遷相關的，遷移宮都會對命宮的福與禍產生重量級的影響。

奴僕宮（交友宮）：

與今生知己的交往對待關係，也代表與眾生之間，包括朋友、擦肩而過的路人甲、隱藏版朋友的朋友、同事、屬下、事業合作夥伴等的情誼深淺。是彼此的貴人還是豬隊友、能共生共榮還是扯後腿、適合合夥與否等，是與眾生的共業宮位。另外，也可以看出異性緣、戀愛對象，以及寵物的狀況。

官祿宮：

這是有關你在求學時期的讀書狀況，以及出社會工作時的工作態度，包括考運好不好、學歷的高低、是否會重視工作成就感、職場人際關係好壞、職場運順不順利、職場是非多不多、會不會懷才不遇與受人壓制剝削、還是受老闆上司的賞識提拔、工作方法與計劃有沒有效率、是工作狂還是家庭煮婦煮夫；是基層員工、中階主管、打工皇帝還是自主創業、會不會滾石不生苔地經常更換工作，還是絕不輕易轉職。官祿宮除了會顯示出適合你的工作型態，例如：會計類、業務類、行銷類、企劃類、技術類、設計類、稽核類、管理類或行政類之外，最重要是能看出你的工作能力、工作態度與工作機運、工作成就、職場關係、順利與否等最直接的宮位。

田宅宮：

能看出你是否有祖業可以繼承，或自己有沒有購買不動產的能力、動產與不動產的氣勢與多寡，以及能不能真正存到錢、是否會變賣房產。也能看出家裡的氛圍好壞，會不會因為經常不在家而與家的緣分少；家宅內部裝潢與擺設是豪華型、簡單整潔或是雜亂髒污、坪數大或小、會不會遭祝融或水災；有沒有用房產再次借貸或房產糾紛、房子結構安全與否、家庭經濟好壞、家人相處的模式與家運；也可以看出家宅外圍環境的狀態。

福德宮：

是累世業力無形的業報，祖字輩的個性運程也是自己此生的造化宮，包括無形的祖蔭福報、人生觀、嗜好、福氣厚薄、興趣與享受，以及一個人從年輕活到老的品行、這輩子有沒有福分可享，還是有福不會享；個人的品味如何、心境上是平和寬大或是憂思狹隘；能及時行樂、苦中作樂還是欲求不滿；有沒有同理心、願不願意奉獻。能清楚反映出你的人生觀，影響福分、健康、人與人的相處模式，與老年時的存款是否夠充裕；也代表如何使用金錢的觀念。

父母宮（相貌宮、文書宮）：

包括父母親的特質與運勢、遺傳給你的基因、與父母親的關係好不好、父母是否離異、自己是否是非婚生子女；能不能得到父母親、長輩、師長、上司、老闆的教導與照顧；也代表自己求學過程是不是順利、身體上會不會因為疾病或意外而有傷疤或破相等，是呈現自己健康狀態、外貌表徵相關的宮位。另外，也是牽涉文書、支票、作保，以及有沒有金主資源、民間金融活動的狀況。

特別宮位：

身宮：

一定是在單數宮，是你這輩子最在乎，也是這輩子有不解之緣的宮位，是十二宮之外的一個宮位。它會與十二宮中的某一個宮位重疊在一宮，除了可以拿來推論此生與哪個宮位有著密切與不解之緣外，也用來作為推論後天與中年後的輔助推斷，有修正、加強與對比的作用。當命宮是空宮時，就要更重視身宮的解讀，而且身宮一定只會與命宮、夫妻宮、財帛宮、遷移宮、官祿宮、福德宮等這六個宮位同宮。

命、身同宮：以自己的喜好、個性、價值觀、目標等為一生的圭臬，較主觀、敏感、直腸子、固執、自我中心、計較得失、孩子氣。

夫、身同宮：感情氾濫，但對感情也有責任感，重視及尊重另一半。不論有無感情，不會輕易分手或離婚。

財、身同宮：金錢至上、人生以賺錢為目的，並且重視金錢。

遷、身同宮：重視自身評價與外在環境感受、入境隨俗、喜歡在外活動、社交多、易移民遷居。

官、身同宮：追求事業地位、名聲；工作投入、越忙越起勁。

福、身同宮：愛享受、講求精神與生活品質，以及對某種信念的堅持。

附註：吉凶以坐落宮位干支、各類星曜與四化碰撞而定。

第二節　紫微斗數主星、輔星、干支星曜、神煞

本書不把星曜分甲、乙、丙、丁各級星，主要是因為各星都有優缺點，而主星是否能夠有優良的表現還必須參看輔星及雜曜、神煞的加持或破壞，以及坐落宮位的廟旺平陷與否，並加上生年、大限、小限、流年四化與三方四正的照會沖合等的變化。所以，就不用分級的方式、而是單純以各組星曜來論述探討。

第一項　北斗、南斗、中天諸星

北斗星：紫微、貪狼、巨門、廉貞、武曲、破軍、左輔、右弼、祿存、文曲、擎羊、陀羅。

南斗星：天府、天梁、天機、天同、天相、七殺、文昌、天魁、天鉞、鈴星、火星。

中天星：太陽、太陰及諸星。

第二項　主星：分為北斗星系、南斗星系、中天星系等共有14顆

北斗星系：

・紫微星（北極星帝星）・貪狼星（北一）・巨門星（北二）

・廉貞星（北五）・武曲星（北六）・破軍星（北七）

南斗星系：

・天府星（南一）・天梁星（南二）・天機星（南三）

・天同星（南四）・天相星（南五）・七殺星（南六）

中天主星：

・太陽星（中）・太陰星（中）

附註：紫微命盤排盤時是以紫微、天府星線的安星規則來排出命盤，而不是依照北斗星與南斗星的順序排。

星名	五行	斗分	陰陽	化氣	號稱
紫微	己土	北	陰	尊	紫微帝王星、官祿主、福祿主、降煞解厄星、孤貴星、主導星
太陽	丙火	中天	陽	貴	中天星、官祿主、驛馬星、奉獻星、父星、夫星、男性星、光明星、權貴星、血光星
太陰	癸水	中天	陰	富	中天星、田宅主、財帛星、官祿主、純潔星、母宿、妻星、女性星、感情星、血光星
貪狼	甲木、水	北一	陽	桃	正桃花、遊戲禍福星、財星、壽星、欲望星、貪婪星、教化星、社交星、八面玲瓏星
巨門	癸水、土、金	北二	陰	暗	陰精星、品物主、博學星、是非暗星、疑惑星、專注星、西藥星、家宅星、家族星
廉貞	丁火、木、土	北五	陰	囚	次桃花、官祿主、魅力星、競爭星、驛馬星、囚星、權令星、複雜星
武曲	辛金、水	北六	陰	財	武財星、正財星、將星、財帛主、務實星、寡宿星、權星、孤星
破軍	癸水	北七	陰	耗	開創星、權星、奴僕星、夫妻子息星、情義星、破耗星、帶藥星、孤剋星、自殺星
天府	戊土	南一	陽	權	令星、財帛主、財庫星、霸氣星、田宅主、衣祿星、解厄星、才藝星、慈悲星
天梁	戊土	南二	陽	蔭	父母星、老大星、慈善星、福壽星、中藥星、解厄星、孤獨星、宗教星、老師星
天機	乙木	南三	陰	善	兄弟主、廣善星、益算星、益壽星、宗教星、驛馬星、智慧星、精神星、死亡星
天同	壬水	南四	陽	福	福德主、福星、壽星、小孩星、同好星、感情星、清閒星、益算星
天相	壬水	南五	陽	印	印星、官祿主、福祿壽喜星、廣慈星、媒人星、衣食星、服務星
七殺	庚金、火	南六	陽	殺	將星、桃花星、孤寡星、戰鬥星、競爭星、紀律星、義氣星、魄力星、妾星

星名	人物	顏色
紫微	伯邑考，文王長子	黃、紫
太陽	比干，紂王忠臣	紅、橘黃
太陰	賈夫人，黃飛虎的妻子	玉白、淺藍、淺紫
貪狼	妲己，紂王的妾	黑、綠
巨門	馬千金，姜尚的妻子	黃、暗白、黑
廉貞	費仲，紂王的奸臣	綠、黃、紅
武曲	武王，文王的二子	白
破軍	紂王，殷王朝暴君	黑、白
天府	姜太后，紂王的皇后	黃
天梁	李天王，武王的忠臣	黃
天機	姜尚，又名太公望	綠
天同	文王	黑
天相	聞太師，紂王的忠臣	黑
七殺	黃飛虎，紂王的大將	紅、白

星名	身體
紫微	大腦、胰臟、脾、胃、膽、肥胖、免疫系統、腎氣不足、重大或慢性疾病、結石
太陽	眼睛、顏面、血光、心臟、血管、高血壓、肝火、腦神經、大小腸、皮膚、頭痛、燒燙傷、多汗、循環代謝
太陰	生殖性器官、眼睛、血光、生理失調、心悸、憂鬱、耳鳴、腰腹痛、風濕、白血球、肝膽、水腫、腎、泌尿
貪狼	癌症、泌尿、生殖性器官、內分泌與代謝疾病、肝、膽、神經、四肢外傷、性病、精神
巨門	肺、呼吸道、腸類、骨、口腔、食道、脾、胃、腎、泌尿排泄、生殖性器官、舌、齒、暗疾
廉貞	癌症、精神官能症、意外傷、過敏、暗瘡、牙齒、唇、脊椎、四肢、生殖、循環、血液、糖尿、疥癬、肝膽
武曲	肺、呼吸道、鼻過敏、咳嗽、大腸、直腸、盲腸、外傷、牙齒、膽、電擊、肝、骨頭、顴骨、三高
破軍	生殖性器官、糖尿病、開刀、破相、泌尿排泄、口腔、齒、肺、呼吸道、腸類、骨、內分泌、先天罕見疾病
天府	胰臟、膽、脾、胃、腳氣病、十二指腸、呼吸系統、消化系統、便祕或腹瀉、口腔、結石
天梁	胰臟、疲勞、膽、脾、胃、腳、貧血、消化系統、呼吸系統、心臟、肌肉、法令紋、肩、肋骨、結石
天機	腦瘤、頭痛、肝、膽、神經、精神衰弱、四肢、狹心症、健忘、脊椎、甲狀腺、牙齒、結石、羊癲瘋
天同	呼吸系統、過敏、肥胖、泌尿排泄系統、生殖性器官、水腫、心情鬱結、耳、糖尿、腎
天相	青春痘、破相、水腫、疥瘡、高血壓、生殖泌尿、頭痛、眼睛、結石、汗斑、風濕、狼瘡、筋骨、呼吸系統
七殺	殘疾、筋、腮骨、骨、痔瘡、肝、呼吸系統、扁桃腺炎、血光意外、脊椎、大腸、直腸

附註：

1星曜的顏色除了代表星曜的氣蘊，也能用來當成自己的幸運色，以及提升能量的色彩使用。

2正確的疾病與身體狀況會依照本命、大限、流年命宮與疾厄宮內的星曜與四化而定。例如：癌症何時發現、生病症狀是輕微或者嚴重、可不可以得到良醫醫治等狀況。

第三項　輔星

輔星之六吉星與祿存：

- 左輔星
- 右弼星
- 文昌星
- 文曲星（北四）
- 天魁星
- 天鉞星
- 祿存（北三）

輔星之四煞與空劫星：（也稱為六凶星或六煞星）

- 擎羊星

・陀羅星

・火星

・鈴星

・地空星

・地劫星

重要輔星：依同宮星曜定吉凶。

・天馬星

星名	五行	斗分	陰陽	化氣	號稱	人物
左輔	戊土	北	陽	善令、助	廣祐之神、貴人星、桃花星	韓升
右弼	癸水	北	陰	善令、助	廣祐之神、貴人星、桃花星	韓變
文昌	辛金	南	陽	科甲、魁	文魁星、變遷星、文桂	嬋王，幫助武王的女將
文曲	癸水	北四	陰	科甲、才	善辯星、變遷星、異路功名星、文華	龍吉，幫助姜尚的女將
天魁	丙火	南	陽	科、日貴	陽貴之神、清白之神、天乙貴人	天乙
天鉞	丁火	南	陰	科、夜貴	陰貴之神、清白之神、玉堂貴人	玉貴
祿存	己土	北三	陰	富財、孤	天祿星、貴人星、解厄星、爵祿貴壽星	
天馬	丙火	中	陽	動	驛馬星、司祿之星、動星	鄂崇禹
擎羊	庚金、火	北	陽	刑	賊星、浮曜星、夭壽星、兇厄神、大刀	楊戩，周軍大武將
陀羅	辛金、火	北	陰	忌、是非	浮曜星、兇厄神、馬掃煞	黃天化，黃飛虎之子
火星	丙火	南	陽	暴	浮曜星、天殺星、突發星	殷郊，紂王之子
鈴星	丁火	南	陰	暴	浮曜星、殺神、從神、口舌星、小刀	殷洪，紂王之子
地空	丁火	中	陰	耗	劫殺之神、斷橋煞	
地劫	丙火	中	陽	耗、敗	劫殺之神、斷橋煞	

星名	特質
左輔	主動型、增多、加強、自助人助、有奴性、跨領域、想法點子多、反應與學習力強、多項能力、一心多用、反應佳、聰明踏實、忠心上進、文武全才、服務熱誠、幽默感、志氣、大方愛請客、對象為比你年輕或低階。
右弼	守護型、內在與精神性的幫助、增多、加強、自助人助、有奴性、一心多用、跨領域、有機謀、多項能力、豁達、柔和圓融、耿直、寬恕、喜自由、善文采、正面、重情、風流倜儻或風采佳、對象為比你年輕或低階。
文昌	正統科名、承諾、文書契約、求學工作順利、重精神層面、重禮節、應對進退佳、記憶力強、多學多能、直言、專業領導地位、孝順、斯文秀氣、清高、細心保守、有條不紊、理智、福壽、品味高、異性緣佳。
文曲	偏門科名、異路功名、文書契約與口頭承諾、重生活情趣、技術、藝術、表演、宗教、五術、名氣、博學多能、清高有禮、聰明、為人著想、感情豐富、口齒伶俐、愛説、炒熱氣氛、協調力、人緣佳、異性緣佳。
天魁	天助自助人助、逢凶化吉、名列前矛、實質幫助、做大事、主動、開發創造、聲名遠播、學習力、領導力、説話有分量、知人善任、思想超然、涵養佳、陽剛、重情重義、與人為善、異性緣佳、困境與成就成正比。
天鉞	天助自助人助、逢凶化吉、名列前茅、精神上的幫助、暗助、重學習、建議型、創意改革、企劃力、守護力、專業能力、能文能武、順從、善良重情、氣質高雅、教養好、人緣與異性緣佳、運氣佳。
祿存	富貴財祿壽、強人、吉祥、凝聚力、孤獨、中規中矩、愛護資源物品、用錢謹慎、能儲蓄、勤儉實際、吃苦耐勞、行事低調、聰明好學、保守厚重、清高善良、多學多能、不説假話、拘謹、關係或地位穩固。
天馬	機會財多、活動力強、開朗、勞碌、多才藝、坐不住、離鄉背井、異動遷居、聚少離多、外地異國、管理。

星名	特質
擎羊	護衛、行動力強、機會主義、橫立功名、聰明有膽識、競爭心強、速度快、先見之明、權力鬥爭、剛硬、強悍、野心、無常、獵取、剝奪、切割、自私、浮躁、破耗、不服輸、鬥爭、孤獨、過河拆橋、視親為疏。
陀羅	研究、專注、專業、使命必達、奴性、慢條斯理、執著、反覆拖延、原地打轉、鑽牛角尖、後繼無力、有始無終、重蹈覆轍、為人作嫁、遠距、飄盪不穩、背負壓力、糾葛、自虐、黏、孤、無常、心術不正。
火星	熱情、速度快、爆發力、強勢、有膽識、想法點子多、丹田有力、愛領導控制人、來得快去得快、橫發橫敗、突然興旺、照顧人、亮眼出眾、講義氣、急性子、愛自由、不受控、主觀、狀況多、處事欠周延。
鈴星	有謀略、口才犀利、有聲名、膽大出色、反應快、報復心、早發早敗、疑難雜症、憂鬱生悶氣、精神不穩定、凌遲、拖累、一連串、佔有欲、剛烈、黏、驚嚇、騷擾、緊張、記恨、碎唸、破損、噪音、異相。
地空	思想家、看得開、靈感佳、天馬行空、創意、無中生有、反潮流、出世、屢戰屢敗、自欺欺人、受干擾、逃避現實、孤獨、好高騖遠、缺乏自信、憂鬱、詐騙、揮霍、不行正道、無法堅持、一切成空、五術、宗教。
地劫	企圖心、努力不懈、夢想家、特殊才藝、反潮流、聰明反被聰明誤、我行我素、孤獨、損失、缺乏自信與安全感、旁門邪道、投機、多變、無法堅持到底、無法滿足、武術、宗教、破耗人情財、思想行為怪異。

星名	注意事項
左輔	放大、變多、過動、易分心、太雞婆、對感情或婚姻有非普世價值的想法、併發症、優柔寡斷。
右弼	放大、注意力不集中、對感情或婚姻有非普世價值的想法、依賴性、併發症、逢吉凶變化。
文昌	票據作保、文書官司、專業傲慢、感情問題、冥頑不靈、錙銖必較、憤世嫉俗、自命清高、孤芳自賞。
文曲	文書官司、罰單、口頭承諾、粉飾太平、説謊、有苦不説、辭不達意、嘮叨、惹人嫌、情感糾葛、水厄。
天魁	曲高和寡、過剛、刀傷、情傷、硬碰硬。
天鉞	太容易受感動、被動、刀傷、情傷、凡事忍而受傷。
祿存	説話太真、執著、災病、孤僻、六親疏離、膽小、過於務實變通性差、小氣吝嗇、不太善於表達感情。
天馬	奔波勞累、無法久居一處、個性躁動過急、不安分、生理需求過於旺盛。
擎羊	官司是非、沉不住氣、意外血光、投機、破相、人事情財的剝奪與切割、詐欺、偷盜、六親無緣、事不順。
陀羅	官司是非、負面悲觀、執著想不開、血光、破相、內傷、殘忍、慢性損傷、六親無緣、破耗。
火星	肢體暴力、暴戾殺氣、官司是非、無耐性、人際與婚姻關係差、火災、燒燙傷。
鈴星	官司是非、語言暴力、精神虐待、殘忍、不良資產、人際與婚姻關係差。
地空	多災多難、虛無、不會理財、不能聚財、破財、成敗多端、自殺、墜樓、空難。
地劫	多災多難、不會理財、不能聚財、詐欺、破財、躁鬱、自殺、車禍、水厄、驚嚇。

星名	健康注意事項	顏色
左輔	四肢、慢性病、增生、脾、胃、併發症、免疫系統、左邊肢體器官、視同宮星曜而好轉或惡化。	黃
右弼	四肢、口乾舌燥、增生、虛火上升、胃寒、併發症、右邊肢體器官、視同宮星曜而好轉或惡化。	黑
文昌	腦、肺、血管、呼吸系統、內分泌、輸尿管、精神鬱結、腎上腺、前列腺、思考差、末梢神經。	白
文曲	微血管、甲狀腺、肝、膽、皮膚、雀斑、痣、胎運差、胸腺、淋巴腺、末梢神經、心情不開朗。	黑
天魁	火氣大、肝、視力、疲倦、皮膚病變、過敏、濕寒、金屬傷。	紅
天鉞	脾、胃酸、嘔吐、呼吸系統、水腫、濕寒、過敏、金屬傷。	紅
祿存	年幼多病、脾、肺、胃、腫瘤、四肢、水腫、痼疾或隱疾。	黃
天馬	流行性疾病、傳染病、心臟、男女生殖器官、四肢、風寒、肝。	紅
擎羊	猛爆急症、頭、心臟、心血管、呼吸道、腸胃、意外血光、手術、腹、肺、眼斜、皮膚、疤。	白
陀羅	慢性病、腫瘤、癌症、筋骨、關節、肺、白癬、呼吸系統、外傷、中樞神經、脊髓、皮膚、內傷。	白
火星	猛爆急症、高燒後遺症、心臟、血液、眼睛、小腸、血光、顏面神經、疤、皮膚、肝火、燒燙傷。	紅
鈴星	癌症、血光、頭、眼、過敏、皮膚、腫脹、疤、中風、心血管、失眠、受驚嚇、雜症、雷電擊。	紅
地空	罕見疾病、踩空、高處墜落、虛火上升、手腳冰冷、氣血不順、暗疾、切掉器官、無精打采。	紅
地劫	跌倒、罕見疾病、眼、胃、四肢、頭暈眼花、切掉器官、四肢無力、沒精神、氣血衰敗、感染。	紅

附註；所提出的注意事項，是用以說明每個星曜都有優缺點，就好比左輔與右弼，一般而言是是貴人、是助力。若是坐落在夫妻宮，有可能會在感情上多了一個幫手，但夫妻宮裡只需要一個伴侶就夠了，多出來的是否會造成問題呢？這是值得探討與注意的。所以，一個星曜包括很多種意涵，不能只用單一解釋來看待。

第四項　干支星曜：

有年干、年支、月、日、時及其他星曜。

年干星曜：

年干星曜有截路、空亡、旬中、空亡、天官、天福、天廚、化祿、化權、化科、化忌。（祿存、擎羊、陀羅、天魁、天鉞等也是年干星，已在輔星單元先做介紹。）

附註；截路、空亡與旬中、空亡中的空亡，是兩組不同的星曜，並不是重複哦！

年干星曜

星名	五行	陰陽	涵義
截路	火	正空（陽干）	精神損失、攔截、求不得、困難、阻礙、停滯、破耗、諸空、頓悟。
空亡	火	傍空（陰干）	考驗、挫折、損失、孤獨封閉、決策反覆、難有進展、諸空、頓悟。
旬中	水	陰宮	天中殺、漫無目的、逃避現實、虛無飄渺、撲朔迷離、無鬥志、失落。
空亡	水	陽宮	天中殺、空亡星、靈感、不順心、猶豫、奔波、不實、成敗反復、飄盪。
天官	戊土	陽	小天梁、上天恩賜之貴、聰明才高、名士風度、直爽但固執、升官、貴顯。
天福	戊土	陽	誠實樂觀、重品味享受、雞婆助人、有求必應、少災疾、福祿壽喜、爵祿。
天廚	己土	陰	食神祿、德才兼備、藏食糧的倉庫、饕客、美食主義、廚藝、高收入。
化祿	己土、金	陰（中、西）	福德之神、司爵、解厄、增加、資源多、活絡、流動的、開朗、享受、順利、轉機、緣起、新想法、情義、驛馬、樂觀、關係好、貴人多、受賞識、受喜愛、聰明、悟性高、施捨、食祿、忙碌、能量、真人之星、肉食主義。
化權	甲木	陽（南方）	掌生殺之神、使用權、權勢、擴張、玩槓桿遊戲、敢表現、具衝勁、成就高、能幹、會撐、愛面子、耐力強、好勝不認輸、形於色、掌控欲、強勢、霸道、威嚴感、專業、專技、自立、創新、壓迫性、任性、爭執、主觀。
化科	壬水	陽（東方）	司掌文墨之宿、是後天學而知之的學問、功名、有名氣、貴人、自尊高、頭腦清楚、重質感與氣氛、完美理想化、重情愛、戀舊、經驗、風度、解厄、善計劃、斯文清秀、好相處、情緒多、守成中發展、開創力不足。
化忌	癸水	陰（北方）	多管之神，忌之所在問題之所在、一生要還的債、要修的課題、努力但阻礙多、物資匱乏、入不敷出、破耗、糾纏、勞碌、嫉妒、煩惱、傷殘、無緣、固執、虧欠、變動、怨歎、罣礙、錯誤、自卑、是非口舌、嫉妒星。

年干星曜：

星名	身體
截路	遇吉減吉、遇疾減厄。
空亡	遇吉減吉、遇疾減厄。
旬中	心鬱氣結。
空亡	心鬱氣結。
天官	顏面、胃、脾、皮膚病、消化不良。
天福	脾、胃。
天廚	皮膚過敏、肥胖。
化祿	脾、胃、肥胖、大出血。
化權	跌打損傷、腫瘤、肝、膽、神經、精神壓力。
化科	泌尿系統、慢性病、免疫系統。
化忌	從小帶病、性疾病、濕寒、暗疾、內傷、大手術、精神疾病。

年支星曜：

年支星曜有孤辰、寡宿、龍池、鳳閣、蜚廉、破碎、天德、月德、咸池、天喜、紅鸞、天虛、天哭、天空、華蓋、天才、天壽。（天馬也是年支星曜，已在輔星單元解說。）

星名	五行	陰陽	涵義
孤辰	火	陽	主孤、矛盾與多疑、見解卓越但偏激、距離感、外表傲內心脆弱、破相、殘疾。
寡宿	火	陰	主寡、多疑孤獨、安守本分、自我意識非常強、胡思亂想、悲觀、不喜受約束。
龍池	壬水	陽	科甲、福貴、權貴、才華能力、男及長輩貴人、上流社會、藝術鑑賞力、耳聰。
鳳閣	戊土	陽	科甲、福貴、美感、高貴、上流社會、權貴好打扮、氣質高雅，聰慧、鼻靈。
蜚廉	丙火	陽	小人星、易受影響、孤剋、偏激、流言、口舌是非、官司、飼養昆蟲。
破碎	丁火	陰	不圓滿、孤獨、損耗、不合、破裂、離婚、骨折、失戀、沒信心、不積極，多反覆。
天德	水	陽	壓煞星、解厄、智慧、貴人、優秀、善良、長壽、祖先之德助、神佛幫助。
月德	水	陰	貴人、解救、人緣、包容、適應力、慈祥、聰慧、長壽、祖母系陰德助。
咸池	水	陰	敗神、主桃花、好虛榮、風流、見異思遷、長相漂亮、重肉慾、孤剋、多疾病。

年支星曜：

星名	五行	陰陽	涵義
天喜	水	陽	主喜慶、早年長輩喜愛、中年人緣佳、晚年多孤獨、熱鬧、與人有緣但孤。
紅鸞	水	陰	主婚姻、早年婚喜、中年添丁或外遇、老年喪妻血光、流蕩、虛榮、變動。
天虛	火、己土	陰	化氣為空亡，主憂傷、虛耗、慧根、好大喜功不實際、易犯錯、體弱多病。
天哭	火、金	陽	主受傷、刑剋、憂傷、悲觀、喪事、容易傷心，擔心多勞碌、輕財重義。
天空	丁火	陰	主空亡、主多災、孤獨、六親無緣、聰明、富幻想、淡薄名利、宗教信仰。
華蓋	甲木	陽	孤高、科名、破耗、慧根、文筆佳、孤芳自賞、威儀、批判強、文書官司。
天才	乙木	陰	智慧星、主才能、聰明帶神經質、推理、直覺、急智、熱心公益、正義感。
天壽	戊土	陽	增壽、長輩貴人、老成穩重但保守固執、溫和忠厚、行事謹慎、不管閒事。

年支星曜：

星名	身體
孤辰	瘦、破相、心理問題、高血壓。
寡宿	神經質、心理問題、風症。
龍池	眼耳鼻口、牙、腰、腿、歇斯底里。
鳳閣	眼耳鼻口、牙、脾胃、雀斑、脂肪瘤。
蜚廉	車禍、血光。
破碎	手術、肢體傷殘、血光、自殺。
天德	減輕疾厄。
月德	氣血失調。
咸池	斑點、痣、性病。

年支星曜：

星名	身體
天喜	肺、頭、血光意外、腎、子宮。
紅鸞	上熱下冷、傷風感冒、腎虧、婦女病。
天虛	癌、心臟、體質差、憂傷、心病。
天哭	愛哭、肝、脾、肺、腸胃、煩惱、心神不定、憂鬱症、體質差、貧血、百日咳。
天空	血光、孤獨感、頭、冷癥、暗疾。
華蓋	頭痛、肝、傳染性疾病。
天才	神經衰弱、陽痿陰虧、肝、內分泌。
天壽	脾胃、濕熱、腸、消化器官。

月星系：

陰煞、天月、天巫、解神、月馬、天姚、天刑。（左輔、右弼也是月星系，在輔星單元已先做解說。）

星名	五行	陰陽	涵義
陰煞	土	陰	暗星、無形界之鬼神、小人是非、陰沉、怪事、不明不白、詐騙、隱患、嫉妒、記仇。
天月	丁火	陰	疾病之神、瘟神、憂心、宗教緣、慈悲為懷、力不從心、無病呻吟、消極、陰性資訊纏繞。
天巫	土	陰	遺產、升遷升職、宗教信仰、推究事理、醫學和巫術、溫順善良、聰明好學、技術鑽研。
解神	甲木	陽	醫藥星、解厄、洩、逢災有救、排解陰煞的能力、第六感強、善解人意、慧根、少開創。
月馬	丙火	陽	驛馬、司祿星、浮躍、機會、變動，變化、急、閒不住、開朗熱心、不怕累、管理能力。
天姚	癸水	陰	桃花星、情慾星、風騷星、演藝星、官司、感情不穩定、玩樂、才藝、精力旺盛、愛表現。
天刑	丙火	陽	官位、業力星、醫藥星、命理、刑傷星、多事星、官非、血光手術、操心、失財、煩惱。

星名	身體
陰煞	癌、暗疾、失眠多夢、神經痛、神經衰竭、神經分裂、憂鬱症、躁鬱症、神經官能症。
天月	生病體質、內分泌、神經痛。
天巫	民俗宗教療法治病、復原力強。
解神	尋良醫治病。
月馬	流行瘟疫、性病、心性剛。
天姚	膀胱、生殖系統、吐血、便血、性疾病、神經衰弱、疾病蔓延、雙重疾病。
天刑	癌、肺、流行病、開刀、孤僻、手腳殘障、腦炎後遺症。

日星系：天貴、恩光、八座、三台

星名	五行	陰陽	涵義
天貴	戊土	陽	天鉞的輔佐星、貴氣星、受恩、名聲、貴人、守信重諾、自信心強、自負、虛榮心。
恩光	丙火	陽	天魁的輔佐星、受殊恩、貴人助、考試、名聲、注重打扮、愛施捨、懂得感恩回饋。
八座	己土	陰	紫微的輔佐、主科甲、太陰的隨從、動星、性善勇猛、領導組織力、喜怒不形於色。
三台	戊土	陽	紫微的輔佐、北斗之權、太陽的隨從、掌清貴之宿、光明磊落、動靜皆宜、性柔細致。

星名	身體
天貴	肺、腸、胃、消化不良。
恩光	眼、掉髮、白髮、季節性疾病、虛火。
八座	高血脂、脾胃、性急、臉部皮膚問題。
三台	脾胃、消化不良、瘤。

時星系：

台輔、封誥。（文昌、文曲、火星、鈴星、地空、地劫也是時星系，已在輔星單元解說。）

星名	五行	陰陽	涵義
台輔	戊土	陽	貴星、台閣之星、輔佐左輔星、名氣、聰明智慧、升官、助力、重感情、謀略才能。
封誥	己土	陰	封彰之星、輔佐右弼星、名氣、社會地位、榮譽、錦上添花、聰明機敏、虛榮心。

星名	身體
台輔	脾胃。
封誥	胸、腹、打嗝、脹氣、支氣管過敏。

其他：

天使、天傷

星名	五行	陰陽	涵義
天使	癸水	陰	喪亡之星、上天傳訊之神使、病災、刑傷。
天傷	壬水	陽	喪亡之星、上天虛耗之神，疾病、劫剋、破耗、傷災、開刀。

星名	身體
天使	心情怔忡、婦科、肺、遺精、失神。
天傷	腰、腿。

第五項　神煞

五行長生十二神：

又稱宮氣，長生、沐浴、冠帶、臨官、帝旺、衰、病、死、墓、絕、胎、養。

星名	五行	涵義
長生	木	主生發、不是生命的開始，是人面世的開端、代表開啟、悠久、豐厚；忌與空曜同宮或被空、劫所夾。
沐浴	水	主桃花、洗去從母胎中帶來的血跡；生命力的積蘊，也代表童年時沐浴在父母和長輩的教導中。
冠帶	火	主喜慶、起運、吉慶喜悅、升官發財；喜與昌曲、天才、龍池、鳳閣同度，增加人的聰明才藝。
臨官	金	主喜慶、服務社會與問世的開始、開始獨當一面、白手起家、升遷；若與桃花星同度，喜歡服務異性。
帝旺	木	主旺壯、如日中天、生命力的巔峰、氣勢身價高；容易傲氣、做事一意孤行，要注意顛峰後的轉折。
衰	火	主頹敗、霉運起、盛極必衰、生命力走下坡、生機開始由旺轉弱、急躁無耐性、沉悶易與人疏離。
病	火	主疾病、霉運到、衰的極致、多病的階段、疑心病重、空想不執行、生命力不夠強、意志不夠堅定。
死	土	主衰亡、霉運到；不是指死亡，而是生命力相當弱、自閉消極、固執鑽牛角尖、被動、與人疏離。
墓	土	主欽藏、又稱為庫、入地、沉寂、保守、緩慢；不是生機斷絕或死亡，而是生命力的隱藏與潛伏。
絕	金	主滅絕、徹底的絕滅，但不代表是死亡；當生機斷絕時，勿灰心喪志、要運用智慧，才能絕處逢生。
胎	火	主生育、喜、希望、樂觀；生命滅絕後重新結胎、生機的開始，閒不住、萬事尚不穩定、尚稚嫩。
養	土	主生育、福、進氣、長養；代表潛藏隱伏、穩重有主見；才華風範、待人接物恰到好處、已然成形。

生年博士十二星：

博士、力士、青龍、小耗、將軍、奏書、飛廉、喜神、病符、大耗、伏兵、官府。

星名	五行	涵義
博士	水	又名天貴，主聰明、天賜的智慧與福分、有壽有權勢、包容性、領導欲強、利於升官、考試。
力士	火	又名天功，主權勢、天賜的功蹟、精神緊繃閒不住、喜會化權星、有勇氣權謀、忌擎羊、陀羅衝。
青龍	水	又名天章，主喜氣、天賜的改革、積極智慧、漸入佳境、有實質上的利益、意氣風發，權宜機變。
小耗	火	又名天馬，主耗損、天賜的變遷、不拘小節、易得意忘形、三分鐘熱度、不耐久、無法積蓄錢財。
將軍	木	又名天威，主威猛、天賜的威猛、個性剛強、毅力超強，能成就事業、忌自負衝動、有勇無謀。
奏疏	金	又名天祿，主福祿、天賜的祿、文書之喜、錦上添花，屬精神層面的獎狀、表章，增加名聲。
飛廉	火	又名天孤，主孤剋、與蜚廉同義、是大耗、刑煞、權曜、陽謀、小人口舌多、勿孤僻成為守財奴。
喜神	火	又名天福，主延嗣、吉慶、喜事、苦中作樂、個性隨和，公關手腕高、行善助人、請客以喜沖煞。
病符	水	又名天傷，主災病、天的傷害、危險、猜疑、沒有安全感、沒有信心、患得患失、需行善助人佳。
大耗	火	又名天空，主耗敗、耗田財、退祖破財、陰陽怪氣、一針見血、不易相處、是人才但要伯樂發掘。
伏兵	火	又名天惜，主口舌是非、天的憐憫、隱伏性的危機、捉摸不定、勿傷害別人或太衝而留下禍因。
官府	火	又名天非，主官非、非天所願、愛戴高帽子擺譜、宮吉的為官府（權）、宮凶的為官符（被關）。

流年歲前十二星：

歲建、晦氣、喪門、貫索、官符、小耗、大耗、龍德、白虎、天德、弔客、病符。

星名	五行	涵義
歲建	火	主成敗、威權多管之神、霉運、衝動、忌與命、小限對沖、吉星同在能抵抗災難與變異。
晦氣	木、土	主倒霉、父不佳、晦暗、暗滯、推展不易、心情不快、晦氣永與龍德相對、見吉星解晦。
喪門	木	主喪亡、歲破所躔的宮垣、家中長輩、兄弟不佳、喪門永與白虎相對、與弔客相會。
貫索	木	主牢災、母不佳、繩索、枷鎖、延誤或閃失、是非詞訟糾紛、罰單、財不自主受人牽制。
官符	火	主訴訟、通緝令、禁制令之類官司刑法的文書、是非、官非、破財之兆。
小耗	火	主小損失、失物破財、超出預算、小耗與病符相對因病破財；博士十二神的小耗為官非。
大耗	火	主大損失、又名歲破犯太歲、主爭執；大耗永與歲建對沖，與喪門、弔客相會，為凶曜。
龍德	水、火	主吉福、與天德、月德為三德曜，化解將前十二神的劫災天煞、男性祖蔭多助，由禍轉福。
白虎	金	主損傷、血光、母病亡、女性小人、白虎永與喪門相對、青龍解白虎與官符相會之厄。
天德	水	主吉事、歲前天德與生年天德每六年必同度或對拱，能化解兇厄、喜會魁鉞；祖蔭。
弔客	火	主孝服、喪事、近親中有死亡之事；永與官符相衝，與大耗、喪門相會。
病符	土	主疾病、體弱多病、因病花錢、健康精神不佳；與博士十二神的病符相疊，病情稍嚴重。

流年將前十二星：

將星、攀鞍、歲驛、息神、華蓋、劫煞、災煞、天煞、指背、咸池、月煞、亡神。

星名	五行	涵義
將星	土	主化凶為吉、富貴、自信心強、權威、得意、傑出、傾向好的力量。
攀鞍	金	主功利名、天相、昌、曲等文星同宮，利於考試、享文名科名。
歲驛	火	主奔馳、流年的天馬、遷移、升遷、調職、多旅遊、變動、遠行或忙碌。
息神	火	主消沉、忌諸凶、無生氣缺乏衝勁、無精打采、隨便、悲觀、失敗的負面思想。
華蓋	木	主孤獨、科名、文章、威儀、逢吉有解災難的力量、性格孤獨有宗教信仰、神祕事物、與人疏離。
劫煞	火	主盜劫、易遭小偷光顧、意外損失、中途阻滯、精神壓力、徒勞無功、工作不如意。
災煞	火	主災患、人為意外、災害、詐騙、凶險、手術失誤。
天煞	火	主父母凶事、與父執輩或上司有礙導致損耗。
指背	水	主毀謗、蜚短流長、謠言、小人、造謠中傷、被背後誹謗。
咸池	水	主風流、因情色招惹是非、桃花困擾、感情糾紛、孤剋，多疾病。
月煞	火	主女性親屬的事，女性親屬遭到麻煩或是給你惹麻煩。
亡神	火	主破敗、官非、失去主張、意外的破壞力、多虛少實、不必要的開支、奔波費力。

第三節　輔星、雜曜、神煞吉凶分類

第一項　提升好運、能量、福祿壽喜、才華，增加助力、貴人、運勢進展順利

月馬	青龍	天鉞	祿存
帝旺	喜神	天官	化祿
臨官	三台	天福	化權
冠帶	八座	天貴	化科
將軍	恩光	天壽	左輔
將星	龍池	天喜	右弼
攀鞍	鳳閣	天德	文昌
長生	博士	月德	文曲
養	力士	龍德	天魁

第二項　降低好運、能量、福祿壽喜，增加官司、是非、阻礙、小人、波折、傷心事

絕	大耗	陀羅	天刑
亡神	小耗	化忌	天空
晦氣	孤辰	陰煞	天哭
息神	寡宿	天煞	天使
弔客	破碎	月煞	天傷
喪門	蜚廉	災煞	天虛
白虎	飛廉	劫煞	地劫
指背	衰	截路	地空
伏兵	病	空亡	火星
病符	死	旬中	鈴星
官符	墓	空亡	擎羊
	官府		

第三項　細項分類

1. 穩定提升貴氣、名聲、地位、權勢

祿存	恩光
天貴	將軍
天官	力士
天福	龍池
三台	鳳閣
八座	攀鞍
封誥	將星
台輔	帝旺
歲建	臨官
青龍	冠帶

2. 提升才華、技藝、智慧

文昌
文曲
天巫
天才
博士
奏書
華蓋

3. 桃花

紅鸞
天姚
天喜
沐浴
文昌
文曲
天魁
天鉞
咸池
左輔
右弼

4. 婚緣

喜神
紅鸞
天喜

5. 消災解厄、庇蔭

解神
天德
月德
龍德
喜神

6. 貴人、助手

- 左輔
- 右弼
- 天魁
- 天鉞

7. 喜慶

- 青龍
- 胎
- 天喜
- 臨官
- 冠帶

8. 生育

- 沐浴
- 長生
- 胎
- 養
- 紅鸞
- 天喜
- 喜神

9. 驛馬、遷移、奔動

- 天馬
- 歲驛
- 攀鞍

10. 慧根、宗教

- 天巫
- 天空
- 地空
- 截路
- 空亡
- 旬中
- 空亡
- 華蓋
- 天虛

11. 落空、損失、消耗

- 天空
- 地空
- 地劫
- 截路
- 空亡
- 旬中
- 空亡
- 劫煞
- 災煞
- 月煞
- 天煞
- 大耗
- 小耗

12. 盜

災煞

劫煞

13. 天災、人禍

天煞

月煞

14. 傷病

天月

白虎

天使

天傷

15.病、喪

弔客
喪門
白虎
天傷
天煞
天哭
大耗

16.流言、官司、是非、牢獄、小人

蜚廉
飛廉
官符
官府
貫索
白虎
亡神
指背
伏兵
陰煞

17.孤獨、分離、傷心

孤辰
寡宿
天哭
破碎

18.倒楣、消沉、心神不寧

- 天哭
- 晦氣
- 息神
- 天虛
- 衰
- 病
- 死
- 墓
- 絕

19.其他

- 喜神，不宜入疾厄宮
- 墓，也代表置產或重生
- 歲建，遇吉凶會轉變
- 胎，也表示尚不穩定

第四節 紫微斗數專用及常用名詞

生年四化：出生年天干所對應的化祿、化權、化科、化忌。

本宮：以該宮為主要探討的宮位。

對宮：本宮的正對宮位。

同宮同躔：同坐在一個宮位內的星曜。

三方（三合、三會）：任一個宮位的三角連線宮位。

四正：任一個宮位的三角連線宮位，加上該宮的對宮所構成的組合。

格局：紫微斗數星曜組合所形成的吉凶禍福格局，例如：月朗天門格或是刑忌夾印格。

廟：星曜處於最明亮，能量也最強。

旺：星曜明度僅次於廟，能量也是次強。

得：星曜亮度光明，但能量適度，排第三。

利：星曜亮度光尚明，能量已經開始轉弱，排第四。

平：星曜亮度光已經偏低，能量也已經衰退，排第五。

不：星曜亮度已經變暗，能量非常弱，排第六。

陷：星曜已經黑暗無光，不但沒有能量，而且缺點會被放大。

天羅：命盤中的辰宮，有被壓制、受困、禁錮的意思，但也有保護作用。

地網：命盤中的戌宮，有被壓制、受困、禁錮的意思，但也有保護作用。

會照、逢、遇、加遇：與要探討的宮位，相關聯的三方四正內的星曜關係。

殺破狼：七殺、破軍、貪狼、一定在命盤三方會合。

竹籮三限：殺破狼逢煞星。

拱：某組對星或有吉凶效應的星曜，在與探討的本宮順逆時鐘各相隔五個宮位所顯現出的效應。

夾：某組對星或有吉凶效應的星曜，在探討的本宮前後一個宮位，夾住本宮，對本宮所產生出的效應。例如：擎羊與陀羅一定夾祿存。

日光節約時間：又稱為夏令時間，是政府為了節約能源暫時性的時間制度。例如：將夏季時間調快一小時，而每一個國家的夏令時間都有不同規定。

閏月：閏月是農曆為了配合陽曆而調整的因應方式，多出來的這一個月就稱之為閏月。農曆閏月是有一定規律的，通常三年一閏、五年二閏、十九年七閏。

附註：下圖為本宮、對宮、三方四正的圖解。每一宮都稱為本宮，畫出與本宮相對直線宮位就是「對宮」；從本宮畫出相連三角形的宮位為「三方」；本宮、對宮加上三方就是「四正」。

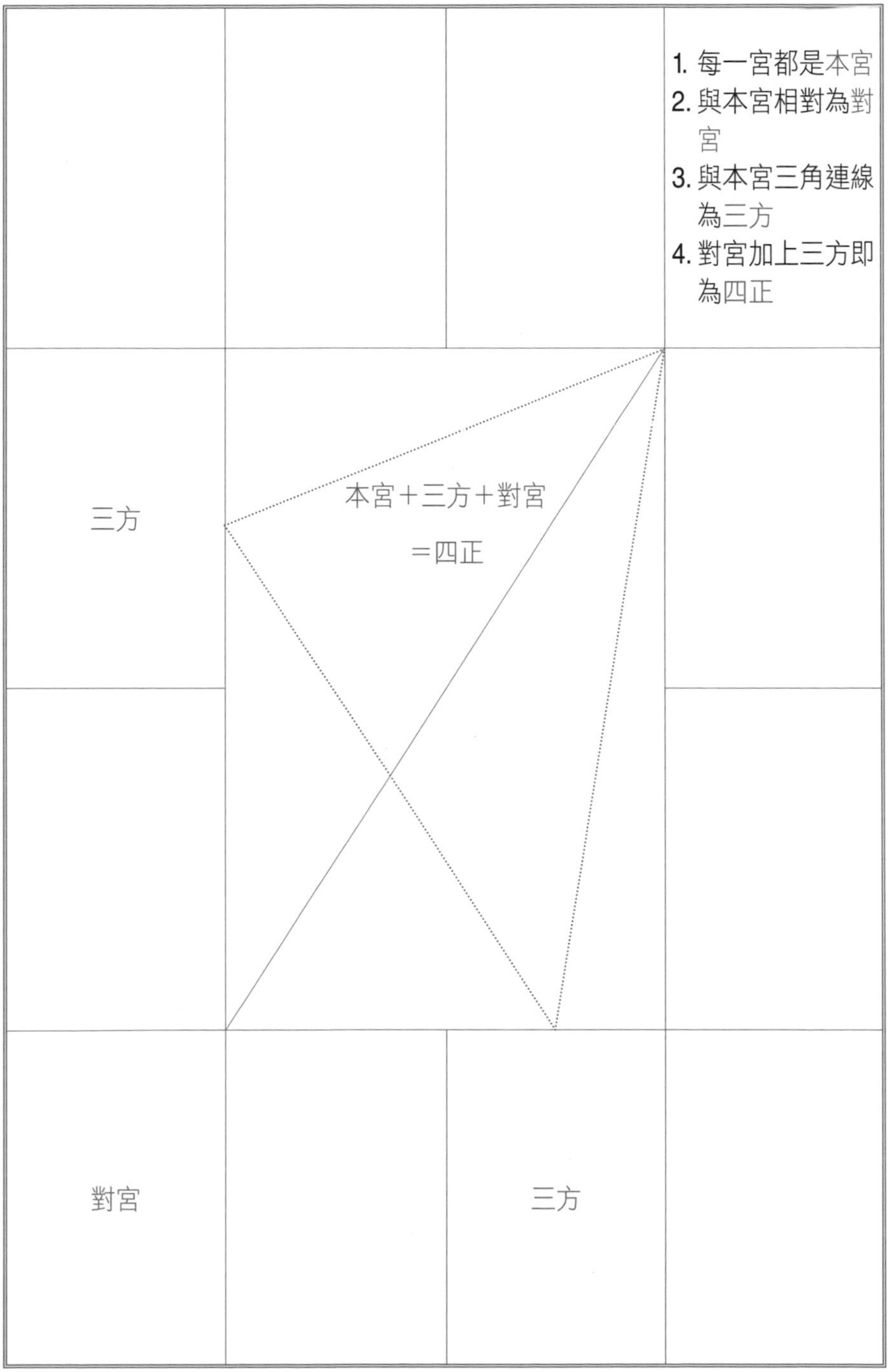
1. 每一宮都是本宮
2. 與本宮相對為對宮
3. 與本宮三角連線為三方
4. 對宮加上三方即為四正
三方
本宮＋三方＋對宮
＝四正
對宮
三方

第四章

生年四化與紫微星曜、格局全解說

第一節 生年四化優缺涵義

天干＼四化	化祿	化權	化科	化忌
甲	廉貞	破軍	武曲	太陽
乙	天機	天梁	紫微	太陰
丙	天同	天機	文昌	廉貞
丁	太陰	天同	天機	巨門
戊	貪狼	太陰	右弼	天機
己	武曲	貪狼	天梁	文曲
庚	太陽	武曲	太陰	天同
辛	巨門	太陽	文曲	文昌
壬	天梁	紫微	左輔	武曲
癸	破軍	巨門	太陰	貪狼

祿是因與開始、權科是緣與過程、忌是果與得失，而宮位是空間。若是宮位的星曜有了祿權科忌的加入，就會讓加入祿權科忌的宮位產生能量與變化，呈現出人這一輩子所能享受的權益、擁有的權力，以及要履行的義務、責任、與人生的承擔，這就是我們這一生所謂的緣業情債、因緣果報。

生年四化，就像是汽車的附加配備。加上某些配備，車子可以跑、跑更快、跑得更順暢、坐起來更舒適或更有價值感。也或許因為這樣得到了別人的讚賞。但也有可能加上的配備變成了噪音擾民，讓人指指點點，或者與車子系統或結構體不合，而產生了必然的卡卡與故障。

所以，現在就一起了解你的生年天干到底坐落在什麼星曜與宮位上，配給了你什麼樣的附加配備吧！

・化祿：福德、財福、機運之神

化祿坐落的宮位，代表著該宮位的人、事、情、物，有好以及多的緣分、幸福與希望開始。個性外放、活躍開朗，熱心且感情豐富、人際關係頻繁活絡，喜歡熱鬧、有表現欲，相對的人緣及桃花多。多兼職、收入多以及工作較順利，聰明與感性兼具，是通才型、EQ高類型的人。

一般對化祿的看法，就是掌管著財、福、增多、順遂、機緣，享受有關好以及令人愉悅的人事物。若是落在命宮、財帛宮、官祿宮、遷移宮、福德宮、田宅宮，是最好不過的了，表示天生就是個有好財運與福氣的人；若是坐在我宮，表示命主會主動遞出橄欖枝、釋出善意。在外會與人為善，願意付出且付出會比較多；若是坐在他宮，表示別人對命主的助益大，命主出外機緣多，會獲得他人喜愛，以及得到他人給予的好處；與人合作能成事，互相成就、多有收穫。

有些星曜化祿了不一定代表全是好的。例如：化祿之後會造成婚姻裡面人多、父母多、話多、體重過重等問題。但是，化祿畢竟是偏好的磁場，也代表著相處融洽，所以不一定是壞的表現，還是要搭配星曜及各項要件去剖析。

優點：

做事順遂、富貴、財運佳、福分與機緣佳、關係好、得貴人賞識及庇佑、逢凶解厄、職位高收入佳、活絡、喜歡新鮮、樂天開朗、人緣好、圓融、入境隨俗、配合、付出、寬大、隨緣、好客、喜歡蒐集情報、幽默、忙碌、愛熱鬧、豐富、財祿、享受、坐享其成、驛馬、做事順利、聯想力豐富、想法開放點子多、幹練、情商高、學習力與模仿力強、和氣生財、聰明、自立、文武兼備、應變能力強、追求金錢、不計較、不記恨、不做作、多情、衣食不缺、得金錢餽贈、忍辱負重、有病能很快痊癒。

缺點：

馬虎、吊兒郎當、嘻皮笑臉、不仔細、缺執行力、虎頭蛇尾、不定性、人情包袱重、流連忘返、懶散、好逸惡勞、博學而不精、常逃避現實、表裡不一、易怒性急、異想天開、脫離現實、自私、有利自己才佈施。

・化權：權勢、能力、生殺之神

化權坐落的宮位，代表該宮位的人、事、情、物，都有強烈要順著自己的心意與方式，在自己掌控下去完成的意味，所以在講求效率的過程中，會帶著權威、壓力倍增、不得不、強迫性等的副作用。

化權坐在人與事的宮位，就要注意與人相處與處事的態度，即使掌了權、坐上高位，在你管了人後，別人是尊敬你、怕你、還是在背後對你插刀？還是有著專業的傲慢？帶著固執不通的硬脾氣？或者是別人霸凌你、還是你霸凌了別人？

若坐在與財相關的宮位，實際上並不一定代表有真正大的財富與財氣，除非是與化祿、祿存或財星連結上了。若是硬要與財富連結，只能說自己經手與管理的財務、物業有較大的規模，但是並不一定是屬於你的，或是你自己的財物和物業，不管多或少一定會要自己掌控，不會交給他人，而且會以大手筆的進出、運用大的財務槓桿、凡事用錢解決、掏錢付帳比別人快、會捐助慈善事業……等的理財模式，就看是跟什麼星曜結合來做符合的解釋。

優點：

積極、努力、管理、領導統御、主導權、有擁護追隨者、上進、專業技能、獨樹一格、勇敢果斷、權變、突破、表現力、有能力才幹、能競爭、喜做大事、追求卓越、喜創業、企圖心強、成長、才華、積極、蓬勃發展、財祿、氣勢強、事業心重、直接了當、閒不住、權勢、開創、喜掌權、機智、做事乾脆、擅長抓重點、講求效率、把事情發展到極致、易受長輩提拔。

缺點：

予人壓迫感、爭執、令人忌憚、不懂內斂、恃才傲物、功高震主、愛炫、比較心、利益導向、控制欲、喜歡使喚他人、防禦心、報復心、排除異己、好大喜功、抗拒心、主觀太強、個性剛強、任性好勝、自視甚高、孤芳自賞、鋒芒外露、霸道、善變現實、護短、度量小、勞碌不得閒、爭奪、侵害別人利益、難抗拒名利、求不得、女性奪夫權、急性病症。

・化科：文墨、名聲、助力之神

化科坐落的宮位，代表著該宮位的人、事、情、物，會帶著外表包裝精美有質感，但不一定貴重的（也可能很貴重）的意味在，也有想表現讓人知道、以及重視某個人生細節的意涵。

有的人想讓人知道他有錢、有的人想讓人知道他有名位、有的人想讓人知道他有才華，或者是他非常重視他的健康、他的名譽，或是非常疼愛他的小孩、孝順自己的父母、光耀家門、把家裡整理的乾淨妥適、也能伸出援手拉人一把，成為別人的貴人。

化科是溫和謹慎的，並且帶著幸運的光環，對人生的功名與運途有幫助，只要不要想太多杞人憂天或是情感氾濫，不管坐落在哪個宮位，總是會有著魚幫水、水幫魚的互助作用。

優點：

重視個人品牌、貴人、解厄、助人、學習順利、考運佳、光明、重精神生活、自遠小人、天生傲骨、按部就班、敦品勵學、清秀、自愛、理智、順從、保守不躁進、聰明、善解人意、多情、惜情戀舊、講道理、重禮教、知仁義、條理分明、未雨綢繆、專業、思慮周詳、重質感、溫文儒雅、言語良善、以德報怨、人情味、慈悲惻隱心、公益、先知先覺、唯美、大智若愚、收成、善緣、含蓄內斂、體貼細膩、珍惜、謹慎、守規矩、良心感重、有科名、清白。

缺點：

脆弱、神經質、情緒化、庸人自擾、創造力不夠、保守愛面子、慈悲生禍害、不認清事實、優柔寡斷、杞人憂天、無病呻吟、多慮、太在意別人評價、囉嗦、牽絆、內心敏感、自視甚高輕財、顧影自憐、為情所困、慢性病。

・化忌：問題、欠缺、多管之神

所謂「忌」，說的都是「自己的心」，所以，大部分的人被忌所困，也就是被自己的心所困住了。而什麼是忌呢？如果「忌入」是糾纏，那麼「忌沖」就是無緣。

生年忌是欠的、空缺、問題、困難、麻煩、是非、重視、付出多回報少、追求不到、挫折、理想與現實差距大、糾纏、破壞、買單（結束的意思）、毀滅、不要；是自己一生要還的債、要修的課題。比起祿權科，忌的處理顯得更為重要，是最需要去理解，並且找尋方法與其和平共存或降低其損害性。

命宮忌是放不開、放不掉的我執、自困自苦、欠自己的債。

身宮忌是在乎的，努力以赴但是困擾多、一輩子擺脫不掉的不解之緣。

所以，當你在跟忌奮戰時，看待與處理忌的心態，也就是你要讓你自己成為浴火重生的鳳凰，還是墮落天使的重要轉捩點。

優點：

勤勞、能吃苦、大器晚成、彌補、忠厚、盡責、盡職、事必躬親、安分守己、珍惜、收藏、耿直、老實、從一而終、道義、執著、追求向上、專注、重視品質、危機意識、激發意志。

缺點：

非自己所願、遮蓋優點、付出還多生是非、得不到資源與幫助、非正常模式、阻礙、疑心病、小氣古怪、掌握不到方法、損失、入不敷出、為人作嫁、事與願違、倒楣、變動、波折、災難、麻煩、誤會、怨嘆、勞碌、憂慮、是非、寂寞、傷殘、破耗、悲觀、負面、憂鬱、糾結、放不開、納悶、錯失良機、易緊張、不放心多牽掛、是非口角拖累、幫倒忙、帶病、聚少離多、孤群不合、犯小人、拘謹刻板、關心過度成負擔、故步自封、懦弱消極、代溝、很難享受當下、進退無據、昏頭昏腦、破財破身、困難重重、官司、拖拉、不耐久、墨守成規、猶豫不前、易出錯、拘束守舊、單調、便宜就好、抗壓力差、緣滅、沒自信、狂妄、魄力不足、不通情理、不順利、太超過。

第二節 主星形態

領導型：紫微、天府、天相、武曲。

開創型：七殺、破軍、貪狼、廉貞。

支援型：太陽、天機、巨門。

合作型：太陰、天梁、天同。

第三節　紫微主星星曜、格局與四化解說

在解說星曜之前先統一提示：三方四正會六吉星與祿存、天馬、化祿、化權、化科，以及其他例如：龍池、鳳閣、三台、八座、天德、龍德、月德、封誥、長生、臨官、冠帶、帝旺等諸吉星，好的能量更能增強發揮；遇到化忌、四煞、地空、地劫及截路、空亡、旬中、空亡、天哭、天虛、官府、陰煞、劫煞、蜚廉、大耗、小耗、白虎、衰、病、死、墓、絕等諸凶星，都會讓事情多波折、增加凶險或希望成空，在第三章已一一列出。除此之外，還要注意日月雙星是否廟旺、四化照與沖（衝）、三方四正、三合、對星夾宮所引發的各種吉凶格局。

紫微星：**坐命命格氣蘊與星性介紹**

・北斗帝王星，己土、屬陰，化氣為貴，尊。

・紫微帝王星、官祿主、福祿主、降煞解厄星、孤貴星、主導星。

・傳說的代表人物為文王長子伯邑考。

紫微是百官與文人之首，凡事講求高、大、上，單星一定在子、午宮獨坐，主貴、主孤、主權，主管官位，代表威權、貴格，但不代表就是皇帝或總統。氣質尊貴，男女都會散發貴氣、較愛掌權、地位與收入偏高、會照顧六親但關係疏離；容易被誘惑、霸氣但會猶豫不決、有風險概念但又很怕麻煩事、固執不輕易接受勸導、喜歡被捧所以愛聽好聽話；能者多勞、喜歡發號司令、面子比裡子重要、不喜歡

被指揮、吃軟不吃硬、猶豫且光說不練、常常有高處不勝寒、不被理解的孤獨感。

紫微的成就，除了會受日月雙星廟旺與吉凶星的影響，更重要的是左輔與右弼這兩顆星的助力。紫微單星坐子午宮，沒有空劫、四煞、刑、忌諸凶星會逢，就是廣義的「**府相朝垣格**」、「**紫府朝垣格**」。坐午宮是「**極向離明格**」，若是加上了左輔與右弼等吉星，就會聰明有為、權高財豐厚、出外有貴人助，福氣深厚。要知道，能力再好的紫微也不能沒有人幫，因為本位主義太強的紫微，若是少了左輔、右弼、天魁、天鉞、文昌、文曲等星左臂右膀的助力，就算有幫出主意與圍事的廉貞、天相、武曲、破軍、七殺等大臣與將星們，只能稱得上是有將沒有兵的孤君，除了地位會很空虛外，也容易被讒言所左右。所以，就特別需要與吉星三合會照同行，才能真的有助力、具有競爭力，以及掌握領導的地位；再與祿存、化祿、化權、龍池、鳳閣、三台、八座等諸吉星三方四正同宮或會照，不但增加了果決力，做人處事也懂得圓融，才能真的有錢又有權、聲譽佳、富貴雙全。如果是逢空劫、四煞、忌、天刑、哭、虛、耗、劫等諸凶星，又無吉星相助時，就會削減了擁有的規模，雖然不至於損耗殆盡，但也因此容易成為愛擺闊卻有權無勢、升遷受挫、有勞碌無財祿、六親無緣、進退失據的人了。

從事任何職業皆可以，也可從事網路、物流、精密工業、農牧林業、不動產、水電工程、仲介、學術研究、師字輩、司法、政治、公職、廣告、化妝品、精品、企業主。

紫微在疾厄宮要注意大腦、胰臟、脾、胃、膽、肥胖、免疫系統、腎氣不足、重大或者慢性疾病、結石。

天生優勢：

生命力厚重、尊貴威嚴、領導權威、責任感、聰明、求知欲盛、自信心強、厚實穩重、孝順、堅毅、信賴感、重感情、照顧弱者、努力成就自我、重視品質。

福分盲點：

以自我為中心、剛愎自用、太主觀好勝、不易接受他人好意、強迫性、愛面子、獨來獨往、耳根子軟、眼高手低、挑剔、虛榮心重、疑心大、孤高空虛、佔有欲強、愛發號施令。

喜：會祿權科、左輔、右弼與諸吉星。

忌：最忌會逢地空、地劫、天刑、煞、耗且無吉星相會。

紫微化權：

紫微特質再加強、努力上進、急驚風、專權獨斷、讓別人懼怕、統御能力強、管理能力、強人、局面大、脾氣大、獨當一面、自命不凡、貴人提拔、易固執主觀、女命奪夫權。

紫微化科：

解厄制化、有貴人相助提拔、自己也是自己的貴人、增加才學、名氣及地位、清高、自尊心強愛面子、想保有出眾的聲譽，備受他人信賴、愛聽好話、機運好、脾性較溫和、非常重形象。

格局：

「府相朝垣格」：命宮三方四正逢天府、天相為富貴格局。

「**紫府朝垣格**」：命宮三方四正逢紫微、天府為富貴格局。

「**極向離明格**」：意指紫微星為北極帝星，命坐午宮。午宮為離卦、陽極與正南、宮位屬火（離明火）的宮位。為富貴格局。

附註：命宮三方四正逢祿權科與六吉星、祿存與諸吉星且星曜廟旺，不逢煞、忌、空、劫、刑沖破方為正格。吉格加吉更吉，逢凶降格；凶格逢吉解厄增吉、逢凶更凶。以下各星曜格局大致以此為準則，除貪狼喜逢火星、鈴星或其他特殊的格局之外。

紫微單星命坐子午宮：

太陰╳ 奴	貪狼〇 遷　午	天同╳ 巨門╳ 疾	武曲△ 天相◎ 財
廉貞△ 天府◎ 官	紫微單星 命坐子宮		太陽△ 天梁△ 子
田			七殺◎ 夫
破軍△ 福	父	紫微△ 命　子	天機△ 兄

天機△ 兄	紫微◎ 命　午	父	破軍△ 福
七殺◎ 夫	紫微單星 命坐午宮		田
太陽◎ 天梁◎ 子			廉貞△ 天府◎ 官
武曲△ 天相◎ 財	天同╳ 巨門╳ 疾	貪狼〇 遷　子	太陰◎ 奴

職場思維：以官祿宮為主，並參看命宮、身宮、財帛宮、遷移宮、夫妻宮的星曜（以後各命盤解說皆同）。

在職場上異性緣重、不怕競爭、專業、敬業、能吃苦、能運籌帷幄，對客戶八面玲瓏、處事高明，除了坐上高階主管職是必然的，運途也能較順遂，可以得到相當好的成就與位階。雖然在職場上敢與人明爭暗鬥、一爭高下，但隨之而來的就是職場上的口舌是非與糾紛，而且會變成氣勢凌人、讓人畏懼、敬而遠之的同事或主管，所以在爭權爭利的同時，一定要學習謙遜柔和，千萬不要氣燄高張、口不擇言，否則，即使得到權位與利益，人緣也會很差。若是想要創業，當然就要有吉星拱照，尤其帶財權的星曜與貴人星，否則，太高冷的個性，在成功的路上，單靠自己會比較辛苦又孤獨。適合百業，在知名企業任職；從事業務、貿易、金融、財稅、政治、公務、農業、畜牧、林業、不動產、仲介、精品、珠寶、金屬、電子科技、娛樂、餐飲、生活百貨。

財富能量：以財帛宮為主，並參看命宮、身宮、福德宮、官祿宮、田宅宮、兄弟宮的星曜（以後各命盤解說皆同）。

賺錢對你而言真的不是難事，勤奮愛賺不怕奔波、能力強的你，除了正財外也有偏財運。賺錢的手法犀利、不計手段、絞盡腦汁，一定賺到不小的財富。非常重視錢財，對金錢數字與賺錢線索非常敏銳，所以，對錢財的使用態度與方法也很重視，再加上有錢能解決一切、沒錢萬萬不能、金錢至上的物質金錢觀，雖然很捨得在自己身上花錢，但看著存摺的數字增加才是你的人生一大享受。

戀愛指南：以夫妻宮為主，並參看命宮、身宮、官祿宮、子女宮、奴僕宮的星曜（以後各命盤解說皆同）。

本身就重品味的你，當然想找條件優的對象。喜歡找外表亮麗或帥氣、精力旺盛、勇於挑戰、獨立、有個人風格、個性堅毅、有威儀的對象，但這樣的對象，能力與脾氣也不會太好，性格可能強烈或急躁、自我，也有可能是個怪咖，雖然你們可能乾柴烈火、一見鍾情，但相處下來兩強對決，就會因為本質上的不對盤，彼此會挑戰彼此的底限，導致磨擦、感情冷卻、失和或分離。所以，必須互相退一步、給予尊重，才能維持婚姻的幸福感。

健康守護：以疾厄宮為主，並參看命宮、身宮、父母宮、田宅宮、兄弟宮的星曜（以後各命盤解說皆同）。

呼吸系統、過敏、肥胖、泌尿排泄系統、生殖與性器官、水腫、心情鬱結、耳、肺、腸類、骨、口腔、食道、脾、胃、腎、婦科、舌、齒、暗疾；個性上較暴躁、愛爭。

重要提醒：命宮星曜與日月雙星能量強弱、三方四正、吉凶星、神煞、生年四化與各運限四化作用、所坐宮位特質等，都會影響整體運勢，不可以只看單一個宮的星曜來論。

雙星組合：

紫微破軍：紫微破軍命坐丑未宮。

廉貞✕ 貪狼✕ 官	巨門○ 奴	天相△ 遷　未	天同○ 天梁✕ 疾
太陰✕ 田	紫微破軍 命坐丑宮		武曲△ 七殺○ 財
天府△ 福			太陽✕ 子
父	紫微◎ 破軍○ 命　丑	天機◎ 兄	夫

夫	天機◎ 兄	紫微◎ 破軍○ 命　未	父
太陽○ 子	紫微破軍 命坐未宮		天府○ 福
武曲△ 七殺○ 財			太陰○ 田
天同△ 天梁◎ 疾	天相◎ 遷　丑	巨門○ 奴	廉貞✕ 貪狼✕ 官

命格氣蘊：

只在丑未宮，也是「**殺破狼**」格局，一生偏重錢財與自我實現，重視自我利益、理想高獨立性強、愛面子、不喜歡被管束、六親緣薄；若同宮及三方四正逢科權祿、祿存與諸吉星相會，一生財運就有貴助、富貴、田宅運佳、命好運好、勞而有獲、工作事業順利、有表現的舞台、金錢與事業成功欲望強、耿直、吃軟不吃硬、有創意、受人歡迎、愛自由、愛出外從事高級享樂與休閒活動、在外形象優良、無心插柳柳成蔭；對錢財很重視，會對自己大方對別人小氣。若是逢空劫、天刑，忌與諸煞星；自私、擁有的東西會失去、橫發橫破；欲望越多，越想突破，越想變化越不利。

天生優勢：

講信用、恩威並濟、領導及判斷力佳、見解獨特、親力親為、做事乾脆俐落、獨立進取、冒險開創心、具爆發力、勇於承擔、風頭健、知行合一。

福分盲點：

不計一切代價、叛逆孤立、喜新厭舊、傲氣固執、猜疑、我行我素、獨行專斷、好逸惡勞、嫉妒、破耗性、重財小氣、只顧自己。

格局：

「殺破狼格」：七殺、破軍、貪狼在三方相會，欲望多，具有創新、挑戰、精明、破壞重建、易動盪的特質。

職場思維：

對工作的看法與眾不同，不會循規蹈矩，待在激不起自己興趣的職場太久，菜鳥時期會把工作完善的完成，一旦階段性目的達成，就會想去找尋自己的理想興趣。工作喜歡有趣、有變化性、即使有壓力做起來也開心的工作。只要能讓你的想法落實與主導，就會勇於承擔；對於比較困難或有壓力的難題，也會懂得借力使力，但太複雜或已經感覺不好玩的事，就會斷尾求生。學習更有耐性或謙虛，對上司或下屬不要不耐煩，把你洞察人性的優點拿出來，在職場會如魚得水。適合公關、行銷、廣告企劃、娛樂、金融、百貨、餐飲、生活育樂、旅遊、電玩、不動產。

財富能量：

求財心旺盛，會處心積慮地賺錢，只要有錢賺，多少都不會嫌。懂得積少成多，也懂得犒賞自己，花錢打扮及享受、旅遊。也會有祖先留下房產的或他人餽贈財富的好運。金錢與個人利益是人生核心，汲汲營營、念茲在茲都環繞著錢的你，有時會過於吝嗇，只會為自己付出打算，也容易為錢起爭端。如果正偏財、房地產都有的你，有時也會有過於安逸、不思進取的心態，而減少了累積更多財富的機會。整體上而言，只要不亂投資，都會累積到不錯的財富。

戀愛指南：

會早戀，但不一定會想投入婚姻，喜歡見多識廣、文采飛揚、多情多藝、人事物洞悉能力強、能言善道、八面玲瓏、善於處理人際關係、具競爭力的對象，但對方也有可能是能力不凡、會打算、或者是異性緣重、喜歡生活多采多姿、醋罈子、愛挑毛病、愛胡思亂想的人，若是要長久相處，一定要懂得培養彼此相同的嗜好，等到彼此都對婚姻有共識時，婚姻就會有開花結果的好結局。

健康守護：

胃脹氣、肝、痔瘡、過敏性皮膚炎、消化系統、心血管、泌尿、腎臟、膀胱、婦科、刀傷手術、意外傷、腫瘤、結石。

紫微天府：紫微天府命坐寅申宮。

巨門○ 田	廉貞△ 天相◎ 官	天梁○ 奴	七殺◎ 遷 申
貪狼◎ 福	紫微天府 命坐寅宮		天同△ 疾
太陰× 父			武曲◎ 財
紫微○ 天府◎ 命 寅	天機× 兄	破軍◎ 夫	太陽× 子

太陽○ 子	破軍◎ 夫	天機× 兄	紫微○ 天府△ 命 申
武曲◎ 財	紫微天府 命坐申宮		太陰○ 父
天同△ 疾			貪狼◎ 福
七殺◎ 遷 寅	天梁○ 奴	廉貞△ 天相◎ 官	巨門○ 田

命格氣蘊：

只在寅申四馬宮，只要不見諸煞星、空劫忌來會，基本上就是合格的「**紫府同宮格**」，智慧很高但也很偏執。若是同宮或三方四正會逢祿權科、祿存與諸吉星，就再加上輔弼拱主格，更是如同詩曰：「同宮紫府貴生人，天在清明萬象新，喜逢寅申同得地，聲名磊落動乾坤」，格局強勢富貴、終生福厚、家庭事業都兼顧。但若沒有吉星相助，容易唯我獨尊、曲高和寡，若再加會空劫、天刑、忌與諸煞星，就會把紫微天府的缺點放大到最大，是勞心又勞力、人際關係差、行事乖張、奔波無功、六親無緣、內心空虛、姻緣不利、多行不義的狀態，即使稍有獲益，也容易自以為是、做事虛狂、因自滿而誤事，不把他人放在眼裡，但是別人只是不想理你，不是怕或尊敬你，而是不想與你有衝突或一般見識，以免有理說不清、秀才遇到兵。

天生優勢：

想做大事、自我要求高、正直穩重、積極行動力、注重細節、實事求是、重倫理、能吃敢玩、求新求知、生命力穩固、不輕言放棄。

福分盲點：

做人過於孤高過旺、霸道、脾氣大又執著、很難溝通、個性暴衝、思想怪異、吹毛求疵、自私記恨、無事奔忙、自尊心太強、沒有幽默感、私欲重、城府深、無法與人好好相處。

格局：

「紫府同宮格」：紫微、天府同坐在寅宮或申宮。逢化祿、祿存與諸吉星富貴雙全。

職場思維：

對自己要求很高，從求學時期就很有紀律，喜歡每天非常忙碌與充實感覺的你根本坐不住，而且對自己的工作領域與模式有非常大的控制欲，不喜歡別人的批判與干涉，希望照著自己的進度與規劃進行。不怕工作辛苦、重視效率、對主控權很在意的你，要懂得善於溝通與協調，把霸道的一面改進，有問題時，不要因為面子而自欺欺人，一定會有很好的工作績效與成果。適合從事國外事物、金融財務、娛樂、協調性質、軍警、公職、不動產、仲介、業務、裝修設計等相關的工作。

財富能量：

工作能力強、自視甚高、不服輸。以專業取勝的你，看到有錢賺的機會一定會好好把握，而且是以實際行動而為，所以也比較敢為錢去競爭。只要懂得抓住機會，也要學習讓自己行事更靈活、放開心胸、身段柔軟、以智取財，才不會因為私欲太重與人寡和、徒勞無功，也能因此讓職位與收入穩步上升，更能減輕身體與精神的勞累。重視錢的你，除了努力賺錢之外也會做理財投資，財富也更能增值，但不要看錢太重。

戀愛指南：

行事穩重規律的你，會被古靈精怪或陽剛、精力充沛、有表現欲、有主見、有自我風格獨創性、喜歡藝術、果決、重義氣、好動、好奇心強、敢冒險的對象所吸引，所以，要有陪對方一起冒險的生活態度。即使生活會有聚少離多的狀況，也要給對方相當程度的自由，要不然帶有叛逆、嫉妒心強、衝動性格的他可不是那麼好掌控的。凡事想要有主導權的你，需要有更多耐心與包容協調彼此的相處方式，才能長久幸福。

健康守護：

注意頭痛、過敏、脾胃、眼睛、急躁、易染風寒、泌尿系統、腎臟、重大慢性病、腸胃、子宮肌瘤、肺。

紫微貪狼：紫微貪狼命坐卯酉宮。

天相△ 福	天梁〇 田	廉貞△ 七殺◎ 官	奴
巨門╳ 父	紫微貪狼 命坐卯宮		遷　酉
紫微〇 貪狼△ 命　卯			天同△ 疾
太陰〇 天機△ 兄	天府◎ 夫	太陽╳ 子	武曲△ 破軍△ 財

武曲△ 破軍△ 財	太陽〇 子	天府◎ 夫	太陰△ 天機△ 兄
天同△ 疾	紫微貪狼 命坐酉宮		紫微〇 貪狼△ 命　酉
遷　卯			巨門╳ 父
奴	廉貞△ 七殺◎ 官	天梁◎ 田	天相△ 福

命格氣蘊：

「極居卯酉格」，一定在卯酉四敗宮有兩面性格，熱衷於追逐名利，愛當老大又愛當好人、講究生活吃穿用度上的氣派與尊榮、重視金錢又好享受、愛搞投機、愛玩、風流、會耍浪漫、花錢大方，是一邊追逐著金錢遊戲，一邊又想營造琴棋書畫、有氣質的怪咖。同宮或逢祿權科、祿存與諸吉星會照，聰明感性、學習力強、才能出眾、有明確的人生方向、魅力十足、追求名利過程較不粗暴且順利、有錢又有權。如果逢諸桃花星與天刑、空劫、忌、陰煞與諸煞星，異性緣重、易外遇、感情無節制、出入風月場所，為達目的不擇手段、飽暖思淫慾、不願面對現實、在生活中浮沉、一事無成、在安逸中破敗。

天生優勢：

懂得運用自身優勢、為人直爽、很會做人，應對進退佳、智慧高、有語言上的天分與說話魅力、追隨潮流、長袖善舞、反應靈敏、有魅力、才華洋溢、敢表現內心的想望、不怕競爭。

福分盲點：

不聽勸、欲望無節制、本位主義、倔強驕傲、好大喜功、現實、勢利眼、眼高手低、樣樣通樣樣鬆、虛榮、獨裁霸道、不擇手段、專制、逢場作戲。

格局：

「極居卯酉格」：紫微與貪狼坐命在卯宮或酉宮，逢吉凶星在精神性、宗教性、物欲與情慾上產生吉凶變化。

職場思維：

腦筋動很快的你，處理事情很會變通，精明幹練，會懂得利用人性達到目的。工作的變動性與複雜性也很高，但因為對成就與財富的渴望，有時會走錯路，也會常常變換工作。若是行事以自我為中心、不聽勸諫、不務正業、自欺欺人、耍勇鬥狠，就很有可能從事容易偏門、觸犯法律的事。所以，一定要學習一步一腳印、拒絕誘惑、培養能力、建立自信、不自卑，工作或創業從商才能有收穫。適合從事的工作為電器、水電裝修、外科、醫療、直銷、法律、建築工程、運輸、生活流通百貨、金融、保險、軍事、餐飲、不動產仲介。

財富能量：

欲望強、敢拚、重物質的你，求財過程必須經過競爭，會有某種程度的損耗，因為你對財富的概念是想賺多就要先下重本。對想要的東西或目的，有時會不計成本、不論成果率性而為。其實，只要能學習精算效益、衡量得失、做好規畫，才能因為有做足功課，因而進財順利。雖然求財積極，但花起錢來也很兇，若沒有節制或一意孤行，即使容易有長輩贈與的房產，或有來自他人的金援，也要防止投資過於衝動，做事雷聲大雨點小而損及財富。

戀愛指南：

早談戀愛的你，喜歡注重外表門面、會精打細算、有福氣、謹慎細心、口才佳、多才多藝、聰明有毅力、會照顧家人的對象，但因為你的不安定性，常常在外交際應酬，加上你的性情比較強烈多變，會讓重視細節、與喜歡安定的另一半擔憂。所以，減少不必要的活動與開銷、生活作息正常、不要好高騖遠、愛慕虛華與流連聲色場所，讓對方安心，照顧好對方的心情與生活，爭執減少相處自然就融洽。

健康守護：

肝、肺、呼吸系統、過敏、肥胖、泌尿排泄系統、腎、生殖與性器官、水腫、鬱結、耳的問題。

特殊格局：

命宮無主星坐卯宮，紫微貪狼坐遷移宮酉宮：

命宮無主星坐酉宮，紫微貪狼坐遷移宮卯宮：

天相△ 財	天梁○ 子	廉貞△ 七殺◎ 夫	兄
巨門× 疾	命宮無主星 坐酉宮		命　酉
紫微○ 貪狼△ 遷　卯	紫微貪狼 遷移宮坐卯宮		天同△ 父
太陰○ 天機△ 奴	天府◎ 官	太陽× 田	武曲△ 破軍△ 福

武曲△ 破軍△ 福	太陽○ 田	天府◎ 官	太陰△ 天機△ 奴
天同△ 父	命宮無主星 坐卯宮		紫微○ 貪狼△ 遷　酉
命　卯	紫微貪狼 遷移宮坐酉宮		巨門× 疾
兄	廉貞△ 七殺◎ 夫	天梁◎ 子	天相△ 財

命格氣蘊：

命宮一定在卯酉宮，命宮沒有主星這個格局，本質上變數比較多，自我意識較薄弱，好處是像變色龍一樣，能隨遇而安、察言觀色、可塑性大、機緣多；壞處是，沒有特定的人生目標與方向感、有多面性格、風吹兩面倒、人云亦云。人生運途是好是壞要看三方四正條件。空宮的欲望與個性，雖然沒那麼強烈，但還是保有紫微貪狼欲望多求的特質，處事靈活、多才多藝、反應敏捷、堅毅、善於人事交際、應對進退佳、智慧高、懂得表現自己、愛風花雪月、情慾多、對宗教有信仰熱忱等的性格。這兩個命盤有**「府相朝垣格」**與**「紫府朝垣格」**的好格局，同宮或三方四正會逢祿權科、祿存與諸吉星，才華洋溢、食祿豐盈、能白手起家，工作事業成就不凡，有成富成貴的機運；逢四煞、忌、空劫、天刑、天姚、咸池與諸煞星而不見祿，想要的願望比較難以如願、徒勞無功、叛逆心強、固執不通、大膽衝動、無信義、婚姻不利感情問題多、自私自利、破壞性格強、讓人不信任，而導致運途不理想。

天生優勢：

懂得自身優勢、貴人運強、會籌謀、多才多藝、懂協調、應對得體、以柔克剛、智慧高、語言魅力、追隨潮流、長袖善舞、反應靈敏、有魅力。

福分盲點：

操心不安寧、好色無節制、親小人遠君子、好高鶩遠、勢利眼、多虛少實、投機虛榮、迷信、獨裁霸道、逢場作戲、見利忘義、錢財破耗、粉飾太平、嘮叨、不安分。

職場思維：

會以團隊為重，工作注重原則性與細節、講求紀律、重職場倫理的你，喜歡在知名、門面氣派的大公司工作。獨立、做事穩當、有守有為、聰明、對工作想法多，不要隨意更換工作、做事不呆板拘泥、以自己的利益為考量、膽小怕事、缺乏見解，容易受長官的提拔與賞識，一定能平步青雲，居主管要職。適合金融證券、公家事業、生活零售業、技術服務業、行政幕僚、美的行業、彩券行、銀樓、當鋪、不動產、仲介、醫療、宗教事業。

財富能量：

財運平穩順利的你，在運用金錢上會斟酌，重視金錢的使用流向。會儲蓄理財、財富有貴人相助或長輩贈與，收入高、生財有道、財源不虞匱乏。但也會把錢花在奢侈品、高級享受或風花雪月上，以滿足自己的面子與心理。不適合做惡性競爭或過於投機性的行業，以免進財不順。有錢的時候，若是小氣自顧，不幫助需要幫助的人，或者亂投資、生活浪費無度，就會有損財福。

戀愛指南：

活潑、愛聽好話、嘴硬、有英雄情結或是有被虐狂的你，喜歡有開創力、勇於嘗試挑戰、奮發向上、能扛責任的對象。但這樣的對象也許個性早熟、懂人情世故、欲望強烈、脾氣暴躁、愛賭、會撒謊、甚至有可能會動手打人。這樣的對象雖然能力強、願意為生活打拚，但野心很大，不太容易滿足現狀、做事有時不考慮後果。若是跟這樣的伴侶相處，剛開始或許天雷勾動地火、充滿新鮮刺激。假使對方能走正途，就不會有問題；但若不是，千萬不要硬碰硬、說話刺激對方，只能柔性相勸，若不成，就要好好思考你們的未來。

健康守護：

留意精神憂鬱、胃、口腔、牙齒、神經、鼻腔、呼吸道、肺、暴飲暴食、厭食、消化道、排泄器官、皮膚、頭痛、暗疾、腫瘤、三高等，也要注意不要過於迷信，以免受騙。

紫微天相：紫微天相命坐辰戌宮。

天梁× 父	七殺○ 福	田	廉貞◎ 官
紫微△ 天相△ 命 辰	紫微天相 命坐辰宮		奴
天機○ 巨門◎ 兄			破軍○ 遷 戌
貪狼△ 夫	太陽× 太陰◎ 子	武曲○ 天府◎ 財	天同◎ 疾

天同◎ 疾	武曲○ 天府○ 財	太陽△ 太陰× 子	貪狼△ 夫
破軍○ 遷 辰	紫微天相 命坐戌宮		天機○ 巨門◎ 兄
奴			紫微△ 天相△ 命 戌
廉貞◎ 官	田	七殺○ 福	天梁× 父

命格氣蘊：

一定在辰戌四墓宮，就是天羅地網宮，也是所謂的「淺水困龍格」，日月一定在丑未同宮，所以日月的強弱度也影響了紫微天相的行事風格。但不是所有在辰戌宮的都是這個格局，而是因為紫微是帝星，帝又為龍的關係。雖然有紫微、天相這兩個逢凶解厄又貴氣的星，同宮或三方四正逢祿權科、祿存、諸吉星，貴人與助力多，有經營能力，能自我開創突破，能做大事、坐大位、住豪宅、穿名牌、坐大位、不愁吃穿。但因為眼高孤傲又自我中心、愛面子，加上有精神潔癖，所以很會挑剔又不容易滿足；想賺大錢又不想弄髒手，心理容易有矛盾感，快樂感不容易持久，需要一直的創造實質上的安全感，才能滿足心理上的安全感。若是逢空劫、天刑、忌與諸煞星，才能無法施展、個性反覆、缺乏遠見；若再加上臨宮有刑忌夾印（天相為印），或刑囚夾印的壞格生，更破壞了紫微天相原本的穩定與優勢，導致人生容易有重大起伏，更加叛逆自私，精神與生活充滿矛盾與空虛；也要注意刑傷、困頓與耗敗的問題。

天生優勢：

同理心、穩重溫和、寬厚大度、領悟力及創造力高、聰明心慈、會照顧六親、注重形象會打扮、吃好穿好、氣質出眾、喜歡有質感的人事物，逢祿權科諸吉星，IQ與EQ才能夠真正平衡，不但貴氣又親和、才能能施展、位高又有財。

福分盲點：

容易自高自大、急功近利、喜歡奢華貴重之物、多疑猶豫、進退失據、過於喜忠強烈、顧了面子失了裡子、受困感、逢空劫諸凶與忌星，有不安於現狀、龍困淺灘、無情義的問題，人生起伏大。

格局：

「淺水困龍格」：紫微帝星與天相坐在辰宮或戌宮，而辰、戌兩宮又稱為天羅地網宮，象徵龍被網所困，有龍困淺灘之意，需要更堅定的信念與衝勁。

「刑忌夾印格」：天相為印，只要左右鄰宮有天刑、擎羊或忌夾天相即是。

「刑囚夾印格」：廉貞化氣為囚與天相同宮，又逢天刑或擎羊化氣為刑，坐在左右鄰宮夾天相。

職場思維：

有出國運，善於對外交際事務，有開創能力的你，期望自己在工作與事業上有一番大成就，所以出國讀書或是做生意也是你人生中的過程與期許。不管做生意或者上班，從事美的事業、百貨精品、珠寶、藝術、設計、會發光發熱的金屬產品、電子科技、銷售業務、金融財經或不動產等相關行業都很適合，只要不死要面子故步自封，願意接受意見學習新知與時俱進，提升能力迎接時代變化，男女通吃、人緣好的你，事業很快就會做出成績，坐高位或創業當老闆都難不倒你。

財富能量：

想過好日子的你，除了會為工作打算之外，桃花所帶來的財也是很可觀的，當然收穫會很豐盛，一生財源基本上是高水準。想過養尊處優日子的想法很強烈，所以求財意志很高，也會充實自己，讓自己更有賺錢的條件，對於吃穿用度也都要上上之選。但是在享受之餘，要有危機意識，不要花大錢習慣後不知節儉，或者鴕鳥心態逃避現實。要顧好自己的家產，以免在遇到變局時，若又在愛面子的狀況下硬撐，就會讓辛苦的積蓄無端耗失。

戀愛指南：

喜歡嘴甜腰軟、多情多金、人緣佳、會錦上添花、多才多藝、做事不拘泥、勇於表現自己、風流倜儻、吃喝玩樂樣樣精通、能言善道、會製造浪漫的高端人士，不是老闆級的等級，基本上很難看上眼，尤其能提供你豪奢生活的對象又非常多，所以，一定要看對方的品行與操守，不要找到一個雖然初期願意為你花大錢，但有不良嗜好，或會做檯面下事的對象。另外，也要注意對方是否已婚，或已有同時交往很多對象的對象，才不會讓你賠了夫人又折兵。

健康守護：

重大慢性病、呼吸系統、過敏、肥胖、泌尿排泄系統、腎、生殖與性器官、水腫、心情鬱結、傷風感冒、痔瘡、耳的問題。

紫微七殺：紫微七殺命坐巳亥宮。

紫微○ 七殺△ 命　巳	父	福	田
天機△ 天梁◎ 兄	紫微七殺 命坐巳宮		廉貞△ 破軍╳ 官
天相╳ 夫			奴
太陽○ 巨門◎ 子	武曲◎ 貪狼◎ 財	天同○ 太陰◎ 疾	天府△ 遷　亥

天府△ 遷　巳	天同╳ 太陰╳ 疾	武曲◎ 貪狼◎ 財	太陽△ 巨門◎ 子
奴	紫微七殺 命坐亥宮		天相╳ 夫
廉貞△ 破軍╳ 官			天機△ 天梁◎ 兄
田	福	父	紫微○ 七殺△ 命　亥

命格氣蘊：

「**紫府朝垣格**」，紫微七殺只在巳亥四馬宮，常出國或驛動，或與異國人事物有緣，有智慧膽識，也是軍師與企業家的格局。愛恨分明、勇往直前、有雄心壯志、愛做大事能開疆闢土、做事講求效率、話不多說、不說廢話、不會墨守成規、愛好自由、有藝術天分、喜怒形於色、吃軟不吃硬、初相識會有不易親近的感覺，但因為重義氣，是個會照顧與挺六親的人。同宮或三方四正逢祿權科、祿存、天馬與諸吉星，能成「**輔弼拱主格**」。工作事業表現空間大，更能化殺氣為權往正確的方向前進，轉破壞波動為水到渠成。國內外奔波功成名就，熱忱、能幹果決、精打細算、創業有成、財富爆發、位高權重人敬重。如果見空劫、忌、天刑與諸煞星，而無吉星相助，不但動盪奔波勞碌，也容易創業失敗，虛名虛權、先勤後惰、虎頭蛇尾，橫發易破、婚姻有害、東成西敗。

天生優勢：

做事積極坦率、孜孜不倦、魄力果斷、獨立自主、有責任心、有智謀帶領統御、健談、多才多藝、以理服人、聰明、樂天坦率、獨當一面、吃苦當吃補、克服困難、力爭上游。

福分盲點：

白目任性、精神空虛感、霸道不耐煩、權力欲望過高、想要的東西很多、獨斷專行、剛愎自用、破壞力強、愛憎心強、不尊重團隊。

格局：

「輔弼拱主格」：紫微星的三方四正或臨宮，有左輔、右弼兩星會逢或夾。主有助力與權勢，能左右逢源。

職場思維：

辦事圓滑又帶穩重、重視效率、判斷精準、好勝心強。企圖心旺盛的你，工作能平步青雲，不但是一位想開創事業的人，也是一位內心住著文青藝術魂的人。在職場上要避免我行我素、狂妄破壞心、太重視利益而見異思遷，只要不急躁成事、霸道善變，一定有能力可以整合團隊，成為企業不可多得的企業人才或是創業高手。適合重建型工作、醫療、國外企業、不動產、仲介、金融財經、證券保險、業務推廣、作家、藝術家、SOHO族、從商創業。

財富能量：

靠自身冒險與開創的能力、天生帶財命、願意學習新知來加強自身賺錢能力與提升成就的你，所創造出來的財富不小。喜歡賺大錢、敢與人競爭並且會見風使舵，能累積財富，又能有突發致富的機運，是個有錢又有權的人士。膽子大、凡事用金錢衡量的你，不但能吃苦耐勞，也懂得用錢滾錢以及享受人生。只要懂得精算與守成，不要被他人一拱就亂投資，或掉入桃花陷阱，想要家大業大住豪宅，絕對不成問題。

戀愛指南：

你的眼光高又好強，本身喜歡有能力照顧別人的成就感，或者是能以你的意見為主的另一半。而優雅溫柔、有禮貌、知進退、善良聰明、善於溝通、謹慎踏實、思慮周全、會操持家庭的人，就是你喜歡的對象。感情較安穩，有可能是同學、同好、工作圈認識，或者是巷口超商的店員。但另一半有時候會有少一根筋、行動緩慢拖延、虛榮、愛高級享受、表面順從但不喜歡被指使的性格，所以要多包容理解與維持生活新鮮感，就能相守到老。

健康守護：

腎、婦科、心悸、胃、肝、膽、泌尿、膀胱、眼睛、耳朵、腰腹痛、內分泌失調、風濕、白血球、肝、水腫、四肢、糖尿病、失眠、精神問題。

天機星：坐命命格氣蘊與星性介紹

・乙木、南三、屬陰、化氣為善。

・號稱兄弟主、廣善星、益算星、益壽星、宗教星、驛馬星、智慧星、精神星、男性星、死亡星。

・代表人物姜尚，又名太公望。

天機星主謀臣、深思熟慮、四肢、是第二匹天馬，擁有孫悟空般72變的活動力，第六感強、喜歡創新、做事鞠躬盡瘁、對自己人好、對敵人有機謀、要很努力才能出人頭地。足智多謀、擅於計劃、聰明機智、身手靈活、多學多能；對機械、數字、五術、宗教、哲學、心理有興趣，專業技能皆專精。

主善、有道德感、性急心慈。

主腦、大智慧小聰明兼具、腦子動不停。

主變、容易變動、機運多、機變靈動、收放自如、能做小伏低、自戀但會隱藏。

主智、見微知著、邏輯推理強、第六感強、對未知之事有興趣。

主孤、隨緣、不喜歡與人交惡。

三方四正會逢太陰、天同、天梁、為「**機月同梁格**」，有智慧、謹慎、穩紮穩打、追根究底、廉明、心性穩定、能享樂。天機廟旺三方四正會逢祿權科、祿存、天巫、天才與諸吉星會照，機巧有權、高階人士、專業之首、多學多成、富貴有權；落陷加逢空劫、忌、虛耗、天刑、華蓋與諸煞星，則僵化呆滯、孤獨不群、口袋空空、易生殘疾、不吉利，婚姻不佳與六親疏離。

天機雖然很聰明靈活，但有時會想太多卻不敢執行，除了抗壓性不夠，也缺少財性，所以必須要逢祿星或財星，且不逢空劫與耗星才適合創業，進財也會比較順利及豐厚。天機不適合呆板的工作，比較適合需要變動、動腦、常出差、計劃、專業、無中生有、買空賣空型。因為活潑、喜歡服務他人，人緣不錯，所以遭遇困難會有人出手幫助；工作時，也許經常被職務調動，或者會經常轉換跑道換工作，只要了解自己的特質選對行業，才不會做一行怨一行、滾石不生苔了。適合從事科技、研發設計、資通訊、作家、物流、不動產、林業、仲介、業務、餐飲、娛樂、服務業、五術、宗教、企劃獻策、財會、祕書、行政聯繫等工作。

天機在疾厄宮要注意腦、精神官能症、頭痛、失眠、甲狀腺、肝、膽、神經、精神衰弱、四肢受傷、狹心症、記憶力、體力不足、脊椎、結石等問題。

天生優勢：

認真求真、延年益壽、生存能力強、可塑性與變通性高、好行善造福人群、善解人意、與人為善、重感情、孝順、愛子、男性彬彬有禮、女性落落大方。具洞察力、有彈性、想法多元、創意無限、聰明、反應靈敏、心思縝密、能臨機應變、做事有原則條理、先天直覺強、追求成就不怕挫折與忙碌、在惡劣環境中能堅忍等待、學習能力強、能身兼數職、口才佳。

福分盲點：

不面對自己的缺點、胡思亂想、多愁善感、多思而不決與不執行、多學不精、虎頭蛇尾、常搞憂鬱、鑽牛角尖、頑固不通、鋒芒畢露、好高騖遠不安現狀、孤僻沒耐性、滾石不生苔、愛辯、愛反彈、不太會守財儲蓄、自我保護意識強、缺少果斷力、見異思遷、聰明反被聰明誤。

喜：諸吉星、天才、龍池、鳳閣、祿存、化祿、化權、化科。

忌：諸凶星、七殺、破軍、天刑、化忌。

天機化祿：

計劃完善、無中生有、智慧增長、好行善、靈活善巧、與人交好、能力讓人看見、機運多、變動多、不久居一地做一事、有利於變動、有主業易兼職、靠智慧與口才取財、仲介、技術專業財、喜宗教與五術。

天機化權：

細心、積極主動、冷靜沉著、機智、精打細算、表現能力強、對計劃中之事不眠不休、意見受人重視、做事有原則、謀定而後動、穩定度增加、擅於調度、喜插手他人之事攬權。

天機化科：

智慧才識高人一等、高級幕僚及企劃高手、予人保持溫和平穩關係與感受、桃花多、受人賞識、工作職位能得名聲、階級高、財務穩中求富。

天機化忌：

頭腦打結不靈光、英雄無用武之地、行事多有波折、急功近利、欲速不達、多愁善感、心煩意亂、四肢常有意外傷、頭痛與腸胃問題、兄弟不和、懷才不遇、易招口舌毀謗、給人滑頭不可靠的感覺、想出家為僧尼。

格局：

「機月同梁格」：命宮三方四正會逢天機、太陰、天同、天梁四顆星。比較文質性，適合運用智慧、文藝、專業型態，或是在大企業、公部門工作，較不適合冒險、易動盪的模式。

天機單星命坐子午宮：

廉貞╳ 貪狼╳ 奴	巨門○ 遷 午	天相△ 疾	天同○ 天梁╳ 財
太陰╳ 官	天機單星命坐子宮		武曲△ 七殺○ 子
天府△ 田			太陽╳ 夫
福	紫微◎ 破軍○ 父	天機◎ 命 子	兄

兄	天機◎ 命 午	紫微◎ 破軍○ 父	福
太陽○ 夫	天機單星命坐午宮		天府○ 田
武曲△ 七殺○ 子			太陰○ 官
天同△ 天梁◎ 財	天相◎ 疾	巨門○ 遷 子	廉貞╳ 貪狼╳ 奴

職場思維：

官祿宮「**機月同梁格**」，有才華、藝術氣質、才智兼備、機靈、辯才無礙。善於分析與企劃的你，不但口才好，反應也快，工作機運佳，只要保持心胸開闊，做好人際關係與人為善、不要說話帶刺，不心高氣傲、愛搶功表現、思想負面、多愁善感，就會有貴人相助，得到好成就。可從事人事、幕僚、行政、美的事業、女性事業、行政、旅遊、師字輩工作、政治、貿易、餐飲、食品、醫療、科技、資訊、骨董、業務、不動產、仲介等行業。

財富能量：

收入穩定型，喜歡不勞而獲也容易滿足，對錢雖然愛規劃但比較鬆散，並且金錢的價值觀也常常變化，造成財務的波動，所以，更要注重錢財的保守累積。工作上避免用盡機謀，卻是為了別人作嫁，辛苦奔波忙碌一場空的結果。不過，也常常會有別人給的意外之財或偏財運，只要不做投機、賭博相關或做見不得光的事，以及避免結交過多的酒肉朋友，就能白手起家，也有購置不動產的能力。

戀愛指南：

喜歡的對象大多都是能欣賞他人、帥氣或亮麗、有權位、收入高、快速主動、正直慷慨、坦率不計較、聰明重感情、孝順、顧家、努力踏實、肯付出、衝勁十足的人，只要你對事不要打破砂鍋問到底、神經質、情緒太多、愛跟他爭權、愛跟他比誰受歡迎，或者要求太多，基本上，對方是會帶給你想要的快樂跟安全感的。

健康守護：

黃疳、頭痛、精神衰弱、眼睛、青春痘、破相、四肢、水腫、疥瘡、高血壓、肝、膽、神經、呼吸系統、泌尿生殖、婦科、風濕、狼瘡、內分泌、過敏、筋骨。

天機單星命坐丑未宮：

巨門○ 官	廉貞△ 天相◎ 奴	天梁○ 遷　未	七殺◎ 疾
貪狼◎ 田	天機單星 命坐丑宮		天同△ 財
太陰× 福			武曲◎ 子
紫微○ 天府◎ 父	天機× 命　丑	破軍◎ 兄	太陽× 夫

太陽○ 夫	破軍◎ 兄	天機× 命　未	紫微○ 天府△ 父
武曲◎ 子	天機單星 命坐未宮		太陰○ 福
天同△ 財			貪狼◎ 田
七殺◎ 疾	天梁○ 遷　寅	廉貞△ 天相◎ 奴	巨門○ 官

職場思維：

有腦又有口才、正直、敏銳、洞悉力強的，工作常需要動腦，態度積極、勤勞認真，也會比較勞累，若要有更大的成就，重點在於學歷、專業知識、技能與表達能力的提升與優化，才不會很會說但不會做。另外，事業的選擇與堅持度是你的首要重點，比較適合在大企業、穩定、需要專業智能以及動口生財的工作，尤其是專業性的人員，例如：專業經理人、金融財經、專業廚師、講師、品酒師、藝術鑑賞家、導遊、進出口、飲食、不動產、仲介、業務、表演、工藝、攝影；比較不適合衝動創業。工作上只要不亂出主意、自作主張，在安穩踏實中求發展，就能一步步實現你的理想。

財富能量：

雖然也會為財奔波，但對金錢能隨遇而安，也可能會有偏財運，或別人的贈與不請自來的好運，因此，外表不會表現的太重錢財，但不代表不愛錢，在遇到機會時，還是會做出積極的作為與計謀。只要不與人合夥、不做保、不隨意投資、不要抱著今朝有酒今朝醉的花錢方式，隨著年紀以及個性的穩定度增加，年輕時辛苦，到年老時就會有不錯的財富累積。

戀愛指南：

對象大多是有才華且能幹、熱情活躍、出色亮眼，有領導能力，不計較、積極進取、吃苦耐勞、霸氣、自尊心強、喜歡被尊重、追求卓越的人，只要理解他對事業的進取心與人生態度，並給予精神上或實質的鼓勵與認同，不用猜疑、情緒多變的方式對待，並且適時的知道他的動向，就可以減少對他的不安與爭執了。

健康守護：

要注意刀傷、殘疾、躁鬱、筋、腮骨、骨、痔瘡、肝、呼吸系統疾病、扁桃腺炎、血光、意外傷害、脊椎、大腸、直腸。

天機單星命坐巳亥宮：

天機△ 命 巳	紫微◎ 父	福	破軍△ 田
七殺◎ 兄	天機單星命坐巳宮		官
太陽◎ 天梁◎ 夫			廉貞△ 天府◎ 奴
武曲△ 天相◎ 子	天同╳ 巨門╳ 財	貪狼○ 疾	太陰◎ 遷 亥

太陰╳ 遷 巳	貪狼○ 疾	天同╳ 巨門╳ 財	武曲△ 天相◎ 子
廉貞△ 天府◎ 奴	天機單星命坐亥宮		太陽△ 天梁△ 夫
官			七殺◎ 兄
破軍△ 田	福	紫微△ 父	天機△ 命 亥

職場思維：

腦子動不停的你，內外有著多重特性，能穩重也能機伶、能不計較但注重公平、會努力也會偷閒享樂的你，在職場上有了好的靠山，就能穩定發揮，當了主管，也會親力親為。但是，有時會為了公平問題與人爭執、有時也會覺得懷才不遇、找不到工作目標，甚至只想當個家庭主夫、主婦都有可能。所以，只要抱持樂觀心態，對心中的不滿，要學著不要脫口而出或耍廢，事業就會更有成績。可從事行政、祕書、公務員、軍警、慈善、醫療、家族、零售連鎖業、美的事業、服務業、貿易、保險、不動產、仲介、電子科技。

財富能量：

你是有福氣，也能動腦筋想辦法請人代勞、達到願望的人。能靠專業賺錢，但會比較安於現狀、流於疏懶，理財能力並不是很強，所以，不太會守財，在家中也常常不是掌控財務大權的人。要激發你追求財富的意念，必須設定一個想要達成的目標。另外，不要為了滿足虛榮的感覺而耗費錢財，也不要為了賺錢跟人產生口舌糾紛，只要做穩定安全的投資，或交由家中善於理財的人打理，才比較容易可以存到錢，並且累積豐厚。

戀愛指南：

喜歡體貼、無私、收入高、有主導能力、脾氣直爽、表達想法會很直接、又據理力爭的對象。你們也許在思想、行事風格、人生觀、表達方式、外表上也許不同，或許也可能因為工作而聚少離多，所以，心思比較多、常以自己想法為中心的你，只要學習找出讓彼此契合的相處模式，並且與對方分享，感情也會很恩愛的。

健康守護：

要注意糖尿病、胰臟、癌症、排泄、泌尿、生殖與性器官、代謝疾病、肝、膽、神經、四肢外傷、性病、精神疾病。

雙星組合：

天機太陰：天機太陰命坐寅申宮。

天相△ 田	天梁〇 官	廉貞△ 七殺◎ 奴	遷　申
巨門✕ 福	天機太陰 命坐寅宮		疾
紫微〇 貪狼△ 父			天同△ 財
天機△ 太陰〇 命　寅	天府◎ 兄	太陽✕ 夫	武曲△ 破軍△ 子

武曲△ 破軍△ 子	太陽〇 夫	天府◎ 兄	天機△ 太陰△ 命　申
天同△ 財	天機太陰 命坐申宮		紫微〇 貪狼△ 父
疾			巨門✕ 福
遷　寅	廉貞△ 七殺◎ 奴	天梁◎ 宮	天相△ 田

命格氣蘊：

只在寅申四馬宮，是所謂的「探花格」，也是「水木清華格」。聰明機變有奇謀、善於策劃、輔佐、生性浪漫、思想豐富又有特色、有愛心也善良、常出外工作或遠行，雖不常在家，但是會賺錢回來養家的人。同宮三方四正會逢祿權科、祿存諸吉星，循序漸進無往不利、事業蒸蒸日上、能因人而貴、攀龍附鳳、富貴不小、風評不錯有聲譽。會桃花星，吸引異性豔遇更多；遇空劫、天刑、忌與諸凶星，感情婚姻看似美滿，但多困擾有隱情。愛掌權、勞心傷神、情緒不穩、身體與心理容易受傷、失眠、神經質、錢財不易聚、注意晚節不保。

天生優勢：

頭腦靈活懂權術、謹慎細心、善於運用關係、外表文質但也不失活潑、善良、內心精明、毅力強、幽默機智、善體人意、孝順顧家。

福分盲點：

考慮糾結、進退失據、愛聽別人意見、失主見、工於心計、易受外界吸引、桃花太多感情複雜、對異性無法拒絕、穩定性不夠、見異思遷、心軟常致騎虎難下。

格局：

「探花格」：智慧型天機、太陰同宮坐寅宮或申宮。三方四正有文昌、文曲會逢，聰明、容易有功名或升遷順利。

「水木清華格」：太陰屬水、天機屬木，同坐在寅、申宮，聰慧機敏與探花格異曲同工。

職場思維：

有智謀、擅於規劃、心地仁慈善良的你，工作勤奮、能自重自我要求，會受到上司或客戶的肯定。在職場上，容易身兼數職，但也容易有多變動狀況，只要不過於保守固執、自我逃避，能照顧同事、愛惜羽毛，人緣關係就會好，也就可以左右逢源、事業穩定。適合大企業、外商、專業師字輩、金融、證券、醫學、美的事業、慈善、教育、傳直銷、旅遊、軍公教、古玩、五術、仲介與水相關等的事業。

財富能量：

行事謹慎的你，衣食無憂、喜歡用輕鬆與正當的方式賺取錢財。耐心、穩定及魄力，是你賺錢及累積財富的不二法門。雖然你的智慧很高，但你並不喜歡複雜的事。只要改善被動保守、不起而行、缺少奮發向上的缺點，並懂得抓住賺錢機會，進而提升勇於開創新局的魄力，也會有意外的收穫，財富是可以期待的。

戀愛指南：

喜歡的對象都是亮眼、有人緣、爽朗大方、外放、熱情慷慨、事業心強、博愛付出、正義感、奔波競爭、閒不下來的人，導致常有分隔兩地或是精神上的分離，只要自己做事開誠佈公，不要猜疑對方、疑神疑鬼，也就能降低同床異夢、感情不佳的問題產生。

健康守護：

疑難雜症小毛病、肝、脾、胃、生殖器官、消化系統、下巴、免疫系統、性病、癌症、排泄、失眠、精神、神經系統、泌尿與代謝疾病。

特殊格局：

命宮無主星坐寅宮，天機太陰遷移宮坐申宮：

命宮無主星坐申宮，天機太陰遷移宮坐寅宮：

武曲△ 破軍△ 田	太陽○ 官	天府◎ 奴	天機△ 太陰△ 遷 申
天同△ 福	命宮無主星坐寅宮	天機太陰遷移宮坐申宮	紫微○ 貪狼△ 疾
父			巨門× 財
命 寅	廉貞△ 七殺◎ 兄	天梁◎ 夫	天相△ 子

天相△ 子	天梁○ 夫	廉貞△ 七殺◎ 兄	命 申
巨門× 財	命宮無主星坐申宮	天機太陰遷移宮坐寅宮	父
紫微○ 貪狼△ 疾			天同△ 福
天機△ 太陰○ 遷 寅	天府◎ 奴	太陽× 官	武曲△ 破軍△ 田

命格氣蘊：

這個空宮命盤，命宮一定在寅申宮。本身就機智多謀，命宮坐寅宮，若是逢祿權科、祿存與諸吉星，生命採開放式，加上官祿宮太陽坐午宮旺，能憑著豐富智慧與專業才華，推理計劃能力以及工作展現力，機緣多、可塑性大、有獨到的見解，能得到貴人賞識與提攜，即使四處奔波也是事半功倍，越動越吉，工作前程遠大，可以在事業上得以發揮才幹、成就大事，財權都大。這個格局，本身就是屬於比較情緒型的格局，若是宮內或三方四正吉星少，又會逢空劫、天刑、忌與諸煞星，容易因為本身能力不足，常會僥倖行事，一生運勢容易變化多端、付出與收穫不相等、勞心飄泊、抱負難以施展、鬱鬱寡歡不得志。若是沒有特定的人生目標與方向感會更加猶豫。有多面性格、進退不決、見異思遷，並且會有不好的想法及性格，而產生是非與感情糾紛。

天生優勢：

聰明好學、擅於研究與企劃、想像力豐富、具領導力、能交際、能表現、思路敏捷、溫文儒雅、體貼、人緣佳、隨機應變力強、惻隱之心、願意吃一點虧、雪中送炭。

福分盲點：

多疑、無目標、茫然迷惘、無自我立場、孤芳自賞、感情不定性多困擾、運勢起伏變動多、多權術、口舌糾紛、鑽牛角尖、急躁、欲速不達、主觀自負、懶散。

職場思維：

雖然是動腦型的，但也愛在工作事業上與人一較長短。重視形象與名聲的你，比較適合在大企業循序漸進、累積經驗，搭配自己優秀的靈活度與智慧，並且培養自己的得力助手，擴展業務規模就會更順利，也能取得好的事業成就與地位。工作性質常有出差或輪值以及動態的工作，自由業、金融、保險、專業、百貨、服務業、進出口貿易、政治、文化、傳播、表演、機械電光、業務、外商、公職、行政幕僚、男性行業、不動產相關行業等都適合。

財富能量：

對金錢的態度敏感又有不安全感，雖然想賺錢，但有時該賺不賺、該花捨不得花，也怕人知道自己有錢，即使賺得蠅頭小利也不會嫌。會勞心費力以及用智慧、口才賺錢，也有藏私房錢的習慣。但是有物欲的你，要守財却不是那麼的容易，要注意控管開銷預算，只要你工作勤奮，一步一腳印，一分耕耘就會有一分收穫。最陽春的格局就是能開口進財，若能放大格局，不要做檯面下的事，不要與人為財起糾紛，置產致富是可以達成的。

戀愛指南：

你欣賞勤快、有才華、穩重、事業有成、正直、樂善好施的對象。也許他的年紀稍長，而且會給你生活與人生經驗的建議，或在經濟上對你有實質的資助，但難免會有硬脾氣或嘮叨。只要你拒絕跟有婚姻的人發生不正常的感情，或者與觀念差異大、沒有共同興趣的人交往，感情變化與動盪就能因此降低，並且，還能因為另一半得到真正的安定與富貴。

健康守護：

要注意腦、慢性病、三高、腰背、脾、胃、腸、泌尿、內分泌、新陳代謝、免疫力疾病、生殖器官、性病、眼睛、外傷、肝、膽、胰、肥胖。

天機巨門：天機巨門命坐卯酉宮。

天梁✕ 福	七殺○ 田	官	廉貞◎ 奴
紫微△ 天相△ 父	天機巨門 命坐卯宮		遷　酉
天機○ 巨門◎ 命　卯			破軍○ 疾
貪狼△ 兄	太陽✕ 太陰◎ 夫	武曲○ 天府◎ 子	天同◎ 財

天同◎ 財	武曲○ 天府○ 子	太陽△ 太陰✕ 夫	貪狼△ 兄
破軍○ 疾	天機巨門 命坐酉宮		天機○ 巨門◎ 命　酉
遷　卯			紫微△ 天相△ 父
廉貞◎ 奴	官	七殺○ 田	天梁✕ 福

命格氣蘊：

一定在卯酉宮，在卯宮是「**機巨同臨格**」，在酉宮是「**機巨化酉格**」，也是「軍師格」。才華高、聰明、喜歡學習、口才佳、思慮敏捷、聰明端莊、好學多能、機謀多變、對哲學、古老文化有興趣、很難被說服。同宮或三方四正會逢祿權科、祿存與諸吉星，減少了憂慮不決的心性，思路更加靈活，而且升遷與機會多，而這些升遷與機會，都是往好的方向走，能夠給自己帶來嶄露頭角的運勢，並且在努力後能夠平步青雲、地位崇高。但若是無吉星吉化，又會逢空劫、天刑、忌與諸煞星，險阻容易變多，內心煩惱、優柔寡斷、辛苦勞心力、個性固執又多話、耍小聰明、氣度小、口快惹禍，在虎頭蛇尾又沒有決心的方式下，只會變得更沒效率、懷才不遇又身心破蕩了。

天生優勢：

分析能力佳、有福蔭、細膩觀察力、適應能力佳、鍥而不捨、耐性及韌性、思考周到、舉止有禮貌、說服力、聰明好學、口才佳。

福分盲點：

恃才傲物、多思多慮、固執、多疑善於猜忌、言詞犀利不饒人、主觀過強、缺乏耐性、消極、負面悲觀、疑心重、自掃門前雪、愛比較算計。

格局：

「**機巨同臨格**」：聰明善變通的天機與善口才、謀略佳的巨門同坐卯酉宮。逢吉無煞，智謀雙全有富貴；逢凶浮華不實。逢吉無煞坐卯宮較佳。

「機巨化酉格」：天機與巨門同坐酉宮。天機屬木、巨門屬水，而酉宮屬金剋木，也是木死水敗宮位，須逢更多吉星以提升能量較佳。

職場思維：

雖有事業心，但事業運不明朗，若是屬於主動力不強的你，並不適合創業，比較適合當個上班族。有貴人介紹工作的機運。在職場工作，工作內容常常會更換或被調部門，需要加強自身的適應力與配合度，這樣就會即使內心嘀咕，還是能接受公司的調派而繼續努力，否則容易無業，或者成為家管。也有可能從事日夜顛倒或輪班的工作，或與國外事務相關的企業工作，百貨、男女物品行業、美的事業、行政類、不動產、仲介、金融、科技、傳播、出版、外語教學、宗教、藝術、醫療、進出口貿易、運輸、旅遊、農業等都適合。

財富能量：

注重生活樂趣與享受、有福氣的你喜歡物質享受，愛錢但不愛賺辛苦錢，比較喜歡賺輕鬆財，也容易會為嗜好、休閒娛樂花錢，有時用財方法會天馬行空，不擅長理財。基本上，投資注重穩定長期，但就是因為有福，所以，也會有獲利好運，以及別人餽贈或者是意外之財。若能心性更穩定、規劃儲蓄、口腦並用，錢由小而大，可以白手起家，才不會把辛苦賺來的財富浪費掉了。

戀愛指南：

會比較早談戀愛的你，喜歡的都是男帥女漂亮、浪漫、情感豐富、有表現欲、大方、慷慨、能力強的人，但是這個對象會時而熱情時而冷淡、時而積極時而消極、時而溫柔時而強悍、時而爽朗時而陰鬱的多種面向，也常搞得你不知所措，心情受影響。但對方也不是故意的，只是個性使然，只要了解他的眉角，不與他的情緒做無謂的周旋，就能減少晴時多雲偶陣雨的感情陰霾。

健康守護：

注意生殖與性器官、糖尿病、開刀、頭痛、精神、破相、泌尿排泄器官、口腔、齒、肺、呼吸道、腸類、骨、內分泌、先天罕見疾病。

特殊格局：

命宮無主星坐卯宮，天機巨門遷移宮坐酉宮：

命宮無主星坐酉宮，天機巨門遷移宮坐卯宮：

天同◎ 福	武曲○ 天府○ 田	太陽△ 太陰╳ 官	貪狼△ 奴
破軍○ 父	命宮無主星 坐卯宮		天機○ 巨門◎ 遷　酉
命　卯	天機巨門遷 移宮坐酉宮		紫微△ 天相△ 疾
廉貞◎ 兄	夫	七殺○ 子	天梁╳ 財

天梁╳ 財	七殺○ 子	夫	廉貞◎ 兄
紫微△ 天相△ 疾	命宮無主星 坐酉宮		命　酉
天機○ 巨門◎ 遷　卯	天機巨門遷 移宮坐卯宮		破軍○ 父
貪狼△ 奴	太陽╳ 太陰◎ 官	武曲○ 天府◎ 田	天同◎ 福

命格氣蘊：

這個格局只在卯酉兩宮，有像打不死的小強的韌性，注重隱私、耿直、個性比較早熟，對認證過的朋友很忠誠，自愛、行事規矩、能吃苦耐勞、能動能靜、工作能力強、愛學習新知、愛做公益慈善、情感豐富但不輕易表達、晚年比早年順遂。同宮或三方四正會逢祿權科、祿存與諸吉星，在外機緣好、有口福、能說善道、從善如流、思慮縝密、辦事能力及說服力強、升遷機運多、表現機會多；逢忌、空劫、天刑與諸煞星，常被利用、動盪不定性、早戀、憂愁不為人知、說話太真讓人誤會了原本的好意、聰明反被聰明誤、天馬行空多思少做、會賺但不善理財、容易相信別人被騙被欺負、省小花大、破財又傷身、賠了夫人又折兵、膽子太小、置產比較難、容易因為財務問題買了又賣掉、不利創業與婚姻、口舌是非多，要注意文書與是非官司。

天生優勢：

抽絲剝繭能力、口才好有主見、善良心柔軟、保守他人祕密、邏輯分析力強、事必躬親、反應快速、記憶力強、學習意願高、善於模仿、耐力強能白手起家、肯付出、吃苦當吃補。

福分盲點：

善妒、愛現、多疑猜忌、心太軟、難以捉摸、言語一針見血而招是非、雙面特質、容易被感動、聰明一世糊塗一時、感情多波折、愛學東學西但容易半途而廢、不實際。

職場思維：

工作責任心很強，你希望有很好的表現空間讓你發揮長才，你不怕辛苦，對工作都會想盡善盡美的去達成，並且也願意照顧或支援、配合同事，所以，你的思慮會很多，也總是擔心有沒有注意到所有的細節，不希望有任何閃失，所以，會比別人更忙碌與焦慮。但只要你不優柔寡斷，抱著踏實的堅定意志，不對細節過於吹毛求疵的做事方法，一定能成為企業裡的重要主管。適合從事美的事業、醫療、男女用品、百貨、餐飲、不動產、仲介、藝文、傳播、金融、行銷、銷售業務、政治、公關、設計、五術等行業。

財富能量：

想要賺錢，但是思前想後，常常會失去賺錢的契機，有時膽子小不敢投資，有時卻在不該投資時大膽出手，而導致該賺的時候沒賺到，不該賠的卻賠很多。另外，花錢的方法也要調整，不要省小花大。其實，你賺錢的機運不少，選對行業也可以大賺一筆，只要你能專注於本業的工作取財，另外再做穩定長期的投資，例如：保險、基金或者是績優股票投資，尤其是購買不動產，把賺進來的錢好好規劃，一定會讓你的資產有非常好的收穫與累積。

戀愛指南：

其實你很渴望愛情，或者追求你的人也不少，只因為你對婚姻與另一半並沒有特定的規劃或想法，所以常拿不定主意。雖然你也想要安定，但卻不一定有結婚的衝動，或者比起婚姻，你可能會選擇工作事業。喜歡的對象希望是多金、有才幹、漂亮、帥氣、開朗、溫柔、有愛心的人，不喜歡吹牛、小氣、不愛乾淨的人。只要你勇敢面對感情的問題，並保持耐性，減少對情感上的計較與懷疑，能彼此欣賞增加信任感，就會減少相處上的矛盾，而得到幸福。

健康守護：

注意腸、胃、膽、精神、神經、牙齒、呼吸道、新陳代謝疾病、慢性病、破相、眼睛、心臟血管、骨折、開刀等問題。

天機天梁：天機天梁命坐辰戌宮。

紫微○ 七殺△ 父	福	田	官
天機△ 天梁◎ 命　辰	天機天梁 命坐辰宮		廉貞△ 破軍✕ 奴
天相✕ 兄			遷　戌
太陽○ 巨門◎ 夫	武曲◎ 貪狼◎ 子	天同○ 太陰◎ 財	天府△ 疾

天府△ 疾	天同✕ 太陰✕ 財	武曲◎ 貪狼◎ 子	太陽△ 巨門◎ 夫
遷　辰	天機天梁 命坐戌宮		天相✕ 兄
廉貞△ 破軍✕ 奴			天機△ 天梁◎ 命　戌
官	田	福	紫微○ 七殺△ 父

命格氣蘊：

「善蔭朝綱格」，機梁善談兵也是「軍師格」，一定在辰戌四墓宮。聰明好學、敏感有靈通力、不喜歡有壓力與複雜的人際關係。善鑽研、理論多於執行、與國外人事物有緣、喜宗教、教育、哲理相關事物、對錢的態度是要賺要理，而且方法要清白與不強求，也有可能會在家族事業中工作，而且雖然與伴侶聚少離多，還是願意在家相夫教子。三方四正會逢祿權科、祿存與諸吉星，賺國內外驛馬財、心地善良才華優越、有福氣能享受物質、清廉忠良、樂善好施、進財順利、富貴兼有；逢空劫、忌、天刑與諸煞星，精神空洞、晚年寂寞、頭腦不靈光、不懂通情達理、人際關係欠佳、兩袖清風不聚財、感情聚少離多，早婚易離。

天生優勢：

老謀深算、遇難呈祥、智慧高、分析能力強、行事有分寸、品行清高、心地善良慈悲、待人有禮、公益利他、孝順顧家、善於應對進退、事業穩定。

福分盲點：

愛說教、倚老賣老、多管閒事、善於精算以致裹足不前、空談、愛辯不服輸、愛賭、投機、神經質、內心空虛、憤世嫉俗。

格局：

「善蔭朝綱格」：天機化氣為善、天梁化氣為蔭，同坐辰宮或戌宮。計謀多、善於出謀劃策，格局佳能實踐，否則淪於紙上談兵。

職場思維：

頭腦聰明、善於計劃周旋與談判的你，在職場上能快速適應工作的環境，雖然職場上的競爭很多，只要你抱著正面的心態與人為善，並且願意付出、不製造口舌、不見異思遷、不無事奔忙、不多想少做，那麼，即使在有衝突的職場中競爭，還是能做到正確訂定目標，取得很好的成績。適合從事貿易、進出口、國際事務、外語、美的事業、餐飲、旅遊、談判協調、藝術、文化傳播、金融、保險、稅務、以口為業、不動產、家管等工作。

財富能量：

賺錢與理財最怕思多行少，或者財務波動太大、不安定，所以，透過穩定的工作，以及懂得將原有的家業、金錢做好規劃與積存，才是你累積財富最重要的步驟，金錢也才能產生極大化的增值效益，讓你衣食無缺，怕的是你養成不好的花錢或投機習慣。所以，只要你能化消極、懶散、怠惰、不勞而獲為勤奮、主動、積極的動力，不論你是白手起家，還是接收別人的餘蔭，或者是藉由理財投資致富，金錢都會向你靠攏聚集。

戀愛指南：

你會對對方品頭論足，或探究他的過去與喜好。你喜歡有好奇心、口才佳、競爭力強、有進取心、博愛、愛好自由、閒不住、愛吃能吃的帥哥美女。只要你能跟著他的腳步，不要干涉他太多的生活細節與自由，不要在小事上跟他有言語的斤斤計較，也不要跟他爭主導權，能一起享受生活與工作的樂趣，感情自然就會順利幸福。

健康守護：

注意腸、胃、肝、膽、痔瘡、生殖器官、眼睛、頭痛、神經、精神衰弱、狹心症、記憶力等問題。

特殊格局：

命宮無主星坐辰宮，天機天梁遷移宮坐戌宮：

命宮無主星坐戌宮，天機天梁遷移宮坐辰宮：

天府△ 父	天同╳ 太陰╳ 福	武曲◎ 貪狼◎ 田	太陽△ 巨門◎ 官
命　辰	命宮無主星 坐辰宮		天相╳ 奴
廉貞△ 破軍╳ 兄	天機天梁遷 移宮坐戌宮		天機△ 天梁◎ 遷　戌
夫	子	財	紫微○ 七殺△ 疾

紫微○ 七殺△ 疾	財	子	夫
天機△ 天梁◎ 遷　辰	命宮無主星 坐戌宮		廉貞△ 破軍╳ 兄
天相╳ 奴	天機天梁遷 移宮坐辰宮		命　戌
太陽○ 巨門◎ 官	武曲◎ 貪狼◎ 田	天同○ 太陰◎ 福	天府△ 父

命格氣蘊：

命宮沒有主星，基本上都比較容易受到外在環境的影響，運勢是好是壞，一樣是要看命宮同宮星曜與三方四正、四化的作用。你的特質是有愛心、品格清高、孝順友愛、聰明反應快、配合度高、適應能力強能入境隨俗、不怕奔波辛勞、勇於任事與表現。三方四正會逢祿權科、祿存與諸吉星，守原則重紀律、口才佳、善於謀略、個性調和，在大企業工作能夠有比較強的爆發力，得到富貴與權位；若是會逢地劫、忌、天刑與諸煞星，性格就會變成火爆、偏激、叛逆、不受拘束、不計後果、鑽牛角尖、欠缺計劃及承擔的能力，容易引發運勢及婚姻的波折。要避免這樣的問題產生，一定要節制自己的情緒、說話的力道、腦力的耗損，不要做負面思考，只要身心穩定，生活步調就會走在正確的軌道上，而不失控。

天生優勢：

反應快、智慧才華高、計劃力強、精明、細膩沉著、善於談判、奉公守法、適應能力佳、表達能力強、足智多謀、勇於表現、有服務熱忱。

福分盲點：

鑽牛角尖、驕傲心、愛計較、個性孤寡、容易緊張、易怒、學而不精、說話太犀利、心神不穩定、競爭心強烈、孤立獨行、缺乏自信。

職場思維：

工作與適應能力強，適合在大企業工作，只要有舞台讓你發揮你一定可以充分表現。不怕競爭與四處奔波的你，在職場上只要與人有良好的協調溝通，並且能給予他人支援或幫忙，絕對能夠有更好的收穫。凡事只要不為了求表現而衝過頭，遇到困難時願意開口找方法求助、加強承擔力不逃避，並且在專業上更精進，一定能有更好的發展。適合從事金融、財務管理規劃、不動產、行政幕僚、出版、文化、慈善、醫療、教育、傳播、表演、餐飲、業務推廣、國外事物、專業指導等工作。

財富能量：

只要對工作很投入，都能在工作中得到好的報酬，也因為在工作中能賺到錢，所以，對財富就沒有採取積極理財的態度，常常只以定存或是做風險低、報酬率也低的投資，正因為如此，不管是原本家境好或是收入很多，重點在於能夠懂得量入為出，用穩健投資的態度一樣能累積出大財富，以及擁有不錯的房地產，維持好的生活品質。

戀愛指南：

你對愛情比較不上心，或者不容易找對相處方法，對另一半常常採取信任的方式，對他的決定或缺點也能夠給予包容。你喜歡的對象屬於異性緣佳、喜歡向外發展、樂觀、氣度大、正直、好動、愛表現的人，只要你不是只重視工作，對他不聞不問或者過於放任，能拿捏好對他的約束收放力道，那麼即使聚少離多或放牛吃草，只要有信任存在的感情，一樣能穩定維持的。

健康守護：

注意癌症、重大疾病、耳朵、刀傷、手術、脾、胃腸消化系統、肝、膽、骨頭、火氣大、肺、呼吸系統、排泄系統、神經、精神壓力。

太陽星：坐命命格氣蘊與星性介紹

・丙火、中天主星、屬陽、化氣為貴。

・官祿主、動星、驛馬星、奉獻星、權貴星、光明星、樂天星、血光星、父星、夫星、男性星。

・代表人物是紂王的忠臣比干。

太陽星非常重視坐落的宮位，影響著能量是如正要升起的食祿馳名（寅宮）；還是柔和溫度與光亮的日照雷門、日遊龍門、明日驅暗、日月並明（卯辰巳宮）；以及熱力四射又刺眼的日麗中天（午宮），或是已近日落西山的日月同臨、巨日同宮（未申酉宮）；以及晦暗無光的日月反背（戌亥子丑宮）。不但影響本身格局的運勢，也對其他命盤格局、運勢順利與否是重要的關鍵星曜。另外，跟紫微星一樣，若是三方四正得到百官與諸吉星的朝拱，事業更是紅紅火火、既富又貴。

男帥女亮麗，女性有男人之相與意志，容易奪夫權。男女都是個性陽光、愛熱鬧、喜歡社交活動、光明博愛、熱心公益、不拘小節、追求卓越、喜歡賺錢但不看重錢、收入高不一定存得住、對上忠心對下友愛、有領導統御力、霸氣、愛面子、自尊心強、喜歡被尊重、不喜歡不公不義的事、會打抱不平、喜歡與他目標一致的同伴一起共事。另外、太陽星也代表外顯、持續性的發散、給予、交通、異國、升遷、勞心勞力。

太陽廟旺或三方四正逢祿權科、祿存與諸吉星，志向遠大、理想崇高、毅力強、幹勁十足做事得力、不畏艱難、能文能武、運勢順遂光明、名聲遠播、掌實權與地位崇高、外語能力佳、富貴發達、坐四馬宮出國運旺與大企業、外商、異國有緣；落陷遇空劫、四煞、天刑、忌與諸凶星，六親無靠、勞碌奔波、孤傲悲觀、虛名虛利華而不實、奢侈浪費、飄盪不安、發展不順遂、爭奪好勝、情感複雜多變容易落空、做事三分鐘熱度；身邊男性的家人與同事朋友都不利，自己也容易有意外血光或疾病。適合百業或在知名企業及外企工作。金融財稅、醫療、公務、政治、民意代表、軍警、勞力、火力光電、太陽能、機械、業務、仲介、貿易、航空、運輸、流通、輪班制、男性行業、不動產、服務業、自由業傳播、文化、教育、行銷、出版等相關類型工作。

注意眼睛、顏面、意外血光、開刀、心臟、血管、高血壓、肝火、腦神經、大小腸、皮膚、頭痛、燒燙傷等問題。

天生優勢：

是家中貴人、能欣賞他人、有權位、收入高、快速主動、親力親為、重視效率、真誠直白、慷慨作福他人、坦率不計較、不徇私、聰明重感情、奉公守法、慈愛、孝順、顧家、努力踏實、肯付出、衝勁十足。

福分盲點：

愚忠、做事只求快而致草率、太注重外表、太強勢、自大、愛享受、虛榮心、愛恨心強、容易無端破財、脾氣急躁、沒有耐性、講話太衝、易得罪人。

喜：諸吉星夾，最愛祿存富且貴，喜入寅卯辰巳午宮。

忌：諸凶星，但廟旺尚可，擎羊、陀羅同宮容易破局，忌入戌亥子丑宮。

太陽化祿：

太陽主貴，化祿時正財豐、富貴順遂，財官雙美。廟旺個性海派、愛打扮、能賺肯花、對人慷慨又關懷，財福兼有、有老闆與主管格；陷落時忙碌奔波進財，存錢難。

太陽化權：

更加固執或剛愎自用，求勝心強，好表現與出頭，有職位上的權力可掌控，但有時會有霸凌或被霸凌事件產生，要視落入的宮位而定。

太陽化忌：

更不利男性，最怕太陽落陷逢凶星，耍脾氣、不得人緣、不聽別人好言相勸、雞婆多嘴、口不擇言、多辛苦勞碌、亂幫助別人反而被誤會；也須注意牢獄之災，常與男性主管、長輩、下屬、子、朋友等產生紛爭，以及相處上的壓力。人、事、財、情容易產生不順利及破耗，女性與男性親友常有生離死別與無緣的憾事。也要注意心臟血管及三高問題、眼睛、皮膚過敏、意外血光、開刀、失眠，以及心情不定多煩躁、顏面、血光、肝火、腦神經、腸類、皮膚、頭痛、燙傷等問題。

格局：

「日照雷門格」：卯宮方位為東方、震卦。太陽坐在卯宮，太陽的亮度為廟，故也稱為**「日出扶桑格」**（扶桑意思為太陽升起的地方），主貴。在酉宮太陽失輝，較容易有飄盪、懷才不遇的感受。

「食祿馳名格」：也稱**「巨日同宮臨格」**。太陽與巨門同坐寅宮或申宮，太陽在寅宮能量與運勢較佳。太陽有異國、驛馬、功名；巨門有食祿、專注、以口為業的意涵，象徵出外開展事業的契機佳。

「日遊龍門格」：辰宮屬龍。此時太陽朝氣蓬勃，並且日月雙星並明，一切努力都會有好的收穫。

「明日驅暗格」：太陽在巳宮能量強，正好把位於亥宮的巨門暗星照亮，將是非、口舌、陰暗等負面能量去除。

「日麗中天格」：也稱**「金燦光輝格」**。太陽屬火，午宮亦屬火，太陽旺、光芒最亮、氣勢萬千。

「日月同臨格」：太陽跟太陰日月雙星在丑、未同宮。陰陽同宮就容易產生矛盾、猶豫、互相拉扯、排斥、搖擺不定的問題。日月在丑、未宮的亮度也各有不同，會影響女性與男性的運勢。

「日月反背格」：也稱**「日月藏輝格」**。指的是當太陽在戌、亥宮落陷的宮位時，太陰也一定坐在落陷的宮位。雖然個性堅強，但人生較為辛勞、奔波、認命，健康上也容易有問題。不過，日月反背若遇吉無煞，也有機會成為否極泰來、反敗為勝的奇格。

「財祿夾馬格」：太陽與天馬或天同與天馬同坐巳宮、亥宮，臨宮一定有武曲財星，如果臨宮中也坐有祿存或化祿且逢吉無煞，則人生善於活動、經營，財源活絡。

「日月並明格」：命盤中太陽與太陰所在的宮位能量都是廟或旺，也稱為**「丹墀桂墀格」**。代表著心地光明溫暖、聰慧有才華、行事順遂、人緣佳、積極有目標、專業長才、加諸吉更加富貴有權。

太陽單星命坐子午宮：

天相△ 奴	天梁○ 遷　午	廉貞△ 七殺◎ 疾	財
巨門× 官	太陽單星 命坐子宮		子
紫微○ 貪狼△ 田			天同△ 夫
太陰○ 天機△ 福	天府◎ 父	太陽× 命　子	武曲△ 破軍△ 兄

武曲△ 破軍△ 兄	太陽○ 命　午	天府◎ 父	太陰△ 天機△ 福
天同△ 夫	太陽單星 命坐午宮		紫微○ 貪狼△ 田
子			巨門× 官
財	廉貞△ 七殺◎ 疾	天梁◎ 遷　子	天相△ 奴

職場思維：

太陽在午宮為「**金燦光輝格**」。是日正當中的太陽，對自己充滿自信，做事積極、腦袋聰明靈活、有專業智能、善於交際、能賺會花，在職場上衝勁十足，能夠發揮才幹、擔當重任，但有時會過於自負，說話快人快語，容易不小心禍從口出得罪人。但因為你平常就喜歡交朋友，也願意幫助人，所以，還是會得到別人的原諒，只要能收斂自己驕傲、多疑、愛爭辯的個性，能文能武的你，在職場上也能夠獲得高階的地位。在子宮落陷，雖然還是有太陽的優點，但因為能量降低，會更加勞碌，個性也會較內斂；但若是三方四正吉利，一樣能有好的成就及收穫。適合從事古董藝品買賣、心理醫師、醫療、不動產、仲介、財稅、宗教、政治、外交、行銷業務、文化傳播、教育、演說等工作。

財富能量：

對賺錢懷抱著很大的企圖心，會想盡辦法或者是利用關係賺取金錢。你對錢的主導跟掌控權，不在於金錢本身，而是對於財富有非常多的理想跟計劃，所以，賺錢根本不是問題，而是賺了錢之後有沒有做更有效的利用。只要你能做好穩健的計劃，不亂投資或借錢給他人，透過自置房產，加上祖先贈與的房產，一定可以讓你的資產增加，生活更富裕豐饒。

戀愛指南：

本身有責任感，又喜歡照顧別人的你，喜歡溫順、乖巧、顧家、有福氣的對象，但是有福氣的人，依賴心也比較重，需要你對家庭有高標準的奉獻，對你的約束也會比較多，有時說話可能會很直接不修飾，幸好你大多能甘之如飴。所以，只要你能接受對方的規範，不挑戰他的底線，感情就不會因為行為上的不同起爭執而產生變化了。

健康守護：

要注意過敏、肺、呼吸道、牙齒、癌症、脊椎、四肢、骨頭、跌倒、開刀手術、精神疾病、意外血光、皮膚、新陳代謝、內分泌、燒燙傷。

太陽單星命坐辰戌宮：

父	天機◎ 福	紫微◎ 破軍○ 田	官
太陽○ 命　辰	太陽單星 命坐辰宮		天府○ 奴
武曲△ 七殺○ 兄			太陰○ 遷　戌
天同△ 天梁◎ 夫	天相◎ 子	巨門○ 財	廉貞× 貪狼× 疾

廉貞× 貪狼× 疾	巨門○ 財	天相△ 子	天同○ 天梁× 夫
太陰× 遷　辰	太陽單星 命坐戌宮		武曲△ 七殺○ 兄
天府△ 奴			太陽× 命　戌
官	紫微◎ 破軍○ 田	天機◎ 福	父

職場思維：

在辰宮是「日月並明，日遊龍門」的格局。表現力強、熱情、親和力強、聰明機智、生命力旺盛、正直、清高善良，在職場上容易得到好人緣及幫助，運途順遂而少年得志，很適合外出打拚，外派或國外出差機會多。即使是在戌宮日月反背「日月藏輝格」，雖然運勢打了折扣，工作比較辛勞不能輕鬆得志，但擁有樂觀態度的你，還是會把吃苦當吃補、能夠自娛娛人，在經過你一番的努力堅持下，一樣可以收穫好的地位與成績。適合從事外商、不動產、仲介、美的事業、男女用品、傳播、文化事業、百貨、醫療、觀光旅遊、服務業、自由業、傳直銷、保險、行政幕僚、公務人員。

財富能量：

靠著靈活的頭腦跟口才，以及給人好相處的感覺，可以憑著自己的能力去賺錢，有掌控錢財與權位的欲望，雖然也可能勞心勞力賺錢，但只要不是好高騖遠，設定高不可攀的目標，戲棚下站久了就是你的。賺錢運也是很不錯的，也可能有別人給你財富的好運，只是花錢也很阿莎力，要控制好，才不會擁有的房產或財富又失去了。總之，辛苦過的你，財富一定能漸入佳境。

戀愛指南：

喜歡感情豐富、能輕鬆相處，卻心性不定或會算計的對象，對方可能愛趴趴走，而且沒有責任感，有的時候會故意跟你唱反調，考驗你的耐心，或者想逃避你，但是在覺得還是你比較好時，又會想跟你破鏡重圓。雖然，你能對對方包容與忍耐，但只要不是無止境的付出，或是你已經想清楚了如何停損，有能力的你都可以做出最好的選擇。

健康守護：

注意生殖器官、癌、眼睛、肩頸痠痛、性病、疑難雜症、三高、胃、腸、四肢、排泄器官、腎、燙傷、肝火、內分泌問題。

太陽單星命坐巳亥宮：

太陽○ 命　巳	破軍◎ 父	天機× 福	紫微○ 天府△ 田
武曲◎ 兄	太陽單星 命坐巳宮		太陰○ 官
天同△ 夫			貪狼◎ 奴
七殺◎ 子	天梁○ 財	廉貞△ 天相◎ 疾	巨門○ 遷　亥

巨門○ 遷　巳	廉貞△ 天相◎ 疾	天梁○ 財	七殺◎ 子
貪狼◎ 奴	太陽單星 命坐亥宮		天同△ 夫
太陰× 官			武曲◎ 兄
紫微○ 天府◎ 田	天機× 福	破軍◎ 父	太陽× 命　亥

職場思維：

若是太陽在巳宮，同宮天馬，臨宮有祿存或化祿夾命宮，三方四正沒有煞星會逢，就是「財祿夾馬格」。個性活潑好動、豪爽大器、樂觀坦率、理想遠大，領導欲強、行事穩健、知所進退，常有路見不平、伸張正義的行為。但有時過與不及，也會陷入職場是非，只要降低高傲態度、鋒芒太露、非贏不可的鬥性，承認錯誤、承認自己也會有脆弱心情、虛心接受批評指責，還是可以贏得掌聲與好名聲，工作事業也能一路順遂，或者倒吃甘蔗，否則，因為過於正義，或者死要面子的個性，就會讓自己身心疲累。適合從事男女用品、百貨、外企、國外事務、外交、文教專業、表演、大眾傳播、藝術工作、不動產、保險、金融、農業、專業技能指導。

財富能量：

喜歡賺清高財，即使工作辛苦也會勇往直前，因為你的人緣不錯，所以在你要轉職或者有新的人生規劃時，都會有賞識你的人幫你找機會，或者是承接了家族的事業，所以，基本上財水活絡的你，只要不投機、好賭、亂花錢，就不會有經濟拮据的問題。雖然，你也會常常接濟別人，會很慷慨大方請客而花錢，但是因為你的努力與擁有的福蔭，所累積的財富是非常可觀的。

戀愛指南：

你喜歡有氣質、帶點孩子氣、天真、感性、溫柔體貼、聰明隨和、帶點依賴心、有點懶的對象，只要你們在各自的崗位上承擔自己應盡的責任，拒絕外界的誘惑，不要視對方為你做的是理所當然，這樣不但能減少彼此的口舌紛爭，也能讓因為工作忙碌、聚少離多，或分隔兩地的你們，一樣保持好的感情。

健康守護：

注意生殖器官、泌尿、排泄、眼睛、頭痛、神經系統、身心疾病、心血管、三高、四肢、結石、腎、外傷、燙傷、慢性病、新陳代謝等問題。

雙星組合：

太陽太陰：太陰太陽命坐丑未宮。

天梁× 官	七殺○ 奴	遷　未	廉貞◎ 疾
紫微△ 天相△ 田	太陽太陰 命坐丑宮		財
天機○ 巨門◎ 福			破軍○ 子
貪狼△ 父	太陽× 太陰◎ 命　丑	武曲○ 天府◎ 兄	天同◎ 夫

天同◎ 夫	武曲○ 天府○ 兄	太陽△ 太陰× 命　未	貪狼△ 父
破軍○ 子	太陽太陰 命坐未宮		天機○ 巨門◎ 福
財			紫微△ 天相△ 田
廉貞◎ 疾	遷　丑	七殺○ 奴	天梁× 官

命格氣蘊：

「日月同宮格」，這個格局一定在丑未宮，允文允武、常變換環境與心境、操勞奔波。內在最本質的是擁有雙重性格，有時豪邁大方、有時晦暗保守；男生會有女性的陰柔面，女生會有男人性格，無形中會有排斥異性的磁場，感情上不是很穩定；還要注意，太陰太陽坐落的宮位能量強弱，會影響男性女性的運勢好壞。三方四正逢祿權科、祿存與諸吉星，心性明朗、思緒佳有自信、從事多項事業並有好表現、財富容易守住、有管理及企劃能力、無論何種工作皆可從事。太陽太陰都是擁有願意付出、照顧別人的特質，只要不遇上太多煞星，都是孝順又顧家的人，能多子多孫；會逢空劫、忌、天刑與諸煞星，心性上呈現的是陰晴不定、思慮猶豫、決策反覆、東思西想；擔心這有問題，擔心那有意見，在小事上琢磨，膽子不像外表看起來那麼大，容易因此失去機會，做事虎頭蛇尾，得不到好收穫。

天生優勢：

工作認真賣力、洞察力強、保守冷靜、追求完美、剛柔並濟、熱情又體貼、適應力強、能文能武、講義氣重感情、願意吃苦、肯付出、照顧他人、自得其樂。

福分盲點：

驕傲自負、個性陰晴不定、魄力不足、優柔寡斷、忽冷忽熱、情緒初一十五不一樣、忙碌不停、進退中拉扯、不會理財、與六親無緣、滾石不生苔。

職場思維：

外表成熟、洞察力強、有邏輯與組織能力、個性耿直、工作勤奮、喜歡表現、有人情味、不愛與人爭執、帶點偏執性的你，對同事的請託都會答應幫助，忙碌是少不了的狀況；能處理難題的你，只要做事不馬虎、不強出鋒頭、不自負、不搖擺不定、能保守祕密，在職場上也能收穫滿滿。適合藝術、學術、公務人員、醫療、美的事業、不動產、講師、百貨、司法、稽核、農業、礦產、五術類等工作。

財富能量：

會為家庭認真工作的你，賺了錢之後買房地產是最有利的，不但能給自己與家庭安定的生活，也能實際累積財富。來財方式多元或是有兼差的進財，但沒有太剛性的儲蓄計劃。建議不要常常更換工作，以免有財務問題。也可以做定期投資的方式理財，只要不是常常掏錢請客，或做無謂開銷，經年累月下就會積存大量財富。

戀愛指南：

有耐心、好脾氣的你，喜歡有點小孩子氣、天真浪漫、機靈、情感豐富、有依賴心的人，但是對方的性情也有可能自我、倔強、白目、懶散、打破砂鍋問到底。只要雙方能互相體諒、互相扶持，不要在言語上爭強、耍心機，這樣即使遇到了感情上的問題，還是能一起渡過難關。

健康守護：

注意肝、膽、血液循環、新陳代謝、內分泌、生殖或排泄器官、脊椎、骨頭、癌症、肺、過敏、癬、慢性疾病、腎、燒燙傷、精神、神經等問題。

特殊格局：

命宮無主星坐丑宮，太陽太陰遷移宮坐未宮：

天同◎ 官	武曲○ 天府○ 奴	太陽△ 太陰× 遷　未	貪狼△ 疾
破軍○ 田	命宮無主星 坐丑宮		天機○ 巨門◎ 財
福	太陽太陰遷 移宮坐未宮		紫微△ 天相△ 子
廉貞◎ 父	命　丑	七殺○ 兄	天梁× 夫

命宮無主星坐未宮，太陽太陰遷移宮坐丑宮：

天梁× 夫	七殺○ 兄	命　未	廉貞◎ 父
紫微△ 天相△ 子	命宮無主星 坐未宮		福
天機○ 巨門◎ 財	太陽太陰遷 移宮坐丑宮		破軍○ 田
貪狼△ 疾	太陽× 太陰◎ 遷　丑	武曲○ 天府◎ 奴	天同◎ 官

命格氣蘊：

命宮無主星時，因為容易思前想後、更改想法、很難下決定，所以，非常重視三方四正的星曜組合。日月雙星照命的你擁有不俗的才華，能文能武、心地善良、重視感受、個性堅強、熱忱、重權、第六感強。三方四正逢祿權科、祿存與諸吉星，能與人配合，增強了對人事物的調適能力，重視責任與榮譽感，能開創新局，不論是工作、生活、運程，都能穩定且光明，即使離鄉背井、工作辛勞，心情也愉悅；忙中有吉，升遷成就或財富都可期；逢空劫、天刑、忌與諸煞星，就容易一意孤行、經常更換工作跑道、無法持續奮鬥、考慮多、進退失據、精神不安寧、陰鬱不開朗、與人多糾紛、勞碌命運多變，只要讓自己堅定意志不消沉、打開心房、欣賞並學習別人的優點，人生的路途一定就能見光明。

先天優勢：

敢做敢當、有專業天賦、能動能靜、剛柔並濟、善用智慧、樂天知命、重情、重信、團隊精神、樂於助人、獨立、不拘小節。

福分盲點：

雙重性格、忽冷忽熱、怠惰、悲觀、虎頭蛇尾、感情不堅、沉迷玩樂、衝勁不足、浪費錢財、消極、難以捉摸、小氣、自私。

職場思維：

資質好，對新事物有學習興趣，也能用巧思去做事，只要不是三分鐘熱度先勤後懶惰，或過於神經質以及推諉卸責，對待他人儘量保持開放、開朗的相處模式，並樂於讚賞他人，在重要時刻能掌握契機、勇於承擔，即使遭遇低潮期，也能扭轉劣勢。適合從事旅遊、交通運輸、藝術與文化、傳播、公務人員、不動產、金融、保險、設計、業務、日用雜貨、自由業、科技、專業技術或技能。

財富能量：

靠著流通性的工作，或在輕鬆無壓力的氛圍下賺錢，是你喜歡的模式。偶而也有偏財運，比較不適合投機、高風險或不熟悉的領域下謀取財富，容易決策失誤或自我放棄。金錢管理能力不穩當，所以，常會有起伏不定的金錢問題，必須以規劃人生事業、穩定成長的角度去考量，以免擁有的又失去，這樣才能真正的累積財富。

戀愛指南：

喜歡正直、穩重、思想成熟、外型吸睛、善於打理家務的對象，但這種對象可能性格也有些固執，或是愛掌權、不太能討好，但你們都具有家庭責任感，也多常常出外工作或應酬，以及從事休閒活動，導致會聚少離多、同床異夢。所以，要懂得在生活上讓對方有受到尊重與讚賞的感覺，對方就會更加付出，感情一樣可以融洽美滿。

健康守護：

注意泌尿與生殖器官、肝、膽、胃腸、神經、精神、四肢、痔瘡、刀傷、肺、性病、新陳代謝、內分泌、癌症、三高。

太陽巨門：太陽巨門命坐寅申宮。

紫微○ 七殺△ 田	官	奴	遷　申
天機△ 天梁◎ 福	太陽巨門 命坐寅宮		廉貞△ 破軍✕ 疾
天相✕ 父			財
太陽○ 巨門◎ 命　寅	武曲◎ 貪狼◎ 兄	天同○ 太陰◎ 夫	天府△ 子

天府△ 子	天同✕ 太陰✕ 夫	武曲◎ 貪狼◎ 兄	太陽△ 巨門◎ 命　申
財	太陽巨門 命坐申宮		天相✕ 父
廉貞△ 破軍✕ 疾			天機△ 天梁◎ 福
遷　寅	奴	官	紫微○ 七殺△ 田

命格氣蘊：

「巨日同宮格」，一定在寅申四馬宮，在寅宮只要不會逢諸煞星，就是**「日出扶桑、食祿馳名」**的好格局。這兩顆星曜都是靠口才與異地取勝的星曜。同宮或三方四正逢祿權、祿存、天馬與諸吉星，較有定見、有目標能發展、熱情爽朗、寬宏大量、愛吃愛漂亮、急公好義、正向敢為、靈活敏銳、喜好文學藝術，能口出好話、能操耐勞、能自我實現；若逢空劫天刑、忌與諸煞星，人生容易找不到方向、迷惘、愛辯、口舌是非多、祕密心事暗藏、處事多有周折、運勢起伏不定、虛有其表、助力少、智能有礙。

天生優勢：

自我強大、穩重、積極、博愛、亮麗、風度翩翩、理想遠大、分析力強、勇於表現、忠心熱忱、不怕操勞做事勤奮、有語言天分、善於外交、口才佳。

福分盲點：

主觀意識太強，疑心大、愛花大錢、光說不練、虎頭蛇尾、冰冷距離感、好高鶩遠、舌燦蓮花、脾氣大、破耗能力強、容易言語爭執。

職場思維：

自我主張意識強大、性急心慈、親力親為、善於觀察、能秀能言、耿直、謹慎。能接受奔波勞碌的你，在團隊裡常常不輕易妥協或不願受拘束，但也因為容易動搖、心軟，反而會變成無法堅定想法，或是自覺無法施展的感受，而常產生倦勤或換工作的想法。所以，更要加強自己的耐性與穩定度，並做好向下與向上管理，在人和之下，工作就能如願推展，以免常常處於無業狀況。適合從事出版、傳播、藝文、金融、建築、自由業、服務業、美容、民生、食品、服飾百貨、行銷業務、外商工作、家管。

財富能量：

其實你也有財富的好運，而且因為你的表達能力強，能運用智慧與本身才華取財，動腦開口進財一點也不困難。但也因為你比較會動口而不執行，所以，還是要改善這樣的問題，否則慷慨樂善好施、不計較付出的你，加上財務管理能力鬆散的話，容易有不當開銷。必須更加強定期儲蓄與規劃，才能積存買房存款，為自己提升更穩定的生活。

戀愛指南：

你喜歡戀愛時浪漫的感受，戀愛時也會放閃不斷，讓別人十分羨慕。喜歡體貼、溫柔、善良、多情、機靈，並且以你為中心的人。但對方也可能是異性緣佳、不積極、被動的人，所以，遇到的對象在熟悉之後，就會感到性格與習性的差異。若遇到感情瓶頸時，建議對另一半不要頤指氣使、口出惡言、控制佔有欲、過於堅持自己的意識，要去了解問題所在，就能讓彼此躲過誘惑、減少爭執，輕鬆的維護感情。

健康守護：

注意疑難雜症、排洩、泌尿、腎、胃、腸、肺、開刀、四肢、過敏、癬、疹、水腫、心血管疾病、慢性病、意外血光。

特殊格局：

命宮無主星坐寅宮，太陽巨門遷移宮坐申宮。

命宮無主星坐申宮，太陽巨門遷移宮坐寅宮。

天府△ 田	天同× 太陰× 官	武曲◎ 貪狼◎ 奴	太陽△ 巨門◎ 遷　申
福	命宮無主星 坐寅宮		天相× 疾
廉貞△ 破軍× 父	太陽巨門 遷移宮坐申宮		天機△ 天梁◎ 財
命　寅	兄	夫	紫微○ 七殺△ 子

紫微○ 七殺△ 子	夫	兄	命　申
天機△ 天梁◎ 財	命宮無主星 坐申宮		廉貞△ 破軍× 父
天相× 疾	太陽巨門 遷移宮坐寅宮		福
太陽○ 巨門◎ 遷　寅	武曲◎ 貪狼◎ 奴	天同○ 太陰◎ 官	天府△ 田

命格氣蘊：

有遠大的理想與抱負，對生活熱情，每天行程緊鑼密鼓不得閒。好學、熱情大方、善良聰明、有口福、愛打扮，受外圍環境好壞影響。若是命盤日月雙星並明，同宮或三方四正會逢祿權科、祿存與諸吉星，尤其化祿與祿存、天馬，就是「**祿馬交馳、鴛鴦交祿**」格局。受父母好的養育與栽培、進出豪華高級場合、出外順遂得福氣、得貴人提拔、出國求學及旅遊運強、人際關係好、優秀外語能力、口才佳、謀生能力強旺，一生際遇風光、不畏競爭、大格局、光芒四射而得財得名；若是日月反背落陷，又逢空劫、忌、天刑與諸煞星，削減好運是非增多，容易出外不順利、身心奔波不寧、有功無賞、虛名虛利、水土不服、勞心勞力、與六親無緣或聚少離多，也可能有不同血緣的手足、也要注意交通意外與人身的傷害。國外企業、金融、飲食、美的事業、醫療、講師、業務、專業諮詢、行銷推廣、電子科技、健康生技、國際事務、商業藝術、行銷企劃、廣告、政治相關之工作都很適合。

先天優勢：

應變力強、開創力、社交能力強、好學不倦、耐操耐勞、有勇有謀、誠懇、樂觀正向、分析能力、善良磊落、能言善道、學習語言能力強。

福分盲點：

做事虎頭蛇尾、疑心重、先勤後惰、愛炫耀、寡斷獨行、三心二意、心有餘力不足、惹口舌是非、急躁不安、花錢無節制、投機心。

格局：

「祿馬交馳格」：命坐寅、申、巳、亥宮，宮中或對宮坐有天馬、祿存或化祿，逢吉而且無煞沖破。才高八斗，適合驛動、出外發展、旅行，從商一定能致富。

「鴛鴦交祿格」：命宮有化祿與祿存同坐，或者命宮三方四正化祿與祿存會逢，也稱為「祿合鴛鴦格」。終生富貴福氣、財運亨通。

職場思維：

擅長外交事務、競爭企圖心強；人脈關係廣的你，最適合培養外語能力，並且，多多學習各種知識與技能，以備隨時應付迎面而來的大好機會。由於職場競爭激烈，需要全力以赴，只要做事不推延，能按進度執行，不為了應付任務而潦草交差，不會只說不會做，成功對你而言就變得輕而易舉。適合出國工作、國際業務、外商、美容、觀光、藝術、精品、談判、汽車業、外語翻譯、設計、金融、不動產、行銷業務、傳播、教育文化類。

財富能量：

基本上財運福分不錯，能得到別人的金錢支援。接觸的人大多是權貴，賺錢的機會不少，容易有貴人相助的好運，以及偏財運。進財方式不會只有一種，因為聰明、口才說服力強，會用智慧、計劃、協調、諮商等方式賺到錢，也可能成為企業重要的財務智囊或業務談判高手，所以動腦跟動口賺錢是必需的要素。會拿錢做慈善，平常開銷花費也很大，所以賺錢的動力相對強，更要強迫自己儲蓄或買房，財富才能源源不絕的累積。

戀愛指南：

工作忙碌以工作為重，但本身有家庭觀念的你，內心還是渴望能有個照顧你的人，只是不會輕易的表達出來，有著對愛情與組織家庭非常期待，但對愛情卻又沒有把握的矛盾心態。喜歡斯文或美麗、體貼、言語得體、多金慷慨、勤勞、不聒噪的對象。可能會在國外認識，或嫁娶異國人士，只要交往時，不受金錢物質的表象或情慾誘惑，認清對方品行，勿一頭熱或眼光短淺，就不會讓感情無法照著自己的想望達成而感到缺憾，也才能找到能相守的好伴侶。

健康守護：

注意婦科、生殖及泌尿器官、頭痛、破相、眼睛、肥胖、水腫、脾、胃、過敏、呼吸系統、口腔、皮膚、四肢、肩頸等問題。

太陽天梁：太陽天梁命坐卯酉宮。

天機△ 福	紫微◎ 田	官	破軍△ 奴
七殺◎ 父	太陽天梁 命坐卯宮		遷　酉
太陽◎ 天梁◎ 命　卯			廉貞△ 天府◎ 疾
武曲△ 天相◎ 兄	天同╳ 巨門╳ 夫	貪狼〇 子	太陰◎ 財

太陰╳ 財	貪狼〇 子	天同╳ 巨門╳ 夫	武曲△ 天相◎ 兄
廉貞△ 天府◎ 疾	太陽天梁 命坐酉宮		太陽△ 天梁△ 命　酉
遷　卯			七殺◎ 父
破軍△ 奴	官	紫微△ 田	天機△ 福

命格氣蘊：

一定在卯酉四敗宮。在卯宮就是**「日出扶桑格」**，優於酉宮，可以解天梁的刑與孤。太陽是以工作事業與表現為重的星曜，而天梁星會蔭他利他，都是有服務眾人與做先鋒的特質，不論是工作或是做公益、家務處理，都會盡心盡力且持續性的付出，是實際收穫與成就感並重的組合。另外，太陽天梁也很有主見、重視公平、不服輸，所以會勇於表達與爭取。同宮或三方四正得祿權科、祿存與諸吉星會照成**「陽梁昌祿格」**，人生積極、出外貴人助、能力爭上游、化解困難，考試、工作、財富都是能手到擒來，出將入相、名聲貴顯；若會逢空劫、天刑、忌與諸煞星，格局小、付出又不討好、小事上鑽牛角尖、愛面子而自卑自大、凡事不與人好好商量、遇事退縮、理由藉口多、外華內虛、中看不中用。有責任感並且顧家的太陽天梁，即使再忙也會以家庭為重，所以，會想方設法兼顧家庭，除了有可能會創業，或者學習金融投資來提高自主性之外，也有可能成為專職家庭主婦或家庭主夫。

天生優勢：

正直剛強、有膽識、處事坦然、果決、不卑不亢、嫉惡如仇、實事求是、開朗不計較、慷慨助人、任勞任怨、慈愛寬大、外表氣質佳、待人親切、鋒頭健。

福分盲點：

固執裝老大、脾性剛烈、嘴巴不甜、脾氣硬、都要聽他的、想法自我、愛扛責任、浪費成性、自信心不足、性剛孤獨。

格局：

「陽梁昌祿格」：太陽、天梁坐命卯宮，三方四正逢文昌、化祿或祿存，主聰明有為、功名利祿，成就貴顯。

職場思維：

擅長思考與記憶、不卑不亢、行事果決重效率、工作認真負責、性情剛直又有膽識的你，在職場上絕不會偷懶或耍心機，能扛起自身責任外，行有餘力也會幫助他人，對於職場上不公義的事也會挺身而出、打抱不平爭公理。只要說話有理，不會得理不饒人，在你的大器之下，一定會收穫好成績。適合從事保險、金融投資、醫藥、公益事業、法律、農業、行政、傳播、美的事業、百貨、自由業、水電、代書、餐飲、不動產；也有可能捨棄職場照顧家庭。

財富能量：

珍惜錢財，用錢有方的你，在理財上有好的觀念，也會視狀況對別人施與金錢上的幫助，即使年輕時經濟狀況不佳，也能透過自己的理財慢慢累積財富。也有繼承房產的機會，若能打理得當，財富一定會甚為豐厚；若是不懂理財、浪費或為他人扛債務，就會勞心傷神、減損規模。

戀愛指南：

本身儀態端莊、氣勢較強的你，喜歡文質彬彬或溫和、有涵養、不出風頭、會依賴你的對象，只要了解對方的優點，不嫌對方太黏人、軟弱，以及不與對方爭權、不疲勞轟炸、不過度要求，凡事就會因為你的樂觀與照顧打理家庭有一套，再加上對方的好脾氣，就能讓彼此的感情與財富、事業有很好的進展與維繫。

健康守護：

注意過敏、脾、胃、腸、癬、傷風感冒、頭痛、疑難雜症、四肢與肩頸痠痛、心臟、三高問題。

特殊格局：

命宮無主星坐卯宮，太陽天梁遷移宮坐酉宮：

命宮無主星坐酉宮，太陽天梁遷移宮坐卯宮：

太陰╳ 福	貪狼○ 田	天同╳ 巨門╳ 官	武曲△ 天相◎ 奴
廉貞△ 天府◎ 父	命宮無主星 坐卯宮		太陽△ 天梁△ 遷　酉
命　卯	太陽天梁 遷移宮坐酉宮		七殺◎ 疾
破軍△ 兄	夫	紫微△ 子	天機△ 財

天機△ 財	紫微◎ 子	夫	破軍△ 兄
七殺◎ 疾	命宮無主星 坐酉宮		命　酉
太陽◎ 天梁◎ 遷　卯	太陽天梁 遷移宮坐卯宮		廉貞△ 天府◎ 父
武曲△ 天相◎ 奴	天同╳ 巨門╳ 官	貪狼○ 田	太陰◎ 福

命格氣蘊：

命宮無主星，自我意識及想法都容易有飄忽不定、撲朔迷離的不確定性，外界也無法真正的評價你。人生最重要的事項就是訂定目標。適合外出的你，若太陽天梁在卯宮，雖不是「日照雷門格」正格，能量也會往正向增加。相貌端正、聰明、行事直爽、對人慈愛、堅忍、重感情、喜交際。日月都廟旺的格局，三方四正逢祿權科、祿存、文昌與諸吉星，能成「**陽梁昌祿格**」，樂於助人、外出得貴助、事業成就、聲名卓著、正直、運途順遂、升遷順利、福祿壽榮華一生；若是日月雙星反背，逢空劫、天刑、忌與諸凶星，人生更為勞心傷神、奔波辛勞、出外容易有災病、人際關係不佳、你爭我奪、沒有安定感、精神失落感、離鄉背井收穫不佳，有名無實。要掌握定見、樂觀面對人生，才會不孤立，也能化解不如意的紊亂心態。

先天優勢：

社交力強、企劃力、領導能力強、重公平、積極、行動力佳、安分守法、能屈能伸、心地寬厚、喜歡助人、做事負責、配合度高、利他。

福分盲點：

控制力不足、胡思亂想、浪費、個性飄盪、反覆不定、強勢、衝動、愛爭辯、懶散、操之過急、優柔寡斷、神經質、抗壓力不足、理由藉口多。

職場思維：

在家一條蟲，外出一條龍，外出精神就來了。做事雖然勤快也能配合，但是比較重視心情感受，抗壓性不高，容易被周邊人事物影響心情，加上若是公司的福利沒有達到你想要的目標，就會造成常常離職的藉口，導致事業不穩定。所以，只要了解自己的性格屬性，挑選適合的職業，增加自信並與人合作無間，通過挑戰與阻礙，就能在事業上穩定成長。適合從事五術、醫療、科技、電玩、行銷廣告、報關行、律師、軍警、公職、流通業、倉儲、餐飲、服務業、攝影、銷售、自由業、行政、講師等工作。

財富能量：

想投資賺錢，只是常抓不對時機，或自己不去了解而聽信別人，就會省小花大，往往好不容易存了一筆，就會拿出買自己想要的東西而花掉，或不小心賠掉了。比較適合定期定額、穩定的長期投資，有儲蓄理財對你的人生才會提供身心安頓感，若是常常找理由更換工作，對你的財富有不利的影響，一定要注意。

戀愛指南：

說你會挑對象也對，說你不知道誰適合你也對。你喜歡的可能不是一般的對象，也許男小女大、也許對方有特殊興趣或者是已有婚姻……，只要讓你喜歡的你一定很專情。所以，在堅持自己的喜好類型之下，也一定要掌握好自己與對方、對感情或婚姻的態度，以免浪費了時間與感情。

健康守護：

注意脾氣、心臟、血液、新陳代謝、骨折、刀傷、開刀、腸類、皮膚、青春痘、肺、呼吸器官、過敏、眼睛、意外傷。

武曲星：**坐命命格氣蘊與星性介紹**

・五行屬辛金、水、北六、屬陰、化氣為財。

・武財星、正財星、將星、財帛主、務實星、寡宿星、權星、孤星。

・代表人物是文王的二子武王。

重視傳統、主觀、做事速戰速決、面惡心善、會照顧六親、永遠在紫微星的財帛宮。事業心強、非常愛賺錢，踏實肯拚，但不取不義之財，是個文武全才的星曜，除非遇上了雞鳴狗盜的煞星。也代表創業、金融機構、財經金融、宗教廟堂、批發、業務、五金、金屬、機械。

武曲代表著財富與能力，個性剛毅重義氣、積極主動、直率勇敢、心地善良、堅持原則、循規蹈矩、勤儉踏實、敢說能做、責任心強，特色是不發少年，年輕時比較看不出光芒，但他會像是一塊海綿一樣吸收學習，而且為了賺錢很能吃苦忍耐，要他停下腳步有點困難，與錢有關的事，再辛苦都甘之如飴。雖然有自己的個性，自尊心也強，但願意服從上司，對下屬也是個有威嚴感的人。也因為是求財意志堅強的人，中年後就容易有大發展。單星的武曲比較剛毅，霸氣又帶著控制慾，配上其他星曜之後，才能有柔性、伸縮的一面。

命宮武曲廟無煞星會逢，就是合格的「**將星得地格**」，位高權重聲名揚。三方四正又會逢祿權科、祿存、天馬與諸吉星，個性調和能剛柔並濟、聰明機伶、學有專精、毅力過人、能文能武、人際關係豐沛、能獨當一面、一生主動積極求財、敢拚敢嘗試、賺錢能力強旺、財源豐盛不斷、財官雙美；若是逢到空劫、忌、天刑與諸煞星，心性急躁剛烈、個性頑強、計劃欠周詳、孤僻辛勞、魯莽、利欲薰心、失情義、容易與人惡性競爭與衝突、容易傷財傷身、財務官司糾紛、與六親疏離、婚姻不利等問題。三方四正更加會鈴、昌、陀、天刑、忌，一定要注意文書簽約、作保、官司牢獄等災禍。適合創業，可以從事房地產、服務業、公關、傳播、金融、財稅、衍生性金融商品、美的事業、進出口貿易、報關、流通、司法、政治、軍警、五金、機械、批發業、製造業、餐飲業、代理、公共領域、外交事務。

要注意被金屬所傷、肺、呼吸道、鼻過敏、咳嗽、大腸、直腸、盲腸、手術、外傷、牙齒、膽、電擊、肝、骨骼、骨折、顴骨。

天生優勢：

不空談、自立自強、重義氣、勇於任事、記憶力強、吃苦耐勞、重承諾信用、不屈不撓、企圖心強、穩健、抗壓性高、節儉不浪費、思慮周全、有原則、具分析力、貫徹力、不畏人言。

福分盲點：

愛掌權、控制欲強、易怒、視財如命、凡事向錢看、急躁粗線條、有勇無謀不認輸、不善表達情感、不懂幽默、不易交朋友、嚴苛剛烈、過於小心、缺乏彈性、孤僻、挑剔、難溝通。

喜：諸吉星，最喜化祿、祿存、左輔、右弼。
忌：諸煞星，最怕空劫、截空、空亡、擎羊、陀羅、文昌、忌。

武曲化祿：

財星最喜歡錢，只要有錢賺絕對不會嫌累。會逢吉星聰明技藝巧、惜財又愛賺、財源豐沛、個性自信又圓融、嚴實信用、能屈能伸、重義理。尤其會祿星、左右、魁鉞，再逢三台、八座、天貴、恩光，財富錦上添花、事業有成，一生財富可期，努力必有豐盛收穫；若又與火貪、鈴貪同度，發達一定是必然的。

武曲化權：

財星化權代表的比較像是有錢可管、也愛管錢，對掌管錢財有大欲望及意志。但錢不一定是自己的。會更為強勢剛正、衝勁十足、不擇手段、支配欲強、果決、嚴格、霸道。雖然是財星化權，但賺錢的方法、能力、豐厚的程度，遠不及武曲化祿來得直接、順利又穩定，除非祿星、吉星同宮及三方四正拱照，財就能更順心。會文星即是文武全才的人。

武曲化科：

化科時不會太武斷或剛強、運氣佳、聰明伶俐、有野心、有表現的機會、創造性，重視錢財的態度是有錢但不亂花錢。賺文財，擅於理財及生財、財運有貴助、要跟他借到錢是不太容易的。不適合再遇孤辰、寡宿，以免氣度更小、過於自我。

武曲化忌：

雖然愛財、重財、肯賺，但財庫却像破了個洞，並不是因為沒錢賺，而是有永遠不滿足及填不滿的心態。逢諸煞剛烈固執、勞碌、投資易有財務周轉的困難、賺錢過程辛苦、有財左手進右手出、省小花大、不安全感重、被欺負、行事也要注意過剛則折、健康不佳容易有刀傷、意外傷、手術、骨折、腦神經、呼吸系統、過敏、心臟、血管等問題；若是三方四正逢火星、鈴星，要注意被傷害與婚姻問題；但廟旺尚不至於完全破敗。

格局：

「將星得地格」：武曲入廟坐命辰、戌宮，加會祿權科、祿存與諸吉星，有勇有謀、具威權、能創富貴。

武曲單星命坐辰戌宮：

太陽○ 父	破軍◎ 福	天機✕ 田	紫微○ 天府△ 官
武曲◎ 命　辰	武曲單星 命坐辰宮		太陰○ 奴
天同△ 兄			貪狼◎ 遷　戌
七殺◎ 夫	天梁○ 子	廉貞△ 天相◎ 財	巨門○ 疾

巨門○ 疾	廉貞△ 天相◎ 財	天梁○ 子	七殺◎ 夫
貪狼◎ 遷　辰	武曲單星 命坐戌宮		天同△ 兄
太陰✕ 奴			武曲◎ 命　戌
紫微○ 天府◎ 官	天機✕ 田	破軍◎ 福	太陽✕ 父

職場思維：

能力強、有經營頭腦。講究工作氣派的你，未來在社會上是富而且貴，地位穩固、名利雙收，不管是做主管，還是自己經商，位高權重責任大的你都會努力去克服困難。由於你的權力欲望很強，在責任感跟正義感也很重的狀況下，常常會跟更高階的老闆有所衝突，一定要記得不要功高震主，也不要與人爭權奪利、孤注一擲不計後果而決策失誤，只要在你的運籌帷幄以及有良好的績效表現下，就一定能夠反敗為勝，擁有很高的地位跟名聲。可以從事不動產、裝潢設計、金融、證券、工程、礦業、重金屬、銀樓、設計、公關、傳播、美的事業、進出口貿易、報關、流通、軍警、政治、司法、製造、代理、外交事務、餐飲、服務業。

財富能量：

財富競爭能力很強，也善於理財的你，本身跟財是有很大的緣分，但是你的開銷也很大。財富不會只有一種來源，除了工作事業正財之外也會有兼職的收入，以及投資的獲利，甚至財運有爆發的機會。只要你對事業有深入的了解，建議你除了可以把賺來的錢放在不動產外，也可以加碼投資事業。動產跟不動產如果都能有效掌控，不但有能力可以應付一時的難關或者不如意，財富也更能增值累積以致富。

戀愛指南：

忙於賺錢的你，你的對象應該也跟你旗鼓相當。對方可能是個聰明、持家有方、能力強、善良理智、自我意識也強的人，你們的戀情可能發展很快，但也要注意不要冷得也很快。畢竟你們都是忙於工作，而且是很有想法的人，加上自己都有各自的專業領域和地位，脾氣也都不小，所以，一定要多增加相處的時間及參與家庭聚會，不要堅持己見或向外發展情感，才不會讓感情因為聚少離多、劍拔弩張、相敬如冰而產生失和的狀況。

健康守護：

注意火氣、三高、內傷、胃、腸、肺、肝、膽、食道、氣喘、呼吸道、生殖器官以及排泄器官、口鼻腔、牙齒、感冒、過敏、不名疾病、開刀等問題。

雙星組合：

武曲天府：武曲天府命坐子午宮。

天梁✕ 奴	七殺○ 遷　午	 疾	廉貞◎ 財
紫微△ 天相△ 官	武曲天府 命坐子宮		 子
天機○ 巨門◎ 田			破軍○ 夫
貪狼△ 福	太陽✕ 太陰◎ 父	武曲○ 天府◎ 命　子	天同◎ 兄

天同◎ 兄	武曲○ 天府○ 命　午	太陽△ 太陰✕ 父	貪狼△ 福
破軍○ 夫	武曲天府 命坐午宮		天機○ 巨門◎ 田
 子			紫微△ 天相△ 官
廉貞◎ 財	 疾	七殺○ 遷　子	天梁✕ 奴

命格氣蘊：

武財星與庫星相逢是再好不過，一定在子午四正宮，不逢煞忌就是「**府相朝垣、紫府朝垣格**」。財富因子強、長壽、不做沒把握的事、凡事要有對價關係、懂得如何賺錢理財與享受、想成功不怕艱辛、敢拚、對工作狂熱。但武財星只管賺錢，天府庫星卻一定要見到祿星才能夠生財有道，有財又有庫。同宮或三方四正會逢祿權科、祿存與諸吉星，白手起家、創業有成、能執行能守成、人際關係佳、善用資源周轉有道、出將入相、財權雙美；吉星少又逢空劫、天刑、忌與諸煞，形成破庫，固執己見不靈活、守財小氣、左手進右手出、儲財能力差，做事橫生枝節、會容易有財務上的困難，作假帳、精神孤獨、獨斷短視、容易身體受傷、個性強勢影響婚姻。

天生優勢：

穩紮穩打、陽剛敦厚、領導力強、表達力強、獨立堅強、嚴以律己、小心謹慎、不惹是非、行事光明磊落、受人信賴、熱心公益、善於社交。

福分盲點：

愛掌權、唯利是圖、世故、死要面子活受罪、不喜受約束、固執己見、性急如風、對錢不安全感、功利主義、偏重物質、衝動、死腦筋。

職場思維：

重視名聲與地位、有點高傲、工作機會多的你，喜歡在大公司、環境好、有升遷管道、以及福利待遇好的公司工作或自行創業。本身的執行力以及協調力都不錯，也有想突破現狀的雄心大志，雖然習慣於發號司令，但是也會有時因為處事謹慎而產生進退不決的困擾，只要不要太挑剔，或過於直言不諱、自我中心，用理性和上司與同事做溝通對話，就不會讓你有受束縛、有志難伸無法施展的感受。適合從事美的事業、進出口貿易、海關、外商、不動產、金融、財經、證券、保險、珠寶、設計、餐飲、教學、創作、工程、醫療、軍警、連鎖事業。

財富能量：

對財富有很大的想望，工作事業的呈現都是透過經驗能量的累積與好的包裝，來市場上行銷與人競爭。雖然工作事業都會經歷波折與競爭，但因為你對錢財的重視與工作的執著，加上對投入的成本都能經過精算，穩紮穩打不要擴張太快，就會降低被倒帳或者財務消耗過快的問題，也就能夠因此累積致富、創業成功以及增加不動產。

戀愛指南：

你喜歡的是獨立自主、喜好自由、點子多、自我風格強烈的對象，但是因為彼此也有各自的工作事業要忙碌、應酬或出差外派，容易聚少離多，若是生活沒有情趣，容易有感情上的不專一，或者很容易漸行漸遠。只要在做生涯規劃時不要強勢主導、支配對方，彼此做好溝通協調，有共識的你們，抓緊相處時間，多多增加生活樂趣與交流，一定能共同經營幸福家庭的。

健康守護：

注意三高、甲狀腺、內分泌、婦科、生殖與排泄系統、眼睛、皮膚、腎臟、耳朵、心臟、憂鬱、開刀、四肢、交通意外等問題。

武曲貪狼：武曲貪狼命坐丑未宮。

紫微○ 七殺△ 官	奴	遷　未	疾
天機△ 天梁◎ 田	武曲貪狼 命坐丑宮		廉貞△ 破軍× 財
天相× 福			子
太陽○ 巨門◎ 父	武曲◎ 貪狼◎ 命　丑	天同○ 太陰◎ 兄	天府△ 夫

天府△ 夫	天同× 太陰× 兄	武曲◎ 貪狼◎ 命　未	太陽△ 巨門◎ 父
子	武曲貪狼 命坐未宮		天相× 福
廉貞△ 破軍× 財			天機△ 天梁◎ 田
疾	遷　丑	奴	紫微○ 七殺△ 官

命格氣蘊：

是**「武貪格」**，也是**「日月夾命格」**，一定在丑未四墓宮。一生有人扶持、個性堅強獨立、八面玲瓏、能屈能伸、精明會算計、野心及慾望大、人生觀積極實際、重視當下、常以成就來衡量人生價值。同宮或三方四正逢祿權科、祿存、火星、鈴星與諸吉星，不逢空劫破耗與忌星，為火貪與鈴貪格，氣量寬宏，諸行業皆宜。有突發的財富、來財順遂而且龐大，升官發財快速，是能成為鉅富的格局。物質與精神生活豐盛愉悅，逢天馬適合遠赴異鄉有發展；見空劫、天刑、忌與諸煞星、容易自認大方實則氣度小、不良嗜好、自私為己、為人作嫁、求財不擇手段、有目的大方、是為奸商，容易橫發橫破、因色招禍婚姻不利，要注意自身修為。

天生優勢：

自信心強、創意多端、勤快、獨特風格、亮麗魅力、機靈圓滑、精打細算、能賺會玩、圓融表達、不怕競爭與困苦、靠自己、優秀人才、有決心與魄力、能做大事。

福分盲點：

為富不仁、霸道、霸凌人、損人不利己、個性矛盾、神經質、吝嗇小氣、斤斤計較、好色、為財起紛爭、慷慨過頭、不良嗜好。

格局：

「武貪格」：武曲與貪狼在丑、未同宮。勤奮、活動力強、善交際、欲望強盛。富貴在競爭、熱鬧中求取，成功率高。

「日月夾命格」：命宮坐丑、未宮有武曲財星坐守，臨宮有太陽與太陰夾命宮，又稱「日月夾財格」。有助力、財源豐足、地位高。

職場思維：

在工作上是個拼命三郎，不但唯我獨尊，而且有使命必達的責任感。能獨當一面、有領導才能，能得到貴人的提拔，也一定能夠做到主管、自行創業，或管理家族事業。能夠在職場上掌握權勢的你，能夠堅守目標與走正途，重視團隊與人合作，不要為了自己的成功，而到處與人樹敵，工作就能更為順暢，不會讓自己身處進退兩難，或孤軍奮戰的境地。適合從事不動產、工程、國外業務、財經、金融、銀樓珠寶、民意代表、藝術、專業技能、行銷業務、食衣住行育樂各行各業皆可。

財富能量：

在職場中能自立，也有創業賺錢的能力，理財的方式常用非常的手段。重視精神層面與實質的回報，錢賺得輕鬆就花的快，敢賺也敢花。若是常常任意支用錢財，或者過於投機，即使能賺取一時的財富，也會因為沒有見好就收，保持財富的豐盈與安定，反而容易造成財進財出。更不要沾染不良習性及過於奢侈浪費，那麼透過辛苦競爭賺來的錢，才能在精打細算下真正的累積以致富。

戀愛指南：

你喜歡的對象，大多是年紀相近、獨立、樂天、適應力強、外表沉穩、謙遜、負責任、善理財或能持家、有點小固執的人。強勢霸氣的你，除了讓你與對方在生活上無虞，不要有經濟不安定感之外，也要給予溫柔與體貼關懷，適時為平淡的生活加入驚喜，感情就能甜蜜恩愛。

健康守則：

注意三高、失眠、胃、腸、肝、膽、內分泌、口鼻腔、呼吸道、肺、過敏、乳房、眼睛、神經、精神、四肢、筋骨、破相、刀傷、生殖與排泄系統問題。

特殊格局：

命宮無主星坐丑宮，武曲貪狼遷移宮坐未宮：

命宮無主星坐未宮，武曲貪狼遷移宮坐丑宮：

天府△ 官	天同× 太陰× 奴	武曲◎ 貪狼◎ 遷　未	太陽△ 巨門◎ 疾
田	命宮無主星 坐丑宮 武曲貪狼 遷移宮坐未宮		天相× 財
廉貞△ 破軍× 福			天機△ 天梁◎ 子
父	命　丑	兄	紫微○ 七殺△ 夫

紫微○ 七殺△ 夫	兄	命　未	父
天機△ 天梁◎ 子	命宮無主星 坐未宮 武曲貪狼 遷移宮坐丑宮		廉貞△ 破軍× 福
天相× 財			田
太陽○ 巨門◎ 疾	武曲◎ 貪狼◎ 遷　丑	天同○ 太陰◎ 奴	天府△ 官

命格氣蘊：

「府相朝垣格」，一定在丑未四墓宮。善於交際、個性好強、主觀強、事業心重，精明重權力、努力有富貴。三方四正會逢祿權科、祿存與諸吉星，成功之道在於注重事業在穩定中求發展，做人講義氣，具有男子氣概或是女中豪傑，受人的恩惠，一定會加倍回報。交際手腕人際關係好，工作縱然辛苦奔波，也能逢凶化吉，做到事業發展、進財順利、衣食無缺、平步青雲。再逢火星或鈴星，財富容易有爆發的跡象，但也要懂得守成；若會逢空劫、忌、天刑與諸煞星，報復心強、多言巧辯、做事急躁、人際關係不佳，就會降低富貴的程度。也要小心爆發爆敗，以及婚姻與感情的問題。

先天優勢：

獨立自強、學習力強、聰敏、多元發展、企圖心強旺、能屈能伸、勇於承擔、實際、社交能力佳、敢競爭、重視細節、吃苦耐勞。

福分盲點：

勾心鬥角、欠缺圓融、心高氣傲、剛硬草率、說話犀利、貪婪、自肥、過於逢迎、心性不定、愛吹噓、詭計多、重情慾。

職場思維：

在大企業中工作穩定求發展，是你在職場能平步青雲的基本要素。腳踏實地的工作，能讓你在穩定之中等待並抓住突發的機運。由於你的欲望及想法多，經常有創業的念頭，所以，必須要更了解自己的實力，再審慎評估自己是否適合創業，否則對有著膽子大卻反覆多變本質的你，反而是自尋煩惱，阻礙了工作事業的穩定發展。適合從事財務管理、金融、行政、公職，食衣住行育樂、服務業、公關、民意代表、不動產、仲介。

財富能量：

適合財源平穩、收入平順的工作，財務做穩定長期的投資，在公司做到管理階級後，在財務的管理上一定要謹守簽約用印、條約規章的審視，以免出錯。另外，要避免不當的借貸及作保，避免自己受到別人的牽累，讓財務起糾紛或損耗。總之，理財規劃對你而言是非常重要的課題。

戀愛指南：

愛面子與重享受的你，喜歡具有開創力、膽識、聰明、能力強、收入高、做事認真、有支配欲、健談、外放、兼有藝術氣息的人，但是這樣的人也有霸道、不可駕馭的一面，並且也有可能會聚少離多。相處的方法是盡量以柔克剛，不要堅持己見唱反調，只要理解他的做法，是真的為了你和未來著想，就能感情維持和樂、舉案齊眉了。

健康守護：

注意顏面、皮膚、心臟、血液、頭痛、外傷、胃、腸、肝、膽、眼睛、口鼻、食道、呼吸道、肺、隱疾、排泄與生殖器官。

雙星組合：

武曲天相：武曲天相命坐寅申宮。

天機△ 田	紫微◎ 官	奴	破軍△ 遷　申
七殺◎ 福	武曲天相 命坐寅宮		疾
太陽◎ 天梁◎ 父			廉貞△ 天府◎ 財
武曲△ 天相◎ 命　寅	天同╳ 巨門╳ 兄	貪狼○ 夫	太陰◎ 子

太陰╳ 子	貪狼○ 夫	天同╳ 巨門╳ 兄	武曲△ 天相◎ 命　申
廉貞△ 天府◎ 財	武曲天相 命坐申宮		太陽△ 天梁△ 父
疾			七殺◎ 福
破軍△ 遷　寅	奴	紫微△ 官	天機△ 田

命格氣蘊：

是「**紫府朝垣格**」與「**府相朝垣格**」，一定在寅申四馬宮。權利與財欲欲望大，寧為雞首不為牛後。若是逢祿與天馬，為「**祿馬配印格**」，有錢賺不怕奔波勞累，賺錢企圖心旺盛、進財能力佳、物質豐沛、耐操有拚勁、多種職業在身、有口碑、專業翹楚、創業能成富貴。會昌曲魁鉞文武雙全、剛柔並濟；會諸煞星與空劫忌，個性容易剛強孤僻、容易受傷、欠缺彈性、做事推託、退縮、官僚主義、儲財辛苦、精神不佳。最怕刑忌夾印，做事須更加辛勞，施展不順。要注意財務官司與是非、夫妻相處等問題。

先天優勢：

精明能幹、敬業精神佳、目標明確、做事有策略、重義氣與承諾、重形象、能屈能伸、折衝能力佳、重視品質、做事認真不馬虎、個性豪爽、活動面廣、熱心服務。

福分盲點：

要求太高、喜管閒事、控制欲太強、虛榮心、多話囉嗦、嚴肅冷酷、缺乏同理心、固執、放縱、性格剛硬、得理不饒人、情緒多變、挑剔。

格局：

「祿馬配印格」：天相為印，與化祿或祿存、天馬同坐命宮。雖勞碌，但能開創新局，有權又有財。

職場思維：

外表給人穩重、帶著貴氣與霸氣的你，事業企圖心強、目標遠大，有著很強的管理與領導能力，但也因為想要做大、喜歡跟人一較長短，所以，精神負擔與壓力都不小。因此，就要更注意工作時與人的應對方式，只要你不輕信讒言、不堅持己見，能放下身段更加圓融，讓更多人願意為你效力，相信在經過複雜辛勞的過程，有了更多的歷練與修為後，成就一定會更為輝煌。適合從事金融、財經、創意、設計、電玩、醫療、美的事業、軍警、公職、業務、不動產、仲介、裝潢、工程、製造、公關、珠寶、精品、旅遊、外商、進出口、餐飲、表演、藝術等行業。

財富能量：

賺錢對你而言並不困難，也有一定要比別人好、不能輸的心態，能透過競爭及精算進財，也有偏財運。因為對經濟有著強烈的危機意識，所以，會非常努力的工作賺錢，也懂得儲蓄的重要，有時甚至會只對自己大方對別人小氣。只要不用強取或帶著是非理性的取財方式產生官司爭端，能珍惜錢財，吃穿用度不要過於揮霍，並且能把錢放在不動產上，要積存大量財富絕對不是問題。

戀愛指南：

你會被活潑受歡迎、有迷人魅力、野心大、好玩多欲、企圖心強、機伶善變，長袖善舞、感情豐富的對象吸引。交往時，或許會有些不安全感，但只要雙方採取開放的態度，你也能包容對方愛玩的心，並且增加自己的幽默感，即使雙方的感情會經歷某些的破壞與考驗，只要能挺過感情試煉之後，理解彼比的特質，能一起出外交際活動，培養共同興趣，感情就可趨於穩定，並且保鮮。

健康守護：

注意膽、肝、胃、腸、心臟、血管、過敏、癬、皮膚、呼吸道、頭痛、眼睛、四肢問題。

武曲七殺：武曲七殺命坐卯酉宮。

福	天機◎ 田	紫微◎ 破軍○ 官	奴
太陽○ 父	武曲七殺 命坐卯宮		天府○ 遷　酉
武曲△ 七殺○ 命　卯			太陰○ 疾
天同△ 天梁◎ 兄	天相◎ 夫	巨門○ 子	廉貞╳ 貪狼╳ 財

廉貞╳ 貪狼╳ 財	巨門○ 子	天相△ 夫	天同○ 天梁╳ 兄
太陰╳ 疾	武曲七殺 命坐酉宮		武曲△ 七殺○ 命　酉
天府△ 遷　卯			太陽╳ 父
奴	紫微◎ 破軍○ 官	天機◎ 丑	福

命格氣蘊：

一定在卯酉四敗宮，武財星與將星結合，可見是馬力與殺氣十足，敢衝鋒陷陣、直爽善交際。逢化祿、天馬，有氣魄有膽識、能攻能守、財官皆顯、驛馬發財。三方四正逢到科權祿與諸吉星，心胸志向寬廣、有作為、企業首腦、與人較圓融和合、福澤貴重深厚、反敗為勝、局面大；遇諸煞空劫忌星，看錢很重、缺乏遠見、衝動莽撞、衝動消費、意外失財、自私自利、為錢勞心勞神、因財起紛爭、趕盡殺絕、婚姻不利、易孤獨。只要是有錢味、能有機會大展身手、開創突破性的工作類型都適合做。

先天優勢：

拚命三郎、行動力強，執行力高、具決斷力、運籌帷幄、忠於職守、注重績效、專業素養、聰明機智、不輕易放棄與投降、不怨天尤人。

福分盲點：

強悍、好勝爭強、不擇手段、做事太斬釘截鐵、急躁、太好勝、衝動無耐性、汲汲營營為利益、自我、愛恨強烈、成敗一線間、好冒險。

職場思維：

具有特殊專長，敢衝不怕累、有領導開創能力、脾氣大、重效率、重財、重事業成就。在工作上奔波辛勞、親力親為的你，常常會有重要的責任要你承擔，只要你性情能保持沉穩、做事持之以恆，不意氣用事、計較眼前得失、努力達成任務，波折後功成名就、名利雙收也是指日可待的。適合從事金融、財經、工程、製造、電子科技、不動產、礦業、寶石、餐飲、娛樂、流通、運輸、醫療、軍警、業務、行銷企劃等工作。

財富能量：

自主性強的你，求財路數變化多端，工作事業變化也多，具有艱難辛勞、競爭、桃花酒色財氣的現象賺錢及理財方法。要控制貪得無厭以及無節制的信用擴張，以避免財務槓桿使用過度、經常性的入不敷出，所以，一定要培養穩當的投資計劃以及置產的觀念，才能保留努力賺來的財富。

戀愛指南：

喜歡的對象為注重儀表、穿著打扮、舉止溫文、優雅大方、應對進退得體、聰明善良、重享受，能力不一定比你強，所以要靠彼此互相尊重，對另外一半也不要做過分的要求。事業心重的你，把家交給對方打理，並提供良好以及安定的經濟生活，之後只要能做定期的關心，就是能各司其責、共同經營美好家庭生活的一對了。

健康守護：

注意生殖與泌尿、排洩器官、肩頸痠痛、頭痛、髖關節、四肢、開刀、皮膚、眼睛、外傷等問題。

武曲破軍：武曲破軍命坐巳亥宮。

武曲△ 破軍△ 命　巳	太陽〇 父	天府◎ 福	太陰△ 天機△ 田
天同△ 兄	武曲破軍 命坐巳宮		紫微〇 貪狼△ 官
夫			巨門╳ 奴
子	廉貞△ 七殺◎ 財	天梁◎ 疾	天相△ 遷　亥

天相△ 遷　巳	天梁〇 疾	廉貞△ 七殺◎ 財	子
巨門╳ 奴	武曲破軍 命坐亥宮		夫
紫微〇 貪狼△ 官			天同△ 兄
太陰〇 天機△ 田	天府◎ 福	太陽╳ 父	武曲△ 破軍△ 命　亥

命格氣蘊：

一定在巳亥四馬宮，喜歡自由不受拘束，有膽識、不怕挫折、不易妥協、會做人家不會做或不願意做的事。開創與破耗的性質兼具，所以導致生活與工作事業、財富容易動盪、有變化。如果能會逢祿權科、祿存、天馬就能增加財富，並且更愛賺錢，更加富貴有福祿；有了左右、魁鉞吉星相助，為人就能更圓融、有助力能成大事，位居要職能掌權更為穩固；若是逢空劫、刑、煞忌等諸凶星，是個頭痛人物，做事孤注一擲、無計劃的投資與浪費、遭遇困難時不知變通、勞碌奔波、更加動盪不安。尤其遷移宮是「**刑忌夾印**」時，一定要更加警惕自己，要盡力去防止會產生的問題，不要做貪得無厭或者鋌而走險的事。

先天優勢：

勤奮誠懇、性格不羈、戰鬥力旺盛、冒險犯難、獨立開創、競爭取勝、個性豪爽、重義氣、速戰速決、剛柔並濟。

福分盲點：

見利忘義、主觀太強、錢財破耗、叛逆任性而為、投機、出口成髒、性急、愛耍帥、不按牌理出牌、不安分、好爭。

職場思維：

膽識大、敢說敢要、貪多不怕、行事果決、變動性大。不輕易妥協的你，要注意理想與現實的差距，對環境的變化也要隨時掌握、順應潮流。凡事要避免衝動行事、對同事施壓、剛愎自用、投機取巧。適合離家外出發展，也能靠裙帶關係拉拔的你，努力踏實工作，經磨練考驗後也會特別有成就。適合從事專業開發、創意設計、金融、投資、工業、工程、不動產、仲介、五金、機械、製造、珠寶、生活百貨、軍警、旅遊、餐飲、流通等事業。

財富能量：

對財的欲望很大，認為凡事親自操刀做事，最能掌握一切，本身能用自身專長賺取財富，結合了耐操、靈活手腕、管理力，加上運用金錢時出手都是大手筆，進出金額大又頻繁，所以在做投資時，一定也要有壞的打算，才不會因為過於自信與樂觀而忽略了隱藏的危機。對你而言賺錢並不困難，如何穩定心性與存錢理財才更重要。

戀愛指南：

每天汲汲營營忙於賺錢、正經八百的你，如果不是無心於感情，就是容易被懂得搞浪漫、聰明、八面玲瓏、會說好聽話的人吸引。但是，這樣的對象個性也是愛面子、嫉妒心強、會耍小心機的人，所以，在兩人都有各自打算，又缺乏溝通、缺少情趣下，容易因個性互不相讓造成言語上的衝突。只要不在說話上較真，彼此用真心以對，感情才能長長久久。

健康守護：

注意胃、脾、腸、肝火、骨折、刀傷、牙齒、生殖與泌尿系統、精神、意外傷。

天同星：坐命命格氣蘊與星性介紹

・壬水、南四、屬陽、化氣為福。

・是福德主、福星、壽星、小孩星、同好星、感情星、清閒星。

・代表人物是文王。

感性、細心、情感細膩、喜好文學與藝術、為人重情有菩薩心、見不得人苦、有福可享、長壽、愛好和平、不強出頭、單純善良、心性穩定、愛美、喜歡保養打扮、重視平和與快樂。一生中貴人比小人多，六親都是他的貴人，會說討人喜歡的話，讓別人願意為他做事。喜歡舒適自在，愛好外出休閒旅遊或運動，若不能休閒放鬆會抓狂。不喜歡為了賺錢傷腦筋或與人爭執、不喜歡競爭，膽子不大、會花錢找快樂、人緣好。喜歡輕鬆的溝通方式、喜歡愛與被愛的感覺，多數的人基本上也都會肉肉的（除非逢煞星多），只要生活過得去，就比較容易怠惰。

說天同是福星能解厄，不如說天同像是一張具有彈性的網子，能對事情的態度保持中庸立場，不論遇到好事或壞事，都會因為具有網子的彈性而平衡了好與壞，不會讓情勢波動太過或失控低落，除非是逢到比較多的吉星或煞星。天同也代表文書、藝術、人事、支援、裝飾、情緒。

福星最喜歡坐入福德宮，沒有煞忌一生福星高照、有福可享、坐享其成，所以古書都說，男性命宮不適合坐天同，尤其是福德宮，因為太愛清閒享受，不喜歡有壓力，容易缺乏動力、缺少鬥志、不思進取、不在乎錢，但若是有四化星同宮或會照，就會改變上述情況。

其實，天同並不是不計較或不做，而是懶得計較懶得做，或傾向以和諧的方式處理紛爭，所以比較容易退讓、配合他人。即使不開心也會裝作無所謂，但是真要計較起來，天同的口才也是一流的，不是那麼容易被說服。福星雖然比較不怕羊陀火鈴，但遇到太多煞星，雖然最後有成，卻會過於勞碌、心情反覆、身體有損，以及有福不能享。天同廟旺時福壽長；同宮或逢祿權科一生走大好運、大財運、競爭力強、意志堅定。

天同除了**「機月同梁格」**與**「同梁巳亥格」**之外，也會有**「天同反背格」**，也稱為**「化星反貴格」**。天同廟旺四化佳，能把福氣與財祿發揮出來；若是落陷無吉星相會又遇煞，就會變成精神辛勞、生活與情感變化性大的無福狀態。適合金融證券、財經、行銷、直銷、醫療、五術、娛樂、旅遊、餐飲業、服務業、漁業、海運、自由業、美的事業、教育、運動、文學、藝術、出版、慈善、物流、倉儲、水電、裝修、家管等皆可。

健康上注意呼吸系統、過敏、肥胖、泌尿排泄系統、生殖與性器官、水腫、心情鬱結、耳。

先天優勢：

腦筋靈活、志向遠大、貴人運強、能逢凶解厄、親和力強、保有赤子之心、多才多藝、好學好問、有包容心、有同理心、善良、聰明、以和為貴、知足常樂、平衡、隨遇而安、心地寬大、以柔克剛。

福分盲點：

喜歡幻想、情感氾濫、懶、保守依賴、安於現狀、畏首畏尾、沒有衝勁、思多行少、顧忌太多、虛偽奉承、無法堅持原則、情緒化、容易被騙受傷、學而不精。

喜：化祿權科與諸吉星。

忌：四煞、空劫、空亡、陰煞、截空、忌。

天同化祿：

福星高照、能消災解厄、有食祿、遊山玩水、會講話、會做人。再逢諸吉星不逢煞忌，從小好命到老、有不勞而獲為數不小的福蔭及財運、壞事輪不到他頭上。事事如意、生活處處有人打理照顧、想要的都能輕易實現。逢昌曲、科星及桃花星，風度翩翩、桃花重、位高有錢且應酬玩樂多，是位高權重責任輕、睡覺睡到自然醒、打球及數錢到手腳抽筋的最佳寫照。

天同化權：

有主見、更為積極、有謀略、懂得維護自己的權益、會利用權勢、逢祿科與貴人星，能掌實權坐大位、收入佳。逢空劫煞忌，要注意想法的落實度，以及是否力有未逮，想做什麼就做了的後果。

天同化忌：

閒不下來一點都不懶、勞心勞力、工作滿檔才不會慌、與另一半或小孩聚少離多。逢諸吉星科權祿，事業地位與收入能因為親力親為有好收穫、比較懂說話的技巧；逢昌曲左右，可能惹上風流麻煩事；逢空劫與煞星，無福可享或有福不會享、做事勞而無獲、小孩難管教或沒有小孩、說話不中聽。

格局：

「同梁巳亥格」：具有惰性與浪漫情懷的天同，對宮是孤獨與自負的天梁在巳亥宮落陷。若是沒有好的生年四化與吉星會逢，會更加欠缺開創性與虛幻不穩定。天梁命坐巳亥宮對宮天同，也容易有相同狀況。

「天同反背格」：天同命坐辰戌宮也稱為**「化星反貴格」**。雖然天同落陷，但丁干天同化權坐辰戌宮，再與諸吉星會逢，原本情緒化又脆弱的天同，反而能奮發豁達、穩定堅毅、否極泰來。

天同單星命坐卯酉宮：

太陽○ 福	破軍◎ 田	天機╳ 官	紫微○ 天府△ 奴
武曲◎ 父	天同單星 命坐卯宮		太陰○ 遷　酉
天同△ 命　卯			貪狼◎ 疾
七殺◎ 兄	天梁○ 夫	廉貞△ 天相◎ 子	巨門○ 財

巨門○ 財	廉貞△ 天相◎ 子	天梁○ 夫	七殺◎ 兄
貪狼◎ 疾	天同單星 命坐酉宮		天同△ 命　酉
太陰╳ 遷　卯			武曲◎ 父
紫微○ 天府◎ 奴	天機╳ 官	破軍◎ 田	太陽╳ 福

職場思維：

在工作上隨和、感性、靈巧、思維敏捷、構想多、懂人性、能計劃。平時不主動與人爭的你，不是沒有能力的，只是你在用你的聰明智慧以智取勝，而且還能維持好人緣。但是缺點是比較被動，嘴巴甜會做人，所以常有人幫忙，會有以逸待勞、投機僥倖的心理。為了讓自己更上一層樓，培養做事的耐心與意志力一定會有更好的成績。適合從事國外業務、旅遊、行政、行銷企劃、業務推廣、文化、藝術、幕僚、科技、機電、金融、財稅、精品、不動產、家管、農業、漁業、五術、服務業、自由業。

財富能量：

可以靠動腦與動口來進財，財富大小通吃，也會隱藏財富，或藏私房錢。喜歡把錢花在休閒、美食與嗜好收集上。

外表在求財態度上，看似隨遇而安，其實內心是錢越多越好。只要能冷靜、踏實，依照設定的目標循序漸進、努力奮鬥，就會得到好成就。理財以貴金屬投資，或者房地產最能積富。

戀愛指南：

喜歡的對象是個穩重、能照顧人、喜歡外出休閒、志向遠大有抱負、善良慷慨、仁慈坦蕩、有責任感、常勸人為善向上的人。但有時會過於嘮叨，或者固執、愛面子，只要彼此都能有一進一退、一動一靜、一剛一柔的互相調和，感情好的你們，就可以一起克服問題、幸福相守。

健康守護：

注意生殖、泌尿、排泄、三高、肥胖、肝膽、四肢、神經、精神、呼吸、水腫等問題。

天同單星命坐辰戌宮：

武曲△ 破軍△ 父	太陽○ 福	天府◎ 田	太陰△ 天機△ 官
天同△ 命　辰	天同單星 命坐辰宮		紫微○ 貪狼△ 奴
兄			巨門✕ 遷　戌
夫	廉貞△ 七殺◎ 子	天梁◎ 財	天相△ 疾

天相△ 疾	天梁○ 財	廉貞△ 七殺◎ 子	夫
巨門✕ 遷　辰	天同單星 命坐戌宮		兄
紫微○ 貪狼△ 奴			天同△ 命　戌
太陰○ 天機△ 官	天府◎ 田	太陽✕ 福	武曲△ 破軍△ 父

職場思維：

對新事物有好奇心、聰明具創意、機智、循規蹈矩、調動轉變機會多。雖然擅於精算與比較，但還是會有懶散的一面，凡事都想有把握後才會決定去做，對於複雜的事情會很難下決定，所以，應該找出方法，讓自己專心一致去處理，不要在不必要的細節上糾纏、拖延，處理工作問題就能更為靈活，不會因此常常被催促，或者影響效率。適合從事金融、股票、房地產、稽核、司法、醫療、保險、公務、老師、航海、航空、文化、發明、設計、藝術、服務、貿易等工作。

財富能量：

重名望、聲譽，有不錯的財富福蔭，也有機會得到他人饋贈、遺產或中獎。賺錢喜歡賺清高、高尚的錢，付錢的時候，也常常會先掏錢，也會把錢用來做慈善公益或幫助朋友。只要出手花錢時，不要沒有計劃或無節制，硬要在財務上做吃力不討好的事，那麼，白手起家、做好理財規劃的你，就能積存努力而來的財富。

戀愛指南：

比較有赤子之心，喜歡無壓力生活的你，喜歡談戀愛的感覺，但是也不喜歡被無趣的感情牽絆。喜歡聰慧、浪漫、人緣好、優雅、動靜皆宜的對象。你也會為了維持好氣氛或感情，學會如何去抓另一半的脾氣，去遷就對方與對方妥協。但投入婚姻的前提，是對方不是一個陰晴不定、疑神疑鬼、不懂生活情趣、說話不中聽的人之下，你的意願才會相對提升。

健康守護：

注意皮膚、眼睛、顏面、破相、生殖與泌尿、內分泌、新陳代謝、腎、肥胖等問題。

天同單星命坐巳亥宮：

天同◎ 命　巳	武曲○ 天府○ 父	太陽△ 太陰╳ 福	貪狼△ 田
破軍○ 兄	天同單星 命坐巳宮		天機○ 巨門◎ 官
夫			紫微△ 天相△ 奴
廉貞◎ 子	財	七殺○ 疾	天梁╳ 遷　亥

天梁╳ 遷　巳	七殺○ 疾	財	廉貞◎ 子
紫微△ 天相△ 奴	天同單星 命坐亥宮		夫
天機○ 巨門◎ 官			破軍○ 兄
貪狼△ 田	太陽╳ 太陰◎ 福	武曲○ 天府◎ 父	天同◎ 命　亥

職場思維：

口才好、應變能力強、靈活取巧、多學多能，對工作有非常多的想法，容易受到注意，但因為你對周遭的感受性很強，也讓你的情緒常常發生波動而影響你的決定。所以，工作時最重要的是要提升你的穩定度、加強工作執行力，才不會因為你的想法變動而影響了你的工作穩定度與表現，以致半途而廢或變換工作，只要將思維導向正向的狀態，而不是投機、愛辯的負面導向，更有助於職場地位提升。適合從事規劃、貿易、科技、精品、財務、支援、研發、旅遊、服務、業務、教育、生活百貨、五術、農業。

財富能量：

財富的來源不一定，有可能身兼多職，從事工作時間不固定，或者是需要日夜顛倒、輪班的工作來賺錢，也有可能會有別人金錢上的支援。應以善用口才與聰明智慧來為生財做基礎，也要加強理財概念，即使天生富貴命，但若是職業常常變動、收入不穩定，就一定不適合做投機行業。應謹慎投資，以免錢財會有來來去去、反反覆覆、守不住的問題。

戀愛指南：

喜歡能跟自己一起從事活動的對象，對方理想高、反應靈敏、口才佳、儀態優雅大方、思想特別。你的問題在於，對婚姻抱持隨緣的態度，不喜歡在有壓力或既定條件下去發展感情或成就婚姻，若是你給對方的感受是無法安定，對外又常釋放好人緣，容易讓對方產生不安全感。所以，不要讓兩人之間的情緒波動增多，或是聚少離多，就可以減少爭執與分離機會。

健康守護：

注意心情急躁、肥胖、肝、肺、呼吸系統、心臟、血液、皮膚、痣瘡、疝氣、耳朵、電擊、燙傷、意外傷、開刀手術、排泄與生殖器官。

雙星組合：

天同太陰：天同太陰命坐子午宮。

紫微○ 七殺△ 奴	遷　午	疾	財
天機△ 天梁◎ 官	天同太陰 命坐子宮		廉貞△ 破軍╳ 子
天相╳ 田			夫
太陽○ 巨門◎ 福	武曲◎ 貪狼◎ 父	天同○ 太陰◎ 命　子	天府△ 兄

天府△ 兄	天同╳ 太陰╳ 命　午	武曲◎ 貪狼◎ 父	太陽△ 巨門◎ 福
夫	天同太陰 命坐午宮		天相╳ 田
廉貞△ 破軍╳ 子			天機△ 天梁◎ 官
財	疾	遷　子	紫微○ 七殺△ 奴

命格氣蘊：

一定在子午四敗宮，是「**水澄桂萼格**」。男女個性皆溫潤有禮、外表斯文秀麗、性急心慈、異性緣佳。逢祿權科與諸吉星，心性光明磊落、人緣與異性緣好、親切和藹、感情豐富又機靈、能任事、會做也懂享受、健談、說服力強、規劃能力佳、事半功倍、積極行動能居要職、富貴福祿兼有；逢諸煞與忌星，不積極、不敢變化、優柔寡斷、感情氾濫又脆弱、愛花又不會理財，財務常陷窘境、易有感情糾紛與婚姻問題。如果能按部就班，不虛浮不實愛幻想，生活才不會飄泊無依，才能穩定又平順。

先天優勢：

積極、善於分析、廉潔清明、體貼入微、樂天、聰敏機伶、情感豐富、樂於助人、善解人意、處事不躁進、不怕困難、親和力佳。

福分盲點：

愛幻想、協調性不佳、優柔寡斷、耽溺情感、情緒化、眼高手低、志氣不足、軟弱、不懂拒絕、依賴心重、愛說八卦、缺少魄力。

格局：

「**水澄桂萼格**」：天同、太陰都屬水，子宮也屬水，就如同深夜皎潔的月亮照亮海平面，也稱「**月生滄海格**」。逢吉無煞忌優雅清麗、溫文瀟灑、落落大方、懂生活、人緣佳、學識與名聲很高、富貴不俗。

職場思維：

工作上足智多謀有獨到見解、人緣好、處事溫和、擅長分析及計劃、學習能力強、願意提供意見予別人、有文采藝術天賦，或者是專精的技能。一定要言之有物，不要流於紙上談兵，重情之外不要優柔寡斷，而且要起而行，可以協調談判，但不要強詞奪理，運用智謀來權宜變通，不要爾虞我詐。適合從事公部門、行政幕僚、公益、文化藝術、美的事業、國際事務、貿易進出口、業務、諮詢談判、金融、不動產、餐飲、娛樂、醫藥、殯葬。

財富能量：

會花心思賺錢，但是對錢與理財的觀念不太重視或明確，總喜歡把錢花在吃美食、買貴重名牌、出國旅遊的享受、從事公益以及接濟朋友上。只要用錢不任性，把生活上奢侈的花費轉換成做好理財規劃，以及購買不動產，或是投資與國外相關的事業，例如：國外基金、餐廳、旅遊事業等，錢財就能有效聚集。

戀愛指南：

喜歡的對象外貌斯文端秀、自尊心強、博學多聞、有長輩緣，在外機靈通達，在家時卻安於現狀，比較不懂得製造生活情趣。但是感情豐富的你，有浪漫的情懷，喜歡時刻受到關懷與體貼，若是對方比較不懂如何給予你這樣子的感受，你也不要向外求，只要對方是顧家又顧事業的人，你還是要實際面對生活的柴米油鹽，不要過於天真浪漫而製造感情的困擾了。

健康守護：

注意開刀、破相、器官增生、生殖器官、性病、內分泌、排泄器官、胃、骨、腎、肺、呼吸道、過敏、腫瘤等疑難雜症。

特殊格局：

命宮無主星坐子宮，天同太陰遷移宮坐午宮：

命宮無主星坐午宮，天同太陰遷移宮坐子宮：

天府△ 奴	天同× 太陰× 遷　午	武曲◎ 貪狼◎ 疾	太陽△ 巨門◎ 財
官	命宮無主星 坐子宮		天相× 子
廉貞△ 破軍× 田	天同太陰 遷移宮坐午宮		天機△ 天梁◎ 夫
福	父	命　子	紫微○ 七殺△ 兄

紫微○ 七殺△ 兄	命　午	父	福
天機△ 天梁◎ 夫	命宮無主星 坐午宮		廉貞△ 破軍× 田
天相× 子	天同太陰 遷移宮坐子宮		官
太陽○ 巨門◎ 財	武曲◎ 貪狼◎ 疾	天同○ 太陰◎ 遷　子	天府△ 奴

命格氣蘊：

命宮沒有主星的命格，比起命宮有主星的人更重視生年四化、吉凶星、日月雙星的落點。這個命格外表給人的感覺是有氣質且無壓力，溫和善良、端莊應對有禮、開朗有趣、頭腦聰明，但內心的想法，常因為要配合別人而改變，也只有自己知道自己的能耐或快樂、苦惱有多少。三方四正會逢祿權科、祿存、天馬、六吉星、三台、八座、龍池、鳳閣、台輔、封誥、天官、天福等諸吉星，穩重具有耐心、口才與表現力強、領導力強、積極志氣高，學識淵博、容易遇到好機運，感情、事業、財富發展順利亨通、格局大；逢空劫、四煞、天刑、忌、天虛、天哭、陰災劫煞、大耗、小耗、旬空、截空等諸凶星，人生比較被動消極、浮躁缺乏耐心、欠缺事業心、思多行少、精神空虛、好幻想、口舌是非、容易輕信他人導致錢財不守、財富破耗、為情所困，所以，千萬不要沉迷於酒色與不良嗜好。

先天優勢：

樂善好施、廣結善緣、任勞任怨、健談直爽、重榮譽、親力親為、博學多聞、聰明機伶、心無城府、適應力佳。

福分盲點：

自卑膽小、好大喜功、缺乏擔當、依賴心重、瞻前顧後、耽於安樂、進退不決、身心空忙、見異思遷、感情複雜、抗壓力不足。

職場思維：

工作機緣多波動也多，能身兼多職，卻也常常抱著不知道自己適合什麼工作的感覺，容易造成你心猿意馬的工作心態，若能隨遇而安、培養專業、挑戰與突破自我，只要做事不過於挑剔反覆、心情煩躁不寧、決策輕率而影響工作穩定度，擁有天時地利人和的你一定能做出好成績。適合從事文教、傳媒、顧問、行政、外交、醫藥、法律、業務、自由業、設計、稽察、司法、五術、金融、貿易進出口、表演、外語。

財富能量：

靠自己獨立自主賺錢，有好的運氣，能得到貴人相助，也可以靠著動腦以及口才、國外事務、四處奔動、競爭來賺取財富。賺的錢規模不小，錢財的流通性大，不管是生活用度，或是在事業上的投資都是大手筆，容易讓別人覺得你是很有錢的人。一定要有計劃以及有所節制，以保存辛苦賺來的財富。

戀愛指南：

喜歡聰明、善良賢淑、斯文、福蔭好、具有謀略、勞心多思慮、好動外出多、第六感強又有些神經質的對象。而你情感豐富，容易有虛浮不實浪漫的幻想，容易自作多情或游移不定，對方對你會操心或者管束你，只要你把這看成是對方在關心你，而不是對你的不信任跟控制，也許對你的人生就是提供了一種很好的建議。

健康守護：

注意肺、呼吸道、過敏、骨、腸、胃、三高、心臟、血液、腫瘤、癌、開刀、手術、生殖器官、內分泌、新陳代謝。

天同巨門：天同巨門命坐丑未宮。

天機△ 官	紫微◎ 奴	遷　未	破軍△ 疾
七殺◎ 田	天同巨門 命坐丑宮		財
太陽◎ 天梁◎ 福			廉貞△ 天府◎ 子
武曲△ 天相◎ 父	天同× 巨門× 命　丑	貪狼○ 兄	太陰◎ 夫

太陰× 夫	貪狼○ 兄	天同× 巨門× 命　未	武曲△ 天相◎ 父
廉貞△ 天府◎ 子	天同巨門 命坐未宮		太陽△ 天梁△ 福
財			七殺◎ 田
破軍△ 疾	遷　丑	紫微△ 奴	天機△ 官

命格氣蘊：

一定在丑未四墓宮，坐丑宮日月雙星廟旺並明，坐未宮日月能量稍弱。逢祿權科與諸吉星，不論男女多金多情享受多、聰明機靈、看事辦事、見識廣、得上司提拔、工作事業順風順水平步輕雲、位高權重有厚祿、有不是自身努力而來的大偏財、臨機應變強、能說善道、體貼入微、相處上給人好感受、沒人比他更會拍馬屁的了，是人人羨慕的人生勝利組；無吉逢煞忌諸凶星，外表看似無所謂，但內心有隱痛說話虛偽負面、空包彈、追根究底但效率不太好、好說懶做人緣差、情緒起伏大、禍從口出是非多。逢昌曲與桃花星再逢刑忌，桃花多，一定要防桃花是非糾紛與官司，要管好自己的嘴巴與情感。

先天優勢：

能吃能睡、心地耿直、單純善良、做事認真、天真樂觀、知足常樂、能言善道、體貼入微、吃虧但看得開。

福分盲點：

固執懷疑心、口拙說話不得體、哪壺不開提哪壺、執著於小事或細節、猶豫不決、有苦會往心裏藏、一條腸子通到底不會變通、情深自困。

職場思維：

能臨機應變、口才佳、擅交際、對人會有選擇性的體貼與隨和、處世圓融人緣佳。在職場上懂得形勢比人強與選邊站的重要性。工作型態若不是動態型，就是容易做動腦獻策的幕僚，注意不要成為工於心計、雙重人格兩面倒、辦事三分鐘熱度、虎頭蛇尾的人。只要培養專業能力，配合聰明的頭腦與運用人脈，工作就能得心應手，成為領域內的翹楚。適合在大企業工作，從事行政幕僚、金融、科技、國外事務、精算、監察稽核、設計、業務、宗教、語文、五術、藝術、餐飲、娛樂、運輸、流通、旅遊、專業講師、家管。

財富能量：

會以智慧與專業技能賺錢，比較不會以勞力賺取金錢。在財富上能得到貴人的幫助，福氣不錯的話，也有可能會靠祖蔭獲得大筆財富，會大手筆花錢，追求高的生活品質。有福氣的你，只要以專業來取財，不要工作不定，讓收入不穩定，或者虛榮過頭、花費無度，經濟就能穩定充裕。

戀愛指南：

喜歡輕鬆開心氣氛的你，喜歡的對象感情豐富、體貼善良、溫文有禮或美麗大方、持家或理財有方、思慮周詳、有人緣，兩人郎才女貌各方都匹配，能夠彼此包容與體諒。你也會關愛對方，只要你不被外界吸引、生異心，對方也不會敏感、神經質，一定是生活恩愛到讓人羨慕的一對。

健康守護：

注意四肢、肺、呼吸道、過敏、內分泌、新陳代謝、骨、意外、手術。

特殊格局：

命宮無主星坐丑宮，天同巨門遷移宮坐未宮：

命宮無主星坐未宮，天同巨門遷移宮坐丑宮：

<table>
<tr><td>太陰×
官</td><td>貪狼○
奴</td><td>天同×
巨門×
遷　未</td><td>武曲△
天相◎
疾</td></tr>
<tr><td>廉貞△
天府◎
田</td><td colspan="2" rowspan="2">命宮無主星
坐丑宮

天同巨門
遷移宮坐未宮</td><td>太陽△
天梁△
財</td></tr>
<tr><td>福</td><td>七殺◎
子</td></tr>
<tr><td>破軍△
父</td><td>命　丑</td><td>紫微△
兄</td><td>天機△
夫</td></tr>
</table>

<table>
<tr><td>天機△
夫</td><td>紫微◎
兄</td><td>命　未</td><td>破軍△
父</td></tr>
<tr><td>七殺◎
子</td><td colspan="2" rowspan="2">命宮無主星
坐未宮

天同巨門
遷移宮坐丑宮</td><td>福</td></tr>
<tr><td>太陽◎
天梁◎
財</td><td>廉貞△
天府◎
田</td></tr>
<tr><td>武曲△
天相◎
疾</td><td>天同×
巨門×
遷　丑</td><td>貪狼○
奴</td><td>太陰◎
官</td></tr>
</table>

命格氣蘊：

如果三方四正無煞忌，命宮在未宮，就是**「明珠出海格」**（命宮在丑宮就不是）。不論命宮在丑或未宮，都適合出外打拚。若是會逢祿權科或祿存、魁鉞、昌曲、輔弼諸吉星相助，才德兼備、心地純良、光明磊落、人緣佳、學有專精、敬業樂群、興趣廣泛、博學多聞，即使在成功前的過程中需要奮鬥，也一定能夠得到貴人的提拔，名利雙收、財富地位都如意、聲名遠播；若是會逢空劫、四煞、天虛、大耗、小耗、忌、天哭、陰煞、旬空、截空諸凶星，富貴名位就會打折扣，出外行運變得較辛勞，容易懷才不遇、內心常紛雜。好交朋友但識人不明，人際關係常有隔閡與口舌是非糾葛，賺進來的錢容易耗損，人生中會有無法言喻的隱憂，而有缺憾。

先天優勢：

心地善良、身段柔軟、口才佳、記憶力強、擅於溝通協調、機謀計劃、穩健內斂、熱心公益、擇善固執、學習新知、朝氣蓬勃。

福分盲點：

多思多慮、禍從口出、心無定性、精神虛空不實際、虛榮心、猜疑心、華而不實、缺乏開創力、任性固執、意志搖擺。

格局：

「明珠出海格」：未宮空宮時，太陰在亥宮、太陽在卯宮皆廟。意指日月雙星像明珠，日夜在海上照耀著命主的運程，讓命主不會迷失方向，前途更加光明順遂、生命力蓬勃發展、既富且貴。

職場思維：

肯付出、志向遠大、從善如流、分析能力強、與人為善、不輕易得罪人，能隨著時代潮流與環境變化，找出一條屬於自己成功的路，在專業領域上能發光發熱。處世低調，不遭人眼紅，事業上就越成功，若過度堅持自我理想、鋒芒畢露，或因循敷衍欠缺積極、自我放棄，容易阻礙了自己的運途。適合從事文藝、政治、軍警、公職、司法、慈善、保險、輪班制、男女百貨、業務、旅遊、行銷、醫療、美的事業、殯葬、不動產。

財富能量：

雖然勞碌生財，但有正偏財皆有的機運，或能繼承祖產，對錢的心態比較能隨遇而安，不會斤斤計較。賺錢方法重要在清白、取之有道，要防止因為好面子，或者過於信賴別人而借貸無度。也要避免奢侈浪費開銷無度、賭博的行為，而導致無端散財。只要理財有方、積存不動產，生活一定能富裕充足。

戀愛指南：

喜歡的對象活潑、敏感機智、手巧、盤算多、富同情心、多情、懂情趣、個性溫和、佔有欲強，若要感情長久，一定要改善聚少離多的狀況。彼此用心照顧，不要感情用事，不要用情緒性的字眼批評與指責對方。即使觀念有落差，也不要漠視問題的存在，要開誠布公溝通，共同打開心結、建立共識，婚姻才能和諧，感情就能長久維繫。

健康守護：

注意三高、骨、皮膚、破相、意外、手術、腸、併發症、器官增生、呼吸系統。

天同天梁：天同天梁命坐寅申宮。

田	天機◎ 官	紫微◎ 破軍○ 奴	遷　申
太陽○ 福	天同天梁 命坐寅宮		天府○ 疾
武曲△ 七殺○ 父			太陰○ 財
天同△ 天梁◎ 命　寅	天相◎ 兄	巨門○ 夫	廉貞╳ 貪狼╳ 子

廉貞╳ 貪狼╳ 子	巨門○ 夫	天相△ 兄	天同○ 天梁╳ 命　申
太陰╳ 財	天同天梁 命坐申宮		武曲△ 七殺○ 父
天府△ 疾			太陽╳ 福
遷　寅	紫微◎ 破軍○ 奴	天機◎ 官	田

命格氣蘊：

一定在寅申四馬宮，福星與蔭星相聚不怕危厄，好奇心重、童心未泯、有福可享。無煞忌星為「**機月同梁格**」，沉穩端正、行事穩當；逢祿星與諸吉星，外表體面，見天壽、天福、諸吉星福壽厚重、富貴名揚，老謀深算善於計劃、遇難呈祥、財福雙美、人生較富足，但還是有常搬遷、換工作，或與子女分離的問題。遇諸煞忌與桃花星，愛賭、沒有家庭觀念、不務正業、拋家棄子、狡兔好幾窟、裝老大擺譜、為顧面子而說謊、語言暴力、聰明反被聰明誤、官司牢獄之災、情緒化、自找麻煩、客死他鄉、婚姻不利。適合公務體系、自由業、不動產業、旅遊業、服務業、電子科技業等皆可從事。

先天優勢：

智慧高、福分佳、品行溫良、精力充沛、思路敏捷周密、幽默機伶、親和力強、敬業樂群、有謀略、自得其樂。

福分盲點：

脾氣大、愛出外遊蕩風流、結交三教九流、愛出風頭、會做檯面下之事、愛賭、不實在、死要面子、安於現狀、不敢面對現實。

職場思維：

社交力強，在職場上隨和、人緣佳、頭腦靈活、能出謀策劃，為工作與生活離鄉背井，或做動態型的工作或絞盡腦汁，而且能隨遇而安，工作內容多元，有比較多轉職或兼業的機會，並且容易得到他人的幫助。只要保持與人為善的信念，不做無畏思慮煩惱，有計劃的執行策略，並且堅守職場原則與紀律，不要心機、招惹是非，或抱著投機心態，地位成就就會慢慢提升。適合從事師字輩、軍警、公職、不動產、仲介、五術、金融、自由業、服務業、宗教、運輸、旅遊、傳播、科技、行政幕僚、醫療、博弈。

財富能量：

賺錢與理財能力佳，動靜中都可以賺錢。無論動用的金錢金額大小，都會精打細算。可以賺流通財，或者是經由理財讓財富活化流通。千萬不要過於樂觀，把金錢花在飲酒作樂、過度投資，導致花費過大而勞神傷財。不要做違法的事，以免產生官司糾紛。只要是金錢打理得宜，喜歡置產、儲蓄、用錢謹慎的你，一定能夠擁有好的財富規模。

戀愛指南：

你的對象優點是聰明賢能、工作能力強、做事謹慎、勤儉、刻苦耐勞、見人說話、口才一流；但缺點是會因為佔有欲強，對你有高標準要求，而且說話犀利等問題，讓你感受到壓力。會有這些問題產生，可能是因為你與別人的交流過於頻繁，或是你對金錢的控管不佳，以及做事不太積極，讓對方產生了不安全感以致發生口角。所以，雙方都需要調整，感情才能趨於穩定。

健康守護：

注意胃、腸、器官增生、顏面破相、眼睛、手術、火氣大、腎、泌尿系統、生殖器官。

特殊格局：

命宮無主星坐寅宮，天同天梁遷移宮坐申宮：

命宮無主星坐申宮，天同天梁遷移宮坐寅宮：

廉貞× 貪狼× 田	巨門○ 官	天相△ 奴	天同○ 天梁× 遷 申
太陰× 福	命宮無主星 坐寅宮	天同天梁 遷移宮坐申宮	武曲△ 七殺○ 疾
天府△ 父			太陽× 財
命 寅	紫微◎ 破軍○ 兄	天機◎ 夫	子

子	天機◎ 夫	紫微◎ 破軍○ 兄	命 申
太陽○ 財	命宮無主星 坐申宮	天同天梁 遷移宮坐寅宮	天府○ 父
武曲△ 七殺○ 疾			太陰○ 福
天同△ 天梁◎ 遷 寅	天相◎ 奴	巨門○ 官	廉貞× 貪狼× 田

命格氣蘊：

這個命格基本上不喜歡待在家，喜歡外出逍遙自在或工作。在外給人的感受是溫和善良、能說善道、給人豐富閱歷的感受；喜歡出風頭、做老大、有幽默感且不具侵略性，是所謂的人人好，會照顧別人，所以大家對命主都不會有防備心。三方四正太陽、巨門會逢，出外多競爭與是非；三方四正會逢祿權科、祿存、諸吉星，出外順利、精神愉快、浪漫、有愛心、做事順利、運途光彩、能得貴人相助、能獨當一面、多角經營、開創新局、容易在異鄉發財、得到好名聲、財富名位都豐收；若逢空劫、四煞、天虛、大耗、小耗、忌、天哭、陰煞、旬空、截空諸凶星，就容易固執、脾氣大、虛榮吹牛、假清高、對人不誠懇、善於掩飾、說謊愛騙、精神孤獨、飄蕩無依、感情複雜、工作不定、口角糾紛多、花費大、官司訴訟、辛勞奔波、收穫少。

先天優勢：

本性善良、隨緣樂天、出外好運多、深思熟慮、會看臉色、清高耿直、人緣好、照顧弱小、貴人多助、不怕奔波辛勞、口才佳。

福分盲點：

抗壓力低、沒有家庭觀念、做事有始無終、愛要求別人、脾氣硬、說話難聽、貪玩愛花、感情多變、欲望過多、耐不住寂寞、好賭。

職場思維：

喜歡做大事，工作時機靈、喜歡指揮人、擅於分析思考、聰明並且會善用智慧與口才，從事的工作重視說服力與專業智能、執行力與決斷力。要將對別人好的嘮叨方式以及質疑的心態，轉換成明快果決的授權與信任，就能提升服從力、事業成功率以及穩定度。另外，不要為了求表現而說做不到的大話，或者鋒芒太露；工作有問題時，千萬不要隱匿不說，而造成不應該有的失誤。適合從事國外事務、政治、公關、旅遊、服務業、古董、百貨、慈善、保險、仲介、法律、殯葬、醫療、表演、餐飲、以口為業。

財富能量：

一分耕耘會有一分收穫，只要努力工作，收入一定是豐厚的。但是因為自己愛面子、愛享樂、用錢大方，並且樂善好施願意支援他人，結果是為了要維持好名聲，而經常讓金錢左手進右手出、難以聚財。要避免財務負擔過重，除了開源之外就要懂得節流。為自己訂定儲蓄計劃、定期投資，或者購買不動產，才不會變成過路財神。

戀愛指南：

對方性急心慈、聰明伶俐、應對得宜、勞碌、腦筋動不停、好惡分明、靈活又有想法，會帶給雙方生活輕鬆以及愉快的感受。由於你們都是屬於常常在外活動型的人，就必須彼此理解與支持，並且交代自己的動向。也要盡量安排出一起互動的時間，減少獨自在外各過各的的狀況，才不會拉開兩人的距離，感情就更能甜蜜維繫。

健康守護：

注意腫瘤、骨折、意外、手術、頭痛、癲癇、癌、盲腸、肺、呼吸道、三高。

廉貞：**坐命命格氣蘊與星性介紹**

・丁火，五行屬木、土，北五，屬陰，化氣為囚、殺。

・是官祿主、次桃花、魅力星、競爭星、驛馬星、囚星、權令星、複雜星。

・代表人物是紂王的奸臣費仲。

廉貞是次桃花星，也可說是邪桃花星。個性強烈，主官祿、異性緣與競爭，本身散發著無人能擋的誘惑媚力。能力強、智慧高、豪放、愛表現、好自由、好奇心強、忠誠度高、固守自我原則、注重享樂與物質生活、不喜歡受管束、會爭寵、容易受利益與環境影響。因為也是五鬼星，所以「精」得跟鬼一樣。當然會用智慧或心機來運作或強迫別人，不聽的話，就有你受的。

在寅申宮獨座，逢祿權科諸吉星為「**雄宿乾元格、廉貞清白格、紫府朝垣格、府相朝垣格**」，以坐申宮為最佳。三方四正逢昌曲，就是「**廉貞文武格**」，能文能武、辯才無礙、才華洋溢、豪放耿直、喜歡新鮮刺激、領導力、公關力、位高財富多、事業宏大、忠貞、奮鬥不懈、個性堅強、軟硬兼施、善於競爭、絕不輕易認輸、事事能成功、有錢有權有得玩、自己有一套專屬原則。

若是這個超級無敵強又複雜的星化忌了，用恰北北與惡勢力來形容廉貞一點都不為過。可以想像真的會很麻煩，對別人而言也更具殺傷力。更因為廉貞憑著對自己的自信，容易走在模糊與法律邊緣，加上脾氣使然，比其他星曜更容易有官司訴訟問題，所以，後天的修養非常重要。

廉貞化忌又逢諸煞的人，變得更好強、好勝、好鬥、好爭、易助長惡勢力、容易有精神上的疾病。外表強悍、內心複雜、精神苦、對事情執著、不放手、嘴巴不會說好話、常常挑釁別人、心機重。要注意情緒的表現是否太過於強烈，加上又喜歡惹事生非，讓原本的財富及成就打了大折扣。運不好時，損財機會也容易跟著來。或者因為虛榮、追求名利、物質享受，而接觸酒、色而淪落風塵、為人小三，或爭強好勝招來官司是非。也要常提醒自己，收起多變的雙重個性，才能平安渡過愛恨交織、戲劇性強的人生。

廉貞適合競爭激烈性質的工作，也可以從事金融、衍生性金融商品、外交、貿易、電子、電器、五金、金屬、化學、藝術、美學、寶石、精品、零售、畜牧、名產、餐飲、仲介、業務、服務業、公關。

舉凡五行木土火性的疾病及癌症、失眠、過敏、暗瘡、憂鬱症、脊椎、四肢、牙齒、唇、腎、生殖與性器官、血液、糖尿、疥癬等都要注意。

先天優勢：

獨立、自律、聰明機靈、積極敢為、察言觀色、敢說肯做、決斷力、頭腦精明、手腕靈活、媚力十足、大鳴大放、競爭力強、長袖善舞、刻苦耐勞、困難克服力。

福分盲點：

以自我為中心、固執己見、奸詐、傲氣、脾氣火爆剛烈、搞怪、主觀、心機重、偏重物質與權勢、任何看上的都愛與人爭、比行頭、鑽牛角尖、是非多。

喜：天相、天魁、天鉞、祿存；逢祿星有財富、逢文星好禮樂、逢武星有功名。

忌：化忌、空劫、破軍、四煞。

廉貞化祿：

聰明絕頂、競爭力強、桃花爆棚、人緣佳、處處吃得開、長袖善舞、敢說敢要要得到、職位高收入高、花錢大手筆、好還要更好、敢享受、願意欣賞美好事物。

廉貞化忌：

內心住著鬼娃恰吉、愚忠、奸詐、強迫症、不擇手段、報復心強、敢與人爭、嘴巴壞是非多、心性狂悖、身心波動強、自惹官司訴訟、麻煩製造者、背後說人是非、見縫插針、叛逆、桃色糾紛、情傷、孤獨、有疾、憂鬱或躁鬱、能在困難中解決複雜事、喜歡年紀小的對象。

格局：

「廉貞清白格」：情感與精神性強烈的廉貞，在寅申宮逢化祿、祿存且無煞。能克制欲望、降低桃花性、理想崇高、更為專一貞潔。

「雄宿乾元格」：廉貞坐命寅、申宮逢諸吉星無煞，也是**「雄宿朝垣格」**。表現力強、能力高超、建功立業、富貴雙全。

「廉貞文武格」：廉貞坐命寅、申宮，三方四正逢紫微、武曲、文昌、文曲。雄韜大略、知書達禮、文武雙全、居高職掌大權。

廉貞單星命坐寅申宮：

天同◎ 田	武曲○ 天府○ 官	太陽△ 太陰× 奴	貪狼△ 遷　申
破軍○ 福	廉貞單星 命坐寅宮		天機○ 巨門◎ 疾
父			紫微△ 天相△ 財
廉貞◎ 命　寅	兄	七殺○ 夫	天梁× 子

天梁× 子	七殺○ 夫	兄	廉貞◎ 命　申
紫微△ 天相△ 財	廉貞單星 命坐申宮		父
天機○ 巨門◎ 疾			破軍○ 福
貪狼△ 遷　寅	太陽× 太陰◎ 奴	武曲○ 天府◎ 官	天同◎ 田

職場思維：

外交力強、表達力佳、競爭企圖心旺盛、精明幹練、才華洋溢、自信十足、行事謹慎、敬業樂群。工作積極重效率的你，野心大，有生意頭腦，喜歡做大事賺大錢，會想創業當老闆。只要謹記凡事由小到大，不要有一蹴可幾的投機做法，在經過一番努力，得到別人對你的肯定與信賴後，機會就會源源不絕，一定能獲得極佳的成就、居高位。適合從事金融、科技、電子、美的事業、貿易、報關、傳播、資訊、不動產、裝潢、寶石、精品、表演、藝術、公關、外交、五金、製造、服務業、餐飲。

財富能量：

懂得生財之道，不會只有一種賺錢方式，也可能會得到意外之財。雖然為了賺錢奔波，但能夠賺到錢、又能賺到好名聲與形象，是你喜歡的賺錢方法。懂得賺錢也要花錢享受，出手大方讓人感覺是富有的人。習慣以物質與利益來衡量人生，只要取財手段不過於偏激或被人情拖累，一生能享用富足，名、利、財、權皆有。

戀愛指南：

你的能力和個性與對象旗鼓相當，都是屬於獨立、剛強、精明能獨當一面、有情義但倔強。雖不容易了解，但都是外強內柔的人，雙方容易一見鍾情。只要能做到不用競爭的相處，而是互相欣賞、相輔相成，或是在各自的領域發展，彼此鼓勵、一起成長，愛情就不會來得快去得也快，感情才能互相調和、長長久久。

健康守護：

注意呼吸系統、牙、口腔、腸、胃、暗疾、四肢、肝、膽、神經系統、心臟、血管、精神、肩頸、內分泌、新陳代謝。

雙星組合：

廉貞天相：廉貞天相命坐子午宮。

太陽○ 奴	破軍◎ 遷　午	天機✕ 疾	紫微○ 天府△ 財
武曲◎ 官	廉貞天相 命坐子宮		太陰○ 子
天同△ 田			貪狼◎ 夫
七殺◎ 福	天梁○ 父	廉貞△ 天相◎ 命　子	巨門○ 兄

巨門○ 兄	廉貞△ 天相◎ 命　午	天梁○ 父	七殺◎ 福
貪狼◎ 夫	廉貞天相 命坐午宮		天同△ 田
太陰✕ 子			武曲◎ 官
紫微○ 天府◎ 財	天機✕ 疾	破軍◎ 遷　子	太陽✕ 奴

命格氣蘊：

三方四正沒有會逢煞星，就算是「**府相朝垣格**」或是「**紫府朝垣格**」。是真誠不虛偽、有謀略能富能貴，外放與中規中矩、穩重與不服輸的組合，有點衝突感但能互相制衡。一定落在子午宮，有個人魅力、風趣幽默、感性、重吃穿享受、愛用高檔貨、在意外表打扮入時、會刻意保持形象、重視感情但不一定忠誠、有創意及美的鑑賞力、做事認真又高調、潛在性格還是擁有強勢、高傲、標新立異的因子，一不小心就會產生衝突與破壞，也給人難搞、挑剔、要求高的感受。事物容易有兩個或雙重的意象或狀態，例如：容易有兩個家，有大小老婆或外面有情夫，但能相安無事。三合昌曲是「**廉貞文武格**」，能文能武、有權有勢。逢祿權科星與諸吉星，豔光四射、男帥女亮眼、善於運用人際關係去賺錢，有把事做好的決心、財務穩當、富貴雙全。如果有所謂的「**刑囚夾印**」或「**刑忌夾印**」，又逢空劫諸煞星，即使有錢，心靈也感覺空虛與不滿意，精神容易錯亂，導致自己原本的好牌會打成爛牌，傷人自傷，也許會鬧出大事件或者事與願違。

先天優勢：

美麗或帥氣、幽默風趣、見識廣、負責盡職、觀察力高、敏銳、熱心、應對得體、善於行銷企劃、公關能力佳、做事有原則。

福分盲點：

鋌而走險、不認錯、好勝多疑、刁蠻、浮躁、難搞、愛計較、愛面子、愛吃醋、情緒多變、意志不堅、胡思亂想。

職場思維：

有個人風格不怕辛苦，競爭力與執行力強。擅長協調的你，是非黑白分明、勤快、堅毅果決、具開創領導力與企劃力、能自重、舉一反三、具有旺盛進取心，有創業經商的能力與機會。在工作中，常以高標準來要求或評論他人，但要注意說話方式，不要過於犀利無情，讓人臉面無光。在遇到困難阻礙時，一定會想方設法尋求突破，只要能保持目標專一的精神，創新與紮實、專業並進發展事業，容易有外派的機會。適合從事財稅金融、資訊、工程、不動產、五金、水電、美的事業、百貨、醫療、業務、珠寶、製造、礦業、政治、創意行銷。

財富能量：

不怕奔波辛苦，努力工作實現理想的你，賺錢的方式是在熱鬧、創新、突破中累積。因為工作的關係，容易接近權貴，也容易掌握賺錢資訊與機會，也喜歡控管財權，收入相對高，財富規模也大。對於財務只要懂得規劃與謀略，能儲蓄累積金錢，在用財穩定下，正偏財都有的你，一生都能夠財源穩定而且源源不絕，享有富足生活。

戀愛指南：

重視外表也善於交際的你，喜歡具吸引力、個性熱情豪爽、喜歡交際、打扮性感、有才華、嘴甜、欲望多、情感豐富的對象。這樣的對象，與你一樣有著熱絡的交際網，因為人際互動多，也會有讓彼此在情感上感到不安全。所以，透過實際的交往，了解對方對待感情的態度，找到彼此都能互信的感情共識底線，才不容易因此產生不滿與誤會，相處起來才會更輕鬆愉快。

健康守護：

注意四肢、肝、膽、胰、神經系統、身心問題、婦女病、內分泌、泌尿系統、器官增生、胃、腸、青春痘、破相、失眠、性病。

廉貞七殺：廉貞七殺命坐丑未宮。

武曲△ 破軍△ 官	太陽○ 奴	天府◎ 遷　未	太陰△ 天機△ 疾
天同△ 田	廉貞七殺 命坐丑宮		紫微○ 貪狼△ 財
福			巨門× 子
父	廉貞△ 七殺◎ 命　丑	天梁◎ 兄	天相△ 夫

天相△ 夫	天梁○ 兄	廉貞△ 七殺◎ 命　未	父
巨門× 子	廉貞七殺 命坐未宮		福
紫微○ 貪狼△ 財			天同△ 田
太陰○ 天機△ 疾	天府◎ 遷　丑	太陽× 奴	武曲△ 破軍△ 官

命格氣蘊：

「貞殺同宮格」，一定在丑未宮。個性衝動有殺氣、想表現自己的能耐、堅毅孤傲、固執自我又剛烈、在家待不住、別人說不動、聰明、浪漫、早熟早談戀愛、懂人情世故、會對人體貼、會說好話讓人放心、朋友多、三教九流都結交、內心其實很柔軟，跟外表不一樣。除非疾厄宮佳，還可以得到父母的包容與照顧，要不然從小生活就不那麼好過。求學過程也不佳，在年輕時一定會有一段黯淡的時光。若是三合逢昌曲是**「廉貞文武格」**，逢祿權科諸吉星，若是加上丑未宮有天魁天鉞「坐貴向貴」，小時候即使不愛讀書或不是頂尖，也一定有好家庭支撐與父母的照顧。因為本身很想賺大錢做大事，會因為這樣的責任心與野心，努力讓自己成為有錢的人，加上出社會工作後貴人多助，所以能一掃小時候的不順獲得成功。由於不太容易滿足現狀，所以，想創業的心非常強烈，成功機率也很大；若是不創業，也能靠自己的努力爬到高的位階。如果是逢煞忌諸凶星，無吉星相救，為「**殺拱廉貞格**」，聰明反被聰明誤，愛面子又自卑，容易被人利用，做事不考慮後果、陽奉陰違、為了滿足自己的貪欲與生活用度，會做不法之事；外出容易出意外、有血光之災、財務也容易破敗難積蓄、做錯事後悔但不容易改正、婚姻不佳，建議抱負與雄心壯志要用到正途，以免身陷囹圄、悔不當初。

先天優勢：

開創力、會照顧父母與家人、不輕易放棄自己、勇於嘗試挑戰、不怕挫折、越戰越勇、奮發向上、能扛責任、認清事實而做改變。

福分盲點：

衝動、暴力、暴戾、好高騖遠、表裡不一、知行不一、可憐之人必有可恨之處、明知故犯、不聽勸、不到黃河心不死。

格局：

「**貞殺同宮格**」：廉貞與七殺在丑未宮同坐，物質、嗜好與精神並重。逢諸吉星則為積富之格，能克服困難、累積財富、發達機會大；若是逢凶星多，則可能成為「**路邊埋屍格**」，衝動浪蕩、情路坎坷、客死他鄉、是非官司與意外災禍多。

「殺拱廉貞格」：廉貞坐命，七殺於三方拱命，無吉加諸煞。個性剛烈、命運多舛、意外多、破財傷身犯官司。

職場思維：

對工作的企圖心強，想出人頭地或者因生活需要，常常對現在的職務不滿足，工作容易產生變動與曲折，但也會勇於挑戰與承擔辛勞。在職場中喜歡掌握主控權，不喜歡被左右，會鞭策自己，提升專業的技能領域，以便更容易受到公司器重與獲得職務上的升遷。本身若懂得適當授權，在人和之下，工作就會更順利。適合從事不動產、運輸、工程、理財、財務、金融、保險、生活百貨、業務、武職、餐飲、製造、美的事業。

財富能量：

會用獨特的技能或專業辛勤賺錢，愛賺、肯賺、財富欲望大，人際應酬多，花錢方式也很闊綽，正偏財運都有，除了工作收入外，也能得到意外的饋贈。只要不揮霍無度、不做無謂應酬、不亂用義氣攬責任、不識人不明、不用不正當的手段賺取錢財，就能降低背負債務的機率。而在遭遇挫折後能夠奮發圖強、力爭上游，一定能翻轉人生走向成功的道路。

戀愛指南：

你喜歡聰明大方、談吐氣質佳、重打扮、賢淑、應對有禮，但也是依賴、重享受的對象，會在熟悉的工作圈、生活圈中認識交往。對方重視經濟生活的水準與品質，所以，富足的經濟條件與有安全感的生活，是兩人長久生活很重要的元素。在你能力比較強之下，經濟壓力就會落在你的肩膀上。若是你沒有財務問題也甘之如飴，比較能相守到老；若是你無法或不願再背負重擔，感情問題就會浮現出來。所以，賺錢與理財，以及雙方是否有負債是件很重要的事。

健康守護：

注意心神不寧、肝、膽、火氣大、男性及婦女病、四肢、憂鬱、內分泌、免疫系統、意外傷、開刀手術、失眠、過敏、腦、三高。

廉貞破軍：廉貞破軍命坐卯酉宮。（見下頁）

天府△ 福	天同× 太陰× 田	武曲◎ 貪狼◎ 官	太陽△ 巨門◎ 奴
父	廉貞破軍 命坐卯宮		天相× 遷　酉
廉貞△ 破軍× 命　卯			天機△ 天梁◎ 疾
兄	夫	子	紫微○ 七殺△ 財

紫微○ 七殺△ 財	子	夫	兄
天機△ 天梁◎ 疾	廉貞破軍 命坐酉宮		廉貞△ 破軍× 命　酉
天相× 遷　卯			父
太陽○ 巨門◎ 奴	武曲◎ 貪狼◎ 官	天同○ 太陰◎ 田	天府△ 福

命格氣蘊：

廉貞破軍五行相生亦相剋，這個星曜組合坐落於卯酉宮，冷靜且善戰，內心複雜、不是乖乖牌、不會按照常規行事、好勝心強、渴望成就、具領導天分、脾氣說來就來、不得閒、有開創能力、做事乾脆不拖拉、喜歡交朋友、喜歡評論糾正他人、凡事講求代價、具有破壞跟消耗的特質。

廉破眼光高、追求自己理想中的完美，一般與六親較容易有早離早分、聚少離多的問題，懂得如何利用人際關係攀附權貴來提升自己的財富及職位。三合科權祿，有錢有權有貴人，見左右同宮，會身兼數職，部屬眾多。三方四正魁鉞拱命，貴人不斷。若是會逢空劫忌，行運常常遭遇艱難，但是因為想成就事業名位，還是會想盡方辦法如期完成。但也因為經常要在外應酬，不但忽略了家庭生活，精神上也是孤獨空虛的。再加上好強、愛面子、自尊心強，即使能夠在團隊身居要職起帶頭作用，只是在外待的時間多了之後，就容易發生不良感情，而影響婚姻與財務。

廉破逢煞星、空劫與天刑、左右、忌，容易遇盜賊破財又傷身，與官司訴訟、與人相處，也有本質上的困難，尤其要避免傷害自己的憾事發生。

天生優勢：

幽默、是非分明、聰明機伶、勇於嘗試挑戰、企圖心強、不會墨守成規、體貼、灑脫、勇於改變、不畏艱難、身體力行、不畏世俗眼光。

福分盲點：

太率性太自我、性情多變、過於主觀霸道、難以溝通與說服、急躁強勢、叛逆狂妄、喜新厭舊、絕情寡義、破壞王、隨波逐流。

職場思維：

工作時有擔當、勤勞、有勇有謀、處事圓滑、富心機、敢走與眾不同的路；工作機緣多，對地位、權勢非常熱衷，即使工作業務龐雜困難也能努力克服，其敬業與果決的態度，容易受到上級與客戶賞識。這種在失敗與成功之間的冒險特性，只要不與貪瀆、酒色、賭博連結，就能夠大展身手。適合從事國際事務、貿易、金融、財務、餐飲、不動產、傳播、醫療、娛樂、服務、運動、行銷、藝術、美的事業、工程、礦業、製造。

財富能量：

收入高，為了成為有錢人擠身上流，願意勞心奔忙努力賺錢，會想先投資而不是先儲蓄。財權自主，絕不會受別人的支配，金錢進出大，也有貴人提供多方的賺錢機會或是意外收入。因為財務變動性大，事業或收入即使很大，有時卻與積蓄的數字不相稱。只要不是為了錢不擇手段、不投機賭博、不手頭鬆亂花費，把錢投資在房地產會是很好的選擇。

戀愛指南：

對象大多人緣佳、有貴氣、重享受、為了生活能配合你，但還是不太能滿足你的情感需求。而你忙於建立自己的地位，應酬多，不但容易忽略對方，導致感情密度不強，會經常受到考驗。即使為了現實暫時妥協，兩人的思想與行為有隔閡也是必然的。所以，你除了要克制自己的情慾，也要改變以自我為重的習性，才能維護好彼此的感情。

健康守護：

注意頭痛、四肢、神經、內分泌、腦、血管、心臟、外傷、胃、腸、肝、膽、三高、失眠、腦、精神疾病。

廉貞天府：廉貞天府命坐辰戌宮。

太陰✕ 父	貪狼○ 福	天同✕ 巨門✕ 田	武曲△ 天相◎ 官
廉貞△ 天府◎ 命 辰	廉貞天府 命坐辰宮		太陽△ 天梁△ 奴
兄			七殺◎ 遷 戌
破軍△ 夫	子	紫微△ 財	天機△ 疾

天機△ 疾	紫微◎ 財	子	破軍△ 夫
七殺◎ 遷 辰	廉貞天府 命坐戌宮		兄
太陽◎ 天梁◎ 奴			廉貞△ 天府◎ 命 戌
武曲△ 天相◎ 官	天同✕ 巨門✕ 田	貪狼○ 福	太陰◎ 父

命格氣蘊：

三方四正沒有會逢煞星，就是「**紫府朝垣格**」或是「**府相朝垣格**」。這是一個超級強又超級難應付的組合，應該說是個可敬又可怕的對手。一定在辰戌四墓宮，有精得要命的廉貞，又有霸氣的天府，跟他同戰隊，可以享受到她（他）超強戰力；若不是同陣營，那就自求多福吧！這兩個星曜結合後的特質就是注重實質價值與利益，人生追求的就是財富與名位，為達目的絕不罷休。所以，行事上絕對會有風險控管的意識，並且一定會經過計算再計算，以確保計劃的成功。若是再加上生年四化佳，三方四正逢吉星，即使要經歷辛苦的過程，收穫也絕對是手到擒來，並且以數倍計；只要不逢空劫與太多煞星，就會有不錯的收穫；逢天刑與忌星，較容易有官司訴訟產生，一定要小心自身言行與狂妄作為。喜歡有活力又特立獨行的伴侶，也容易有個性上的隔閡，所以也要小心的去維護，以免婚姻破裂。

天生優勢：

運籌帷幄、兢兢業業、目標設定精準、主動積極、具好奇心與挖掘真相力、競爭力強、努力並且不輕言放棄、腦筋很靈活、有謀略、敢表達。

福分盲點：

認為錢是最重要的、頤指氣使、心機太重、嘴巴不留情、愛背後道人是非、給人小鞋穿、設陷阱、脾氣大又硬、死不認錯。

職場思維：

公關能力佳、心思細密、做事盡責、對老闆盡忠、有傲氣、好勝心強、不服人、性格剛烈。職場上表現亮眼，能受上司器重。為了成就自己，聰明的你會用心機做有利自己的事，只要在達成目標的過程中，能夠把自負、霸道、明爭暗鬥、佔人便宜、抓住人把柄不放、甚至出賣別人的負面操作摒除，維護好人際關係，能力強的你，就會天時地利人和、戰無不勝。適合從事公關、外交、行銷、業務、不動產、仲介、代書、礦業、餐飲、娛樂、金融、投資、財務分析、保險、服務業、生活相關等行業。

財富能量：

其實一直都有賺錢好運的你真的不缺錢，除了自己的愛錢欲望驅使自己努力工作之外，貴人朋友給的賺錢機會也非常多。認為沒有錢萬萬不能、有錢就能快樂，所以，不管小錢大錢都要賺，也一定能夠賺到大錢以及額外的收入。在你的人生當中，錢是首要的目標。對自己用錢大方，對別人小氣，除非有必要或基於利害關係，才會施以小惠來達到自己的目的。喜歡過高檔生活的你，金錢的消耗也是很大的。若能做好定期理財規劃或購買房地產，財富就能被積存，一生無虞。

戀愛指南：

喜歡年輕、有行動力、好動、獨立、幽默、有創意、精力充沛或特立獨行的對象。但是，因為兩人都有自己的獨特個性，若是彼此不願意妥協、取得共識，在相處的過程中，難免會有各過各的和快熱快冷的現象。所以，交往前不但要先深入了解、並接受彼此的嗜好與思想，才不會一時天雷勾動地火，但卻落入相愛容易相處難的處境了。

健康守護：

注意外傷、開刀、生殖、腎、四肢、脊椎、肩頸、頭痛、胃、腸、骨、呼吸道、過敏、牙齒、失眠、腦、神經、精神性疾病。

廉貞貪狼：廉貞貪狼命坐巳亥宮。（見下頁）

廉貞× 貪狼× 命　巳	巨門○ 父	天相△ 福	天同○ 天梁× 田
太陰× 兄	廉貞貪狼 命坐巳宮		武曲△ 七殺○ 官
天府△ 夫			太陽× 奴
子	紫微◎ 破軍○ 財	天機◎ 疾	遷　亥

遷　巳	天機◎ 疾	紫微◎ 破軍○ 財	子
太陽○ 奴	廉貞貪狼 命坐亥宮		天府○ 夫
武曲△ 七殺○ 官			太陰○ 兄
天同△ 天梁◎ 田	天相◎ 福	巨門○ 父	廉貞× 貪狼× 命　亥

命格氣蘊：

命坐在亥宮，三方四正不逢煞星是「**絕處逢生格**」，事業必然會有所成就，也是「**殺拱廉貞格**」。要看會逢的吉凶星，來論斷命格的好壞。正桃花與次桃花的結合就是滿滿的大桃花，只出現在巳亥宮，兩顆星皆落陷，很難定其吉凶。又居四馬宮，不喜歡被拘束，喜歡在外應酬，旅遊、行銷自己。有巧藝在身，家庭觀念比較淡薄，容易離鄉背井，追求浪漫與輕鬆自在的生活；另一半找穩定或年長的對象較佳。世故圓滑、敢愛敢恨、行事高調、善於肢體表達、想要的很多、要錢要情要享受、什麼都敢要、感情肉慾豐富、容易吸引異性、有目的的行事、能投他人之所好、夠聰明觀察力也強、霸氣容易顯現於外，但有時說的比做的好聽。廉貪吉凶要視同宮的星曜以及三方四正吉凶星。基本上，廉貞喜逢化祿、祿存及文武星，能文能武又有富貴；貪狼喜歡火星及鈴星，比較有突發的機運；廉貪事業宮或財帛宮會逢化祿與祿存，工作進財非常順利。若是破軍化祿雖然有進財卻不容易守，更不喜歡會逢文昌忌、文曲忌、天刑、擎羊、陀羅、虛空哭，脾氣不好也影響運途，並且桃花惹禍上身，婚姻多麻煩。

先天優勢：

見多識廣、文采飛揚、多情多藝、人事物洞悉能力強、能言善道、八面玲瓏、善於處理人際關係、具競爭力、善於行銷。

福分盲點：

欲望難控制與停止、邪門、不走正道、不符禮俗、不穩定、勞碌、非明媒正娶、缺內涵、不專一、爭強好勝、自私自利、虎頭蛇尾。

格局：

「絕處逢生格」：廉貞貪狼命坐巳亥宮，也是**「殺拱廉貞格」**之一。廉貞屬火於亥宮（屬水）為絕處，但又得到貪狼的水、木來相救，並有紫破廟旺與諸吉星來解災，就能夠化險為夷。

職場思維：

能言善道、會做人、人緣佳、樂觀、多才多藝、有冒險心、喜歡輕鬆享樂與多變化的生活、有吸引力。在職場上具有求勝意志力，會善用智慧去投機或以小博大，事業常常在衝鋒陷陣與求新求變中發展，只要不翻臉無情、傲氣固執，穩定紮實的用專業去發展工作事業，會有讓人跌破眼鏡的好機運。適合從事行銷、企劃、金融、業務、自由業、保險、餐飲、醫療、銀樓、製造、寶石、金屬業、美的事業、娛樂。

財富能量：

雖然賺錢需要勤奮的勞心勞力，但是財富開創的能力不錯，加上可能會有他人饋贈的金錢或房產，基本上財運是不錯的。只是因為個性使然，做投資時膽子太大，在成功之前，可能就會先賠上一筆學費；若是交際與享樂又多，這種能賺能花的特性，常常守不住錢，就會有財來財去不安穩的狀況。為了將來能有更富足安穩的人生，大膽投資、小心行事是必要的，儲蓄更是需要做的事。

戀愛指南：

對象的個性敦厚溫良、能忍耐、聰明重原則、氣質大方優雅、能忍讓、穩健，活動力與表達方式比較謹慎與保守或固執，與你靈活、精明幹練的方式不同。雖然個性不同，對方能做你穩定的後盾，只要你能把在外面交際時幽默風趣的特性讓對方感受到，一定能互相尊重、扶持與愛護，相守到老。

健康守護：

注意性病、開刀、四肢、肩頸、胃、肝、膽、失眠、神經、生殖器官、排泄、呼吸道、頭痛、腦。

特殊格局：

命宮無主星坐巳宮，廉貞貪狼遷移宮坐亥宮：

命宮無主星坐亥宮，廉貞貪狼遷移宮坐巳宮：

命　巳	天機◎ 父	紫微◎ 破軍○ 福	田
太陽○ 兄	命宮無主星 坐巳宮		天府○ 官
武曲△ 七殺○ 夫	廉貞貪狼 遷移宮坐亥宮		太陰○ 奴
天同△ 天梁◎ 子	天相◎ 財	巨門○ 疾	廉貞╳ 貪狼╳ 遷　亥

廉貞╳ 貪狼╳ 遷　巳	巨門○ 疾	天相△ 財	天同○ 天梁╳ 子
太陰╳ 奴	命宮無主星 坐亥宮		武曲△ 七殺○ 夫
天府△ 官	廉貞貪狼 遷移宮坐巳宮		太陽╳ 兄
田	紫微◎ 破軍○ 福	天機◎ 父	命　亥

命格氣蘊：

這也是「**府相朝垣格**」的格局，廉貞貪狼一定在遷移宮巳亥宮。這個命格的成功與否，在於行事的專業與正當性、交友好壞與欲望的管理。基本上隨興、喜好自由、個性率直、圓滑、勞碌奔波、作風與思想開放。

三方四正會逢祿權科、祿存、天馬、六吉星、三台、八座、龍池、鳳閣、台輔、封誥、天官、天福等諸吉星，主張堅定、謹慎行事、學識淵博、機謀巧藝、交友廣闊、情商高、力求上位、專業領頭羊、得人緣、平步青雲、位高掌權、財祿豐厚、生活快意又瀟灑；若是會逢空劫、四煞、天刑、忌、天虛、天哭、陰災劫煞、大耗、小耗、旬空、截空等諸凶星，會用遊戲人間的態度過生活、脾氣剛硬霸道、好高騖遠、凡事操煩、欲求不滿、容易有複雜的男女關係、口舌紛爭多、忙忙碌碌又多阻礙、事業有名無實、容易得罪人、無法安心守成、財多禍多容易破。但即使如此，只要你能修正貪多的個性，腳踏實地，一樣可以排除困難趨向安樂。

先天優勢：

親力親為、愛惜羽毛、情商高、善於處理人際關係、不拘小節、清白有禮數、處事有彈性、目標堅定、穩紮穩打、穩定持重、管理力強。

福分盲點：

霸道、不受管束、欲望無度、表面功夫、壞心眼、心機重、背後說人是非、隨波逐流、胡思亂想、放蕩浮動、不良嗜好、不顧家庭。

職場思維：

喜歡在大企業工作或想自創事業，你的魄力與想望千萬不要無限擴張，也不要故步自封，要在穩步踏實下，運用現有的基礎逐步漸進。只要訂定目標、勇往直前、即使有波折，也能憑著自己的能耐，以及眾人的協助克服困難，並且不要收受賄賂和喝花酒，如果投機取巧，勢必等於自尋煩惱和惹官司。適合從事專業技藝、傳媒、行銷企劃、娛樂、公關、餐飲、代理、服務業、演藝、仲介、不動產、政治、婚顧、財務、銀樓、彩券等。

財富能量：

在一般的狀況下能夠謹慎理財，而且能保守用度，有時也會有不請自來的財運，或是另一份收入。但因為做人海派，愛交際應酬，若是一有錢就拿錢來做公關擺闊、用在買奢侈品打扮、幫人度過錢關時，容易因為計算不當而寅吃卯糧，把辛苦籌謀賺到的錢就破耗掉了。要有好的財富，還是以穩當儲蓄及購買不動產為最首要方法。

戀愛指南：

喜歡的對象個性剛強果決、管理能力強、行事快速、要求高、重視實際、主導性強、自視甚高、愛掌管財權，對方的氣焰可能會比你強。初期你懂得如何用輕鬆、四兩撥千斤的方式跟對方周旋，但若是你長久達不到對方的要求，雙方就容易起衝突，最怕的就是貧賤夫妻百事哀。所以，有好的經濟狀況、不隨意招惹桃花，是你們感情維繫的良藥。

健康守護：

注意暗疾、頭痛、口腔、呼吸道、胃、消化道、泌尿、眼、肺、骨、四肢、內分泌、新陳代謝、心臟、血液、躁鬱、神經。

天府：坐命命格氣蘊與星性介紹

・戊土、南三、屬陽、化氣為權、福。

・權星、福星、令星、財帛主、財庫星、霸氣星、田宅主、衣祿星、解厄星、才藝星、慈悲星。

・代表人物是紂王的皇后姜太后。

是解厄有福報的福星，也是保守穩定的星曜，掌管福祿壽喜、現金、產業、權勢、文職，也代表了心機城府、依賴、後勤支援、公務、大機構、農作物、商業、儲藏。個性務實、穩重、慈悲、不輕易涉險、用錢謹慎、才能豐富、貴人多、養尊處優，但也重視名利，會有現實、心機重、高傲自大、私欲強、佔小便宜或故步自封的問題。

天府單星坐命三方四正不逢煞忌星，為**「府相朝垣格」**（巳亥宮有府相朝垣格與紫府朝垣格）。主田宅、財庫，基本上就已具備了逢凶化吉以及好命的體質，不需太奔勞，就可得到別人給予的財祿。重衣食吃穿、善謀略、著重實際、自信爆棚、開朗豪邁、有好運、能得到別人好處、有企劃能力、野心大、組織能力強、喜歡發號施令、不喜歡被別人命令、做事注重流程與小細節以及排場、保守、重視金錢、會發自內心照顧家人、也會有愛之深責之切的一面、事情喜歡馬上做的態度、基本上不會亂花錢、花錢較保守或小氣。

會有創業的念頭與行動，一定要逢到祿星才能真正賺錢並儲蓄錢財，沒有會逢祿星，會空有財庫，即使會精算，也無法將聚財能力發揮，財富規模無法擴大的問題；逢諸吉與科文星貴人相助，工作順利享高位、學養豐富有文采，財權俱佳；逢空劫忌凶星，進財雖佳但支出也多、敢說人話、侵略性強、濃妝豔抹、氣質欠佳、有目的的對人施以小惠，再逢諸煞星，福氣減且增辛勞、脾氣大、心機重重。

因為是福星的緣故，抗煞力強，即使會逢煞星，只要廟旺而且日月雙星不落陷，辛勞後也能有所收穫，但時間會拉長。喜歡在體面的工作環境就職，以財務、會計、金融、財經、銀樓、彩券、不動產、仲介、家庭管理、協調、行政、公職、政治、民意代表、服務業、倉儲，自創或家傳事業、家管，也有可能是伸手牌宅男宅女。

注意疾病為腳、髖關節、火氣、皮膚、胰臟、膽、脾、胃、腳氣病、十二指腸、呼吸系統、消化與排泄系統等問題。

先天優勢：

口才佳、廣結善緣、做事有原則、善於規劃、尊重團隊與專業、珍惜物資、熱心助人、多才多藝、雄才大略、做事認真、聰明有毅力、照顧家人、懂得儲蓄。

福分盲點：

爭權奪利、看錢很重、物質重於精神、重名位面子、圖利自己、城府深、固執霸道、不知變通、愛掌權、挖洞讓別人跳、以為別人都是笨蛋。

喜：祿權科與諸吉星。

忌：地空、地劫、天空、截路空亡、旬中空亡。

附註：天府不參與生年四化。

天府單星命坐丑未宮：

天相△ 官	天梁○ 奴	廉貞△ 七殺◎ 遷　未	疾
巨門╳ 田	天府單星 命坐丑宮		財
紫微○ 貪狼△ 福			天同△ 子
太陰○ 天機△ 父	天府◎ 命　丑	太陽╳ 兄	武曲△ 破軍△ 夫

武曲△ 破軍△ 夫	太陽○ 兄	天府◎ 命　未	太陰△ 天機△ 父
天同△ 子	天府單星 命坐未宮		紫微○ 貪狼△ 福
財			巨門╳ 田
疾	廉貞△ 七殺◎ 遷　丑	天梁◎ 奴	天相△ 官

職場思維：

個性內斂、處事精明、謹慎、有才華，工作偏向穩定，為工作四處奔波，需要以專業技能取勝，不管是文武職，在事業上都能穩步向上。你注重外表、愛面子、會結交上流權貴人士，除了自己能說場面話，也喜歡聽別人對你說好聽話，雖然不會隨便跟人起爭執，但是工作時，主動性與創新性需要再提升加強。適合從事五術、心理、美容、彩券、不動產、倉儲、金融、證券業、藝術、攝影、彩妝造型、醫藥業、傳媒、代理、軍公教、行政幕僚、律師、娛樂、零售、家管。

財富能量：

對於賺錢精於算計也有野心，可靠應酬交際賺錢，賺了錢卻不擅長守財，對財務的規劃沒有方法和想法，但是用錢隨興浪費，所以會拿錢用來風花雪月或擺闊。如果是靠投機取巧、不正當的方式賺錢，又不保護商譽及信用就會耗敗。建議有錢就定存、定期定額投資、買房地產來理財，才不會做錯誤投資而財來財去。

戀愛指南：

你喜歡的對象，國籍、學經歷、個性、嗜好、品味都可能與你不同。對方精明自負、任性、剛強衝動、急躁善變、耐性不足；而你凡事講求原則，也很體貼寬容、樂天溫和。初期能包容不體貼、心思粗糙的對方，但凡事都順著對方久了，心情跟感情難免會受影響。但只要保持溫柔的態度，不賭氣、不急著改變對方，相信吃軟不吃硬的對方也是會感受得到的。

健康守護：

注意生殖、腎、四肢、腦、頭痛、失眠、焦慮、胃、腸、心臟、呼吸系統。

天府單星命坐卯酉宮：

廉貞× 貪狼× 福	巨門○ 田	天相△ 官	天同○ 天梁× 奴
太陰× 父	天府單星 命坐卯宮		武曲△ 七殺○ 遷　酉
天府△ 命　卯			太陽× 疾
兄	紫微◎ 破軍○ 夫	天機◎ 子	財

財	天機◎ 子	紫微◎ 破軍○ 夫	兄
太陽○ 疾	天府單星 命坐酉宮		天府○ 命　酉
武曲△ 七殺○ 遷　卯			太陰○ 父
天同△ 天梁◎ 奴	天相◎ 官	巨門○ 田	廉貞× 貪狼× 福

職場思維：

在職場具柔軟的身段，會謹慎言行、善良正直、應對有禮。但並非沒有心機，會在對自己有利益之下有選擇性的助人。看高不看低的習性，比較喜歡結交權貴人士；會有兼職的狀況，工作相對穩定。只要不擺高高在上的架子，對人、對事保持熱忱，提升靈活度、不拘泥行事，不執著或強硬，在工作上的協調能力是很不錯的。適合從事代理、保險、司法、不動產、仲介、業務、諮商、精品服飾、眼鏡、代書、藝術、彩妝、家管。

財富能量：

雖然本性重視原則，外表也謙虛有禮，但是談到錢時，也是會花心思去爭取。只是因為本身愛面子，不管實際上有沒有錢，你總是會讓人家覺得是富裕的，談錢時會因此吃虧，用錢也會省小花大。這種會賺也會花的性格，導致收入較存不住，即使有偏財運也一定要懂得守成，千萬不要打腫臉充胖子，把錢花在無謂的應酬與享樂上，才能真正積存到財富。

戀愛指南：

個性有點固執，脾氣也不小的你，喜歡的對象大都不是乖乖牌。自負自我、特立獨行、風頭健、帶著反叛與變化性，也容易有霸道的個性，並不是能輕易被控制左右的人。對方的個性是硬中帶軟，你是軟中帶硬，若是沒有把價值觀做好溝通，一旦有了爭執、不互退一步，感情就容易產生紛擾。只要對方是踏實在做事，能收起愛命令，展現包容力的你，就能收服對方的心。

健康守護：

注意腸、眼睛、青春痘、耳朵、頭痛、心臟、血管、皮膚、血壓、內分泌、喉。

天府單星命坐巳亥宮：

天府△ 命　巳	天同╳ 太陰╳ 父	武曲◎ 貪狼◎ 福	太陽△ 巨門◎ 田
兄	天府單星 命坐巳宮		天相╳ 官
廉貞△ 破軍╳ 夫			天機△ 天梁◎ 奴
子	財	疾	紫微○ 七殺△ 遷　亥

紫微○ 七殺△ 遷　巳	疾	財	子
天機△ 天梁◎ 奴	天府單星 命坐亥宮		廉貞△ 破軍╳ 夫
天相╳ 官			兄
太陽○ 巨門◎ 田	武曲◎ 貪狼◎ 福	天同○ 太陰◎ 父	天府△ 命　亥

職場思維：

知識豐富、善於隨機應變、具雄心大略、做事積極、樂於工作，重視公平，能溝通協調，也會保持好形象。但在職場中久了之後，就會在無意間表現出喜歡掌權、職場老大的心態。若能降低以自我為中心、急躁好強、看高不看低、勢利、粉飾太平的個性，並努力在專業上求精進，用專業知識、技能取勝，就能在專業領域上得到好的成就與名聲。適合從事公職、師字輩、醫療、學者、演藝娛樂、餐飲、協調諮詢、代理、國外事務、財經、金融、生活百貨、美的事業、彩券、銀樓、司法、不動產。

財富能量：

對物欲、錢財欲望大，有時會用異於常人的方式來賺錢。愛賺錢但不善於理財之道，也因為喜好享樂，對日常生活的吃穿用度很捨得花用，也會表現出有錢人的樣子。基本上賺錢的方式多元而且不固定，所以更要留意錢財處理的方式，尤其不要因為情緒不佳而亂花費，或用投機取巧的方式賺錢。把錢用在購買不動產或穩定的投資上，一生必定可以衣食無缺。

戀愛指南：

你喜歡的對象可能是外國人，個性強、自我、獨立、喜歡交際、有開創性、不喜歡被掌控。你對他的感情及關心，要避免用嘮叨、抱怨、不信任以及想要主導他的方式。尤其雙方對錢財與生活的計劃不同時，容易因此起口角爭執。彼此需要多溝通，不要意氣用事，做出破壞雙方感情的事情。若想破鏡重圓，一定要確實取得未來生活計劃的共識，並且修正相處之道，情感恢復的可能性才會出現。

健康守護：

注意肥胖、肝、四肢、肩頸、胃、腸、生殖、泌尿系統、排泄、氣虛、心臟、腎、失眠、神經、憂鬱。

雙星組合：

紫微天府：見紫微星解說。（182頁）

廉貞天府：見廉貞星解說。（319頁）

武曲天府：見武曲星解說。（260頁）

太陰：**坐命命格氣蘊與星性介紹**

・癸水，中天星，屬陰，化氣為富。

・是田宅主、財帛星、官祿主、純潔星、母宿、妻星、女性星、感情星、血光星。

・代表人物是黃飛虎的妻子賈夫人。

白天有太陽，而太陰就是夜晚的月亮。月亮的光亮是太陽所賦予，是因為被動的接受而明亮。太陰主富，財星與田宅主、象徵富有、不動產、金錢、生活情趣、聰明、被動、安靜、體貼、有氣質、女性、陰性、柔性、感性、女性緣佳、第六感、愉悅、清明、潔淨、多情、桃花、變動、照顧人。

不論男女都很有氣質與氣度、聰明單純，個性要求完美、勤快勞碌、有某種潔癖、感情豐富、處世求和諧、喜歡穩定中求發展、容易有好成就。獨坐在亥宮為**「月朗天門格」**，聰明絕頂、跳躍式思考、有奇謀、解決困境能力、不喜與人起衝突，若再加上**「陽梁昌祿」**與**「三奇嘉會格」**等吉星與吉格，榜上有名、聰明清奇、不動產多、富貴傲人、文筆超群、高官厚祿。

太陰化忌，與太陽化忌一樣有著人際關係的問題。主不利女親，屬於女性方面的問題，與女性的關係常常有不良現象。女人緣不佳，反應在夫妻、職場、朋友、父母、親子的對待上。在職場上容易有女性所產生的壓力與問題，受女性箝制排擠，本身大多會要求自己去迎合別人。也很善於隱藏情緒與祕密，但要試著降低腦容量規格，以免太鑽牛角尖導致精神糾結憂鬱。不宜為人作保，工作或做決策時，不要考慮太過、猶豫不決，買不動產才比較能守住金錢，讓生活有安定感。對女性就只能抱著與之為善、還累世冤親債主前世債的心態，才能平衡心情。

如果太陰化忌又逢諸煞忌，更容易奔波勞碌、多勞少獲、思慮太多、多思自苦、溝通不良、精神耗弱、不開朗、容易悲觀負面、情緒起伏大、手術刀傷、血光、生病。一生有關家宅、小孩與金錢及感情的磨難波折多，運勢比較不順利。

適合百業，也可以從事金融、財經、衍生性金融商品、會計、不動產、仲介、政治、公職、行政、夜間班、輪班制、觀光、貿易、海運、女性事業、美的事業、漁業、園藝、設計、藝術、影視、保險、醫療、五術、文教、餐飲、自由業、服務業、企業家。

疾病要注意的是男主腎、女婦科、心悸、肝膽、泌尿系統、膀胱、眼睛、耳朵、腰腹痛、內分泌失調、風濕、白血球、肝、水腫。

先天優勢：

見解獨到、溫文儒雅、有人情味、包容力強、人緣佳、做事深思熟慮、照顧六親、善於計謀、敬業合群、按部就班、動靜皆宜、認真負責、樂於助人、情感豐富。

福分盲點：

看不開、悶葫蘆、聰明但多考慮、疑心病、多愁善感，逃避現實，缺少自信，優柔寡斷，顧影自憐，容易悲觀，情緒波折起伏，常受意見困擾、抗壓力低。

喜：天馬、祿星、諸吉、日月同宮。

忌：落陷、諸凶、空劫與四煞、忌。

太陰化祿：

女性緣旺、身邊女性多、女性美麗柔美、善良、男性多情體貼、願意幫助他人、及時行樂、情感氾濫、驛馬異動多、工作順遂、計劃容易成功、成就高、職位高、身兼多職、財富多但不容易滿足、田宅置產運佳、家宅布置清雅美觀、為家庭付出、應酬花酒多、子女多、房產多或可能有幾個家。

太陰化權：

女性自己與女性親友及同僚都較強勢、愛掌權、能幹、愛鬥、勞心勞神、勞碌、堅持自己的意見、志氣高、掌管打理金錢財物、操持家務、容易在工作上產生競爭與爭執、不動產有買有賣、感情較有主動性。

太陰化科：

外表溫和儒雅有貴氣、求學科考順利、學歷與學問高、職位高、富貴有成、工作事業國內外奔波、喜歡出外活動、愛交朋友、感情豐富、想出軌但膽子小期望別人主動、堅守本分、照顧家庭、用錢有計劃、花錢不是很大方、善投資、財富有貴助。

太陰化忌：

重視隱私、膽小、保守、同理心強、同情心、思前想後、身體容易受傷及有暗疾、放不開、聰明、胡思亂想、天馬行空、暗戀他人、感情容易受傷害、為財為家辛勞奔波、財運不佳常常經濟拮据、家運不旺、為人作嫁、做事太注意細節而失去先機、對別人體貼卻造成自己損失、某種潔癖。

格局：

「月朗天門格」：亥宮在紫微斗數中稱為天門，太陰命坐亥宮，加諸吉無煞就是此格局。智慧高、態度親和、才能超群、深謀遠慮、加官晉爵、財官雙美。

「三奇嘉會格」：生年四化的化祿、化權、化科在命宮的三方四正會逢，而且不見化忌。指思考敏銳、志向遠大、運途及運氣非常好、貴人多、功成名就、財富多。

太陰單星命坐卯酉宮：

巨門○ 福	廉貞△ 天相◎ 田	天梁○ 官	七殺◎ 奴
貪狼◎ 父	太陰單星 命坐卯宮		天同△ 遷　酉
太陰× 命　卯			武曲◎ 疾
紫微○ 天府◎ 兄	天機× 夫	破軍◎ 子	太陽× 財

太陽○ 財	破軍◎ 子	天機× 夫	紫微○ 天府△ 兄
武曲◎ 疾	太陰單星 命坐酉宮		太陰○ 命　酉
天同△ 遷　卯			貪狼◎ 父
七殺◎ 奴	天梁○ 官	廉貞△ 天相◎ 田	巨門○ 福

職場思維：

由於懂得求上進，重感情的你，因為熱心助人，人脈很好，所以，不論上學、工作基本上都順利，而且助力機緣多。雖然工作辛苦壓力也大，但容易得到上司老闆的賞識，升遷快，在生活與事業上，也容易得女性直接及間接的助力。只要保持工作態度超然、不感情用事、不聽信讒言、不公私不分、不招訴訟，在穩定的工作中一定會得到高成就。適合從事金融、財稅、投資、進出口、不動產、男女性事業、國際事務、旅遊、慈善、醫療、農業、礦業、服務業、進出口貿易。

財富能量：

財運不錯，收入豐厚的你，愛享受會享福，吃穿用度花費很大方，尤其對家人出手更大方闊綽，一定會盡力去滿足；朋友有經濟上的困難，只要向你開口一定會出手相助而且不求回報。就因為你有計劃性與慷慨的付出，金錢出入很大，難免會因為錢的配置而有精神上壓力，但靠著你努力工作與貴人的相助，如果抓準時機投資與置產，相信生活一定能過得富裕豐足。

戀愛指南：

你的戀情早發生，而且不會輕言分開。對方心地善良、聰明有機謀、態度大方、賢能有為。兩人因為工作事業聚少離多是常態，即使一起生活作息不同也能互相扶持。只是你感情豐富，一定要克制自己的情慾，以免有另外的感情發生。也要做好傷害控管，否則以對方敏感的個性，雖然不會主動揭穿或求去，但在懂得自保與要求之下，會對你增加監管或掌控，造成情感與相處上的壓力。

健康守護：

注意胃、過敏、肺、呼吸道、腸、肩頸、骨折、開刀手術、失眠、神經衰弱、皮膚、生殖器官、避免急躁。

太陰單星命坐辰戌宮：

廉貞╳ 貪狼╳ 父	巨門○ 福	天相△ 田	天同○ 天梁╳ 官
太陰╳ 命　辰	太陰單星 命坐辰宮		武曲△ 七殺○ 奴
天府△ 兄			太陽╳ 遷　戌
夫	紫微◎ 破軍○ 子	天機◎ 財	疾

疾	天機◎ 財	紫微◎ 破軍○ 子	夫
太陽○ 遷　辰	太陰單星 命坐戌宮		天府○ 兄
武曲△ 七殺○ 奴			太陰○ 命　戌
天同△ 天梁◎ 官	天相◎ 田	巨門○ 福	廉貞╳ 貪狼╳ 父

職場思維：

智慧與學歷高、能力強、愛朋友、善交際、職場人緣爆棚。為了工作事業，每天馬不停蹄的南北、國內外奔波且樂此不疲。自信專注負責、有創意、具領導力。轉換工作跑道都很順利，能獲得肯定事業穩固，成就高而且權貴不小，並且有機會兼營投資副業。但要注意因為太隨和了，而招致職場情感問題，或者一時大意而產生刑訟，只要循序漸進、穩紮穩打，內外兼備的你很容易成功。適合從事幕僚、投資、餐飲、男女百貨、醫療、保險、美的事業、娛樂、仲介、金融、科技、行銷、國際事務、進出口貿易、運輸業、旅遊、服務業。

財富能量：

能力佳的你為了追求理想，勇於勞心力用聰明智慧去競爭取財，對財的掌控與安全感很看重，容易有身兼數職以及多方進財的可能。用錢有計劃，會用錢滾錢的方法來賺錢，加上本業收入很可觀。但賺錢必須循規蹈矩，花錢也需要控制有方，不可以用打帶跑的心態來投機取財，以免財來財去。只要精於投資與財務調動，賺到錢就買房地產或績優股，一生財運就能累積並且亨通。

戀愛指南：

異性緣佳的你，喜愛追求愉快浪漫的氛圍，很懂得放電、製造機會，只要符合你的眼光，有時你會無法拒絕投懷送抱，所以，常常會有多個對象，變成難以捉摸的關係。你的事業心重，容易造成雙方相聚時間不多，感情容易有波折，要加強自主力；幸好你的家庭責任感重，只要選擇了能接受你整天忙碌的對象，事業與家庭一樣能兼顧。

健康守護：

注意眼睛、肺、腎、胃、性病、生殖器官、骨、腿足、牙齒、男女性疾病。

太陰單星命坐巳亥宮：

太陰╳ 命 巳	貪狼○ 父	天同╳ 巨門╳ 福	武曲△ 天相◎ 田
廉貞△ 天府◎ 兄	太陰單星 命坐巳宮		太陽△ 天梁△ 官
夫			七殺◎ 奴
破軍△ 子	財	紫微△ 疾	天機△ 遷 亥

天機△ 遷 巳	紫微◎ 疾	財	破軍△ 子
七殺◎ 奴	太陰單星 命坐亥宮		夫
太陽◎ 天梁◎ 官			廉貞△ 天府◎ 兄
武曲△ 天相◎ 田	天同╳ 巨門╳ 福	貪狼○ 父	太陰◎ 命 亥

職場思維：

工作心態光明磊落、擅長智慧思考、重名與利、有堅韌的耐受性，時時刻刻對工作事業的發展費心思計劃，有創意並且勞心奔波，但容易造成身體與精神上的負擔。職場的人際對你而言很重要，若是人際關係好，工作事業開展就會非常的順利，比較不容易有背後是非或是被孤立的問題。適合從事自由業、服務業、美的事業、偏門或特殊技能、學術、財務分析、金融投資、慈善公益、代理、農業、礦業、醫療、奢侈品、古董、男女性事業、不動產、仲介。

財富能量：

必須要出外工作才能賺取財富，在每日不停的奔動和動腦、動口中生財，財富大小都有，以賺取流動性、細水長流的錢財為主。懂得精打細算的道理，但也要注意是否陷入省小花大的迷思。能白手起家，但合夥一定要白紙黑字釐清權利義務，以避免因自己的婦人之仁而遭無端損失。把錢放在不動產與固定投資上，會是很好的積富方式。

戀愛指南：

獨立性佳、聰明、感情細膩豐富的你，喜歡上的大多是善良卻也自我、心性多變、喜歡掌控主導權的對象。你因為忙著提升社經地位與賺錢，有時會無心經營或關照對方，加上你的成就可能比他高，或者雙方對財務處理有不同意見時，感情就容易在多次紛爭之後漸漸變得冷漠與無力感，進而漸行漸遠。所以在成就自己的同時，也不要忽略了對方的感受。

健康守護：

注意胃、脾、腸、胰臟、內分泌、男女性疾病、過敏、精神耗弱、焦慮、皮膚、慢性病、三高。

雙星組合：

太陰天機：見天機星解說。（207頁）

天同太陰：見天同星解說。（286頁）

太陽太陰：見太陽星解說。（236頁）

貪狼：坐命命格氣蘊與星性介紹

• 五行甲木、水，斗分為北、屬陰、化氣為桃花。

• 號稱（正）大桃花、遊戲禍福星、財星、壽星、欲望星、貪婪星、教化星、社交星、八面玲瓏星。

• 代表人物是紂王的妾，妲己。

貪狼代表無窮的欲望，是享樂主義者，也是獨身主義者。懂美學、懂得投人所好、追求個人成就、好奇心強、企圖心強、彈性大、多才多藝、敢愛敢恨、重視人際關係、喜歡與人談天說地、外向、貪玩、多情、擅表現、慓悍、遊戲人間、桃花旺盛、酒色財氣、開銷花費大、好動坐不住、不容易滿足、喜歡五術、哲學與玄學。因為殺、破、狼一定在三方四正上，所以，一生的運勢也多有起伏與變化，很多爆發格局都是與貪狼有關，例如：眾所熟知的「**武貪格**」與「**火貪格**」及「**鈴貪格**」，都是大富貴的格局。掌管福祿壽喜與正偏財、吃喝玩樂與禍福的貪狼，這一生非常容易過上多采多姿或是跌宕起伏的劇情，但結局好壞，還是要看星曜與四化搭配。

這顆星曜個性鮮明，能白手起家，在逆境中能堅忍、得意時又容易放蕩忘形。對於任何事都抱持著極大的興趣，尤其容易被好玩的事所吸引，一切以利益為導向。因為有靈活取巧、主動積極的性格，會炒熱事情的氣氛，也就特別善於捕捉到機運。

廟旺加諸吉星，尤其是貴人星與祿權科星，不但增加了情慾與物欲，而且都能左右逢源、升官發財、不畏惡勢力、逢凶解厄、富貴長壽、吃喝玩樂，有中樂透、不勞而獲、橫財突發的機運；落陷及逢火鈴、空劫、煞忌星，就變成是浮誇吹牛、奸佞、巧取豪奪、好賭又不會贏、偏激忌妒心、辛勞事難成、破相殘疾、貪欲好色無節制、吸毒偷盜犯罪、惹禍上身、內心奸詐、身心勞累多變遷、暴發暴敗、不顧家庭。

貪狼疾病要注意的是癌症、排泄、泌尿、生殖與性器官、代謝疾病、肝、膽、神經、四肢外傷、性病、精神疾病、重物壓傷。

貪狼的職業一般與食衣住行育樂都有關聯，包括農業、林業、植栽、漁業、油品、化學、裝飾、教育、出版、藝術、五術、宗教、餐飲、觀光、公關、外交、行銷或業務型態、娛樂、門市生意、金融、資訊、服務業、自由業、美的事業。

先天優勢：

情商高、獨立、堅強、處事圓融、懂得做人、嘴甜腰軟、親和力高、人緣佳、多才多藝、做事不拘泥、勇於表現自己、好學、足智多謀、直覺靈巧。

福分盲點：

自私現實、佔有欲強、定力較差、貪得無厭、專注力不足、利慾薰心、賭博及其他不良嗜好、多學不精半調子、不實際、感情不穩定、愛恨無常、世故圓滑、多婚。

喜：逢祿星、魁鉞、左右與火鈴於四墓宮。

忌：羊陀、空劫、忌、咸池、沐浴、紅鸞。

貪狼化祿：

世故人緣廣、聰明、善體人意，交際應酬多、運途順利、一生錢財無虞、偏財運、多元性發展、興趣廣泛、投資獲利、願望成真。

貪狼化權：

聰明更甚、計謀多、欲望倍增、野心大、心性更堅定、競爭力強、容易不擇手段、容易升官掌權、異路功名、有桃花運及偏財運。

貪狼化忌：

當貪狼化忌時不實際、易空想，表徵為欲望、情感受阻，容易有精神上的折磨，或在情感上受到傷害，而原本貪情縱欲的狀況也會有所收斂。再逢到空劫與煞忌，容易吃上官司、鬱鬱寡歡、想要卻得不到、或是橫發橫破。但貪狼化忌也不是全壞，正因為較偏情感、精神損失，有時在物質上也會有有心栽花花不開，無心插柳柳成蔭的意外驚喜，還是有著貪狼的好運氣。但也容易因自私任性而為，導致劍走偏鋒，好運不長久、結局不好，化忌時也喜歡接觸命理、五術、哲學類。

格局：

「火貪格」：火星與貪狼同宮，或三方四正會逢，是意外爆發格（同宮較佳）。若是逢諸凶煞忌星，不是無節制，就是發也虛發，結果都不好。

「鈴貪格」：鈴星與貪狼同宮，或三方四正會逢，是意外爆發格（同宮較佳），但沒有火星同宮來得迅速；若是逢諸凶煞忌星，不是無節制，就是發也虛發，結果都不好。

貪狼單星命坐子午宮：

天機△ 奴	紫微◎ 遷　午	疾	破軍△ 財
七殺◎ 官	貪狼單星 命坐子宮		子
太陽◎ 天梁◎ 田			廉貞△ 天府◎ 夫
武曲△ 天相◎ 福	天同╳ 巨門╳ 父	貪狼○ 命　子	太陰◎ 兄

太陰╳ 兄	貪狼○ 命　午	天同╳ 巨門╳ 父	武曲△ 天相◎ 福
廉貞△ 天府◎ 夫	貪狼單星 命坐午宮		太陽△ 天梁△ 田
子			七殺◎ 官
破軍△ 財	疾	紫微△ 遷　子	天機△ 奴

職場思維：

重情、欲望強、有衝勁、喜掌權、長袖善舞、親力親為的你，有主見及開創能力，爆發力強，可以獨立作戰，也不怕忙碌奔波，所以使命必達。若是與團隊合作無間效率會更好；若不信任他人，無法接受別人的建議指教，會因為自己的一意孤行容易增加挫敗的機會。所以，收斂逞強好鬥、脾氣大、白目性格，成就會很大。適合從事醫療、藝術雕刻、加工、設計、業務、行銷、餐飲、五金、貿易、國際事務、航空、美的事業、工程、五術、不動產、仲介、礦業。

財富能量：

對於賺錢很敢冒險、很敢衝，有很多新奇以及與眾不同的想法與方式，能因為跨行或轉業而賺錢，或者是身兼多職有多方的收入；也有可能有突發的意外財。賺錢的方式大多需要擅用人脈、競爭或有爭奪，所以錢來的並不容易。要養成對突發狀況處變不驚的態度，以及做妥善的投資和理財計劃，只要善加理財，就能降低自己花錢衝動的問題，錢才容易被存下來。

戀愛指南：

你對另一半條件很重視，所以，喜歡的人大多家境富裕、閱歷豐富、聰明穩定、能力強、責任感強、有人緣、有心機、欲望也強烈的人。而你自己也常常在外發展，喜歡的感情是浪漫富有情趣的，容易被外界的繁華所吸引。要避免跟有對象的人交往，或者不珍惜感情。喜新厭舊不專一，透過經常從事雙方共同的興趣，就會迎來穩定的感情生活。

健康守護：

注意呼吸道、食道、消化道、排泄、隱疾、疑難雜症、肥胖、內分泌、新陳代謝、癌、腎、膀胱、生殖器官疾病。

貪狼單星命坐寅申宮：

天梁✕ 田	七殺〇 官	奴	廉貞◎ 遷　申
紫微△ 天相△ 福	貪狼單星 命坐寅宮		疾
天機〇 巨門◎ 父			破軍〇 財
貪狼△ 命　寅	太陽✕ 太陰◎ 兄	武曲〇 天府◎ 夫	天同◎ 子

天同◎ 子	武曲〇 天府〇 夫	太陽△ 太陰✕ 兄	貪狼△ 命　申
破軍〇 財	貪狼單星 命坐申宮		天機〇 巨門◎ 父
疾			紫微△ 天相△ 福
廉貞◎ 遷　寅	奴	七殺〇 官	天梁✕ 田

職場思維：

智勇兼備、柔中帶剛、設定目標、積極果斷、有衝勁、運籌帷幄、處事較懂得妥協、事業心很強。有管理能力的你，事必躬親，雖然比較辛勞，但不怕困難，只要在職場上收起剛愎自用、欺善怕惡、急躁、破壞性、思想偏激等負面個性，不流連聲色場所，在職場上能正直無私、乾脆果決、自我鞭策的你，能借別人的助力成功。適合從事五金、醫療、五術、礦業、設計、工程、不動產、仲介、餐飲、流通、金融、財經、百貨、航空、運輸。

財富能量：

靠自己能力賺錢與花用，會以專業知識或技能賺錢，自給自足。賺錢的態度是努力以赴，而且不怕轉換全新跑道，或者是兼職。為了達到以及滿足欲望和理想，財務的使用會很大膽，進出變動大，必須要抱著即使投機有收穫，也不代表每一次都能成功的心態，才能在多變的進財方式中根本做好財務與周轉的控管，達到財富穩定與豐饒。

戀愛指南：

你喜歡挑戰不好追求的對象，對方是重視工作與地位、重實際、有領導能力、責任心強、重視細節及效率、有脾氣但是能講理的人。雖然你也重財，但更在乎情慾與歡樂的氛圍。所以，在外面交際回家後，可能會抱怨對方缺少生活情趣。只要你減少在外流連時間，與對方一起分享歡樂，對方重視家庭、剛中帶柔的性格，是可以跟你相輔相成的。

健康守護：

注意口腔、呼吸道、肺、食道、消化道、排泄、生殖系統、頭、眼睛、顏面神經、心臟、四肢、肝、膽、暗疾、胃、腸。

貪狼單星命坐辰戌宮：

巨門○ 父	廉貞△ 天相◎ 福	天梁○ 田	七殺◎ 官
貪狼◎ 命 辰	貪狼單星 命坐辰宮		天同△ 奴
太陰✕ 兄			武曲◎ 遷 戌
紫微○ 天府◎ 夫	天機✕ 子	破軍◎ 財	太陽✕ 疾

太陽○ 疾	破軍◎ 財	天機✕ 子	紫微○ 天府△ 夫
武曲◎ 遷 辰	貪狼單星 命坐戌宮		太陰○ 兄
天同△ 奴			貪狼◎ 命 戌
七殺◎ 官	天梁○ 田	廉貞△ 天相◎ 福	巨門○ 父

職場思維：

工作管理能力強、愛表現、是工作狂，天資聰穎、心地熱忱光明、才華出眾、智慧與才能兼具。執行力強、勞碌奔忙的你，容易離鄉背井打拼，也因為常不服別人的要求，工作初期變化多，所以，培養專業很重要，才更能把自己的能力展現出來；若與他人在工作上的問題意見不合時，心直口快的習慣也要盡量修正。適合從事設計、工藝、外交、娛樂、五金、餐飲、建築、工程、金融、銀樓、國際事務。

財富能量：

擅於開創財源，利隨著名來，會憑恃著自己賺錢的能力強，容易一擲千金，金錢的進出大。若是做投資適合見好就收，有贏就出場，千萬不要賭博，或做自己不懂的投資。借錢被倒帳的機率大，所以賺到錢後，一定要做大比例的固定資產投資，讓豐沛的金錢給自己安全感，才不會為了要賺更多的錢而衝動或投機，導致金錢的破耗。

戀愛指南：

喜歡的對象沉穩內斂、脾氣硬、高傲、氣勢過盛、有領導力。欲望強的你，對優秀的對象是嚮往的，但這中間可能會摻雜了經濟與利益的結合，導致長時間相處下來會有某種本質上的不和諧。但對方真的是不錯的對象，所以，雙方必須付出更多耐心，尤其是你必須收起貪玩的心來維護這段感情的穩定與和諧。

健康守護：

注意心臟、血液、三高、眼睛、胃、腸、腎、耳朵、血光、過敏。

雙星組合：

紫微貪狼：見紫微星解說。（185頁）

廉貞貪狼：見廉貞星解說。（322頁）

武曲貪狼：見武曲星解說。（263頁）

巨門：本命命格氣蘊與星性介紹

・五行屬癸水、土、金，北二、屬陰、化氣為暗。

・號稱陰精星、品物主、博學星、暗星、是非星、疑惑星、專注星、西藥星、家宅星、家族星。

・代表人物為姜尚的妻子馬千金。

有陰精之星稱號的巨門，在物的表象是品物主，喜歡大、高價、美麗、稀奇昂貴的精品或骨董。也代表口、通道、陰暗、檯面下、是非、官非、醫藥、飲食、異國、各類資源、身兼數職。在表達上天生能言善道、不說則已一鳴驚人、滔滔不絕、說話大聲又快又急、言之有物、強而有力、說話具說服力及搧動力。在思想上是細心謹慎、注重隱私、凡事先抱懷疑態度、也很愛吃，有口福。

巨門雖然主是非陰暗、曖昧、疑惑、暗淡、負面能量、支配欲、猜疑、多波折，但也是非常積極、負責、博學、聰明的星曜。有領導力、管理力、分析力、挑戰力、研究力、忠誠、多勞多能。容易經手檯面下不見光的事情，或人生隱藏驚人的祕密。家族中問題盤根錯節，也會給人不容易了解或相處的感覺，但巨門是屬於外冷內熱、慢熟型的人，成為朋友後也是能成為知己的人。

巨門獨坐子宮是「**石中隱玉格**」，命坐亥宮是「**明日驪暗格**」，無煞忌不破格即為吉格。「石中隱玉格」同宮或加會祿、權、科或者祿存，不逢諸煞忌，福厚祿重、頭腦精細、口若懸河、才高八斗、能力超凡、說話以一當十、有群眾領導魅力，唯一美中不足為日月都落陷，需自身經歷十足努力與辛勞才能坐高位，並享富貴。「明日驪暗格」為日月並明，辛勞度降低，得祿權科不逢煞忌，坐四馬宮驛馬星旺，能因出國經商或外地求財，事業能有一番規模及好收穫，既富且貴，但是奔波辛勞難免。

若是逢諸災煞、空劫、空亡、忌，口舌是非紛擾非常多，容易有人暗中破壞，也有可能背黑鍋，或者事情進行中容易遭遇困難，以及沒有預料到的、隱藏的問題，進而功敗垂成。更要注意管住自己的嘴巴，也不要以身試法，以免身陷官司。凡事在尚未成功之前也切勿張揚，一定要仔細檢查小細節，確認無誤，談判時也不要咄咄逼人或出言不遜。另外，要注意飲食與保暖，以免一不小心就吃壞肚子或傷風咳嗽。

單星命坐辰戌宮。辛年生巨門化祿是「**巨門反背格**」，也稱為「**化星反貴格**」。代表著好壞參半的運勢，更需要有吉星與祿權科的加持，才能反敗為勝、聰明富貴。

巨門坐命的人適合開口進財、動腦、國外的事業，精品、骨董、金融、行銷、直銷、廣告、業務、科技、研發、資訊、師字輩、主持人、配音、旅遊、餐飲、醫療、化學、政治、司法、五金、電機、談判幕僚、五術、仲介、不動產、陰宅。

注意的疾病有肺、食道、消化道、呼吸道、腸類、泌尿與排泄系統、骨、舌、齒、口腔、脾、胃、腎、婦科、暗疾、精神、神經、腫瘤、不明病症等。

先天優勢：

專注、能接受挑戰、有理想、理解力強、競爭力強、記憶力強、敏銳度高、反應快、思慮周詳、實事求是、公私分明、洞察人心、辯才無礙、不鄉愿。

福分盲點：

愚忠、言詞太犀利、加油添醋、恃才傲物、斤斤計較、疑心病、愛批評、悶葫蘆、虛偽刻薄、聽信謠言、暗地行事、過度謹慎、臨陣脫逃、冷淡、不重情、負面陰沉且愛爭。

喜：祿權科與諸吉星、太陽廟旺、尤其祿存與化祿。

忌：諸煞、忌、空劫、空亡、太陽落陷。

巨門化祿：

想法創新、能言善道、善於推廣、臨場反應佳、談笑風生、樂觀敦厚、愛說話，說話有技巧又甜、有話好說、說話讓人感到溫暖、應酬多、很愛吃、有口福、開口進財，事業財富都豐厚。

巨門化權：

群眾魅力、喜歡大權在握、努力奮發、管理能力強、說話有理、帶權威性、有話直說、辯論與說服能力強、競爭及活動力強。要記得不要得理不饒人、咄咄逼人、言語偏激、爭強好勝，給人太大的壓迫感。

巨門化忌：

巨門化忌時有固執難溝通、話沒好話、詞不達意、話不投機半句多、嘴巴上不肯吃虧、又衝又直、感情方面容易複雜、有隱藏的祕密。巨門化忌一定要注意禍從口出，要謹記話到嘴邊留三分。因為巨門本來就是口舌是非之星，運勢不好時化忌會加重狀況，就會常常遇小人，或是自招口舌是非糾纏，而且損財不自知。加上想不開，會造成精神與錢財雙重損失。也要學習欣賞別人，才不會容易批判別人，以至於人緣不好。並且不要過於迷信，以免受騙。

格局：

「石中隱玉格」：巨門命坐子午宮。巨門是暗星，總是默默地專注於自己的事，並將才華內斂，只要更加以琢磨並增加歷練，才華就會有驚人與更優質的展現。

「巨門反貴格」：辛年生巨門命坐辰戌宮，也稱為「化星反貴格」。雖然巨門落陷，但是辛干巨門化祿坐辰戌宮逢龍為貴再與吉星會逢，使原本是非不斷、樹敵積怨多的巨門變成堅韌不息、逆襲向上與富貴崢嶸。

巨門單星命坐子午宮：

奴	天機◎ 遷 午	紫微◎ 破軍○ 疾	財
太陽○ 官	巨門單星 命坐子宮		天府○ 子
武曲△ 七殺○ 田			太陰○ 夫
天同△ 天梁◎ 福	天相◎ 父	巨門○ 命 子	廉貞╳ 貪狼╳ 兄

廉貞╳ 貪狼╳ 兄	巨門○ 命 午	天相△ 父	天同○ 天梁╳ 福
太陰╳ 夫	巨門單星 命坐午宮		武曲△ 七殺○ 田
天府△ 子			太陽╳ 官
財	紫微◎ 破軍○ 疾	天機◎ 遷 子	奴

職場思維：

在職場的表現是號召力與領導力強、事業心強、聰明有為、有魄力、志向大、口才佳、有熱忱、努力不懈、喜歡下命令當指揮。適合從事動態、團隊競爭、複雜性強的工作。有創業心，不會想固定在一個工作或者是屈居人下，會想自己創業。只要不做暗事、好高騖遠、說話浮誇不實、口舌爭執，能堅定的朝理想前進，辛勞一定有所得，事業發展前途佳、地位高。適合醫療、政治、法律、業務、行銷、仲介、教育、文化傳播、國際事務、服務業、慈善業、宗教、五術、表演、餐飲、傳直銷等以口為業的工作。

財富能量：

愛面子，會努力往上爬，對地位與成就也非常重視。自身能利用才華廣結人緣，這也是財富的來源基礎。愛賺錢，但對錢財的處理並不擅長，容易出現左支右絀的問題，所以，不要在外耍派頭、亂花錢，重虛名或者賭博、不自量力、做檯面下違法的事情，如果這樣，除了賺錢不夠開銷，也會產生金錢糾紛。最好能腳踏實地，用穩當正確的方式取財與理財，相信以你聰明的頭腦，財富的創造也會是很可觀的。

戀愛指南：

你富於幻想，並且想要與眾不同的戀情。喜歡的是出身良好、美麗溫柔、英俊斯文、善體人意、多才多藝、人緣佳、處事條理分明、應對得體、能持家的對象。即使各自忙碌，為生活打拼而聚少離多，只要你有雅量接受對方不同的想法與作為，並謹守感情的忠誠，避免為小事生氣做無謂爭吵、提升自我的修養與技巧，生活就能恩愛持久。

健康守護：

注意生殖器官、腎、膀胱、腹瀉、胃、腸、傷殘、性病、泌尿系統、暗疾、肺、脾氣、三高。

巨門單星命坐辰戌宮：

天相△ 父	天梁○ 福	廉貞△ 七殺◎ 田	官
巨門× 命 辰	巨門單星 命坐辰宮		奴
紫微○ 貪狼△ 兄			天同△ 遷 戌
太陰○ 天機△ 夫	天府◎ 子	太陽× 財	武曲△ 破軍△ 疾

武曲△ 破軍△ 疾	太陽○ 財	天府◎ 子	太陰△ 天機△ 夫
天同△ 遷 辰	巨門單星 命坐戌宮		紫微○ 貪狼△ 兄
奴			巨門× 命 戌
官	廉貞△ 七殺◎ 田	天梁◎ 福	天相△ 父

職場思維：

個性敦厚深沉，在職場上精明、敏感機警的你，雖然工作的機緣多，但是因為想法天馬行空，導致思慮也很多，所以，容易在工作時會缺乏穩定性或是沒有設定目標。你的成功要訣在於能設定職場生涯目標，只要積極進修、重視誠信與名譽，憑著獨創的見解、策劃力與人助，提升行事魄力，並且不要見異思遷，成功不是難事。適合從事動態型的工作，例如：金融、財稅、貿易、觀光、餐飲、服務業、幕僚、文化傳播、業務、設計、科技、機械、資訊、律師、國際事務等以口為業的工作。

財富能量：

賺錢需要勞力勞心，在收入好的時候，對人非常慷慨大方，自己也很捨得享受，時常幫助經濟上有困難的親友，而且對別人跟你借的錢，通常不太會主動要回來，所以，容易因此為親友耗費錢財，也正因為愛面子、自認為聰明不會犯錯，因此更要避免替別人背書、作保。只要腳踏實地建立好的信譽，不去做表面風光的事而亂花費，就能保有好財富。

戀愛指南：

對象是個才藝出眾、聰明擅謀略、感情細膩、外柔內剛、性急勞碌、工作忙碌的人。你們可能在聚少離多的狀況下導致雙方的步調多有不合。只要你能接受對方的理性建議，並把生活細節攤在陽光下一起討論，兩人隨著時間一起成長，互相扶持、與時俱進，就不會造成兩人分岐擴大，感情也就能夠甜蜜長久。

健康守護：

注意破相、血光、手術、骨、腸、牙齒、疥瘡、癬、青春痘、生殖器官、腎、膀胱、急性突發症。

巨門單星命坐巳亥宮：

巨門○ 命　巳	廉貞△ 天相◎ 父	天梁○ 福	七殺◎ 田
貪狼◎ 兄	巨門單星 命坐巳宮		天同△ 官
太陰╳ 夫			武曲◎ 奴
紫微○ 天府◎ 子	天機╳ 財	破軍◎ 疾	太陽╳ 遷　亥

太陽○ 遷　巳	破軍◎ 疾	天機╳ 財	紫微○ 天府△ 子
武曲◎ 奴	巨門單星 命坐亥宮		太陰○ 夫
天同△ 官			貪狼◎ 兄
七殺◎ 田	天梁○ 福	廉貞△ 天相◎ 父	巨門○ 命　亥

職場思維：

你喜歡學習新事物，分析與表達能力強，越是趨向主動進取、放開心胸、理性與感性平衡、培養耐性、正向樂觀、腳踏實地，幸運就會找上門，一定可以白手興家，經歷辛勞而獲得成就。如果總是抱著懷疑或嫉妒別人、肚量小、打馬虎眼、拒人於外、患得患失、空口說白話或出言不遜，好運可能就會錯失；尤其不要做觸犯法律的暗事。適合從事醫療、技藝、藝文、教育、服務、旅遊、業務、進出口、科技、不動產、餐飲、金融、服務業、仲介、古董、精品等以口為業的工作。

財富能量：

會用智慧、創意、技術以及計劃，並帶著某種心機與計謀賺錢。金錢的使用靈活、轉換工作或兼職的機率也會比較多，這也代表金錢的波動會變大，務必要在有把握的時候才轉業，以免入不敷出。另外，對金錢的態度隨興，出外花錢也會擺闊，表現出有錢人的氣勢。開名車、穿名牌、吃美食、愛旅遊，所以更要居安思危，才能真正存到錢。

戀愛指南：

你的人緣不錯，感情浪漫但脆弱。喜歡溫柔體貼、斯文儒雅、漂亮、瀟灑、有人緣、修養與家教好、聰明有才氣、能內外兼顧、持家與顧家的對象。只要你能放心把家交給對方打理，並收起多疑、愛干涉、佔有欲、頑固、嘴巴不饒人的習性，減少爭執，讓彼此感情安定穩固，不但對工作與事業的發展有很大的助益，也能圓滿家庭與人生。

健康守護：

注意肺、過敏、呼吸道、意外傷、開刀、腸、燒燙傷、癌症、流行性疾病、併發症、肩頸、泌尿系統、腎、排泄。

雙星組合：

太陽巨門：見太陽星解說。（242頁）

天機巨門：見天機星解說。（213頁）

天同巨門：見天同星解說。（292頁）

天相：坐命命格氣蘊與星性介紹

• 五行壬水、南五、屬陽、化氣為印。

• 是印星、官祿主、福祿壽喜星、廣慈星、媒人星、衣食星、服務星。

• 代表人物是紂王的忠臣聞太師。

都說天相是衣食、福祿壽喜星，有吉人天相的好運，所以天相坐命的人基本上有相對好的經濟生活。聰明、端莊持重、溫文正直、慈愛、忠心、熱忱、喜好自由、重感情、異性緣佳、重視體面，容易得人疼。有階級觀念，喜歡結識權貴、喜歡錦衣玉食的天相，天生就是愛享受，心裡想的與擔心的就是如何過更好的生活，而即使能過上好日子，內心總還是汲汲營營。外表除了有貴氣外，本身愛美又重面子，喜歡貴重精品與打扮，飲食注重養生或高級料理，交朋友會以有無相同嗜好或一定水平以上為選擇。另外，天相的耳根子很軟，容易受人影響、容易跟風，也比較會獨善其身。服務心在於有無對價關係，沒有好處的事不會去做，會打量別人幾兩重來計算投資報酬率，決定是否出手相助，愛心有限，所以，相對上也就比較不容易吃虧。

單星坐命，三方四正不逢煞忌星，能成「府相朝垣格」，命坐丑未宮能成「紫府朝垣格」，聰明有能力，踏實向上、富貴有成。

基本上，天相很需要有好格局才能把好運更向上提升。例如：找到經濟價值高的另一半就很重要。因為天相比較有依賴性，又不是很愛工作，夫妻宮位好不好就非常重要。命宮逢諸祿權科會照、吉星同宮、財蔭夾（化祿與天梁）、恩光、三台、八座、添貴、天才、天德、天巫同宮或三方四正相逢，聰明伶俐、好學多才、財祿豐厚、結婚添子、好格局的天相，是能過居高位、名利雙收、既富且貴或是養尊處優的好日子；逢到煞星、空劫、虛耗、刑忌夾時，年輕時的天相，因為對好生活的嚮往，會有一段走錯路或不如意的時候，但因為天相是解厄星，所以還是能有不錯的下半生。雖然也能衣食無缺，只是必須靠自己，或是要接受某種非正常的生活方式。

適合的工作包括公職、政治、直銷、印刷、設計師、工程、攝影、藝術、美的事業、服飾、精品、軟體、保險、仲介、公關、諮詢、經紀業、服務業、餐飲、行政、家庭主夫或主婦。

相關疾病為黃疳、頭痛、眼睛、青春痘、破相、水腫、疥瘡、高血壓、呼吸系統、泌尿生殖、婦科、風濕、狼瘡、內分泌、過敏、筋骨。

先天優勢：

正直、盡責、人脈優、善良聰明、愛好和諧、善於溝通協調、應對得體、協調性佳、重秩序、謹慎踏實、相夫教子、思慮周全、分析力強。

福分盲點：

愛花錢、虛榮心重、挑剔、粉飾太平，做事拖延、藉口多、眼高手低、嘮叨、推託、意志不堅、感情複雜、輕言允諾、缺乏行動力、西瓜偎大邊、優柔寡斷。

喜：諸吉星與財蔭夾。

忌：四煞、空劫、天刑、天月、陰殺、大小耗、最忌火鈴與刑忌夾。

附註：天相不參與生年四化。

天相單星命坐丑未宮：

官	天機◎ 奴	紫微◎ 破軍〇 遷　未	疾
太陽〇 田	天相單星 命坐丑宮		天府〇 財
武曲△ 七殺〇 福			太陰〇 子
天同△ 天梁◎ 父	天相◎ 命　丑	巨門〇 兄	廉貞╳ 貪狼╳ 夫

廉貞╳ 貪狼╳ 夫	巨門〇 兄	天相△ 命　未	天同〇 天梁╳ 父
太陰╳ 子	天相單星 命坐未宮		武曲△ 七殺〇 福
天府△ 財			太陽╳ 田
疾	紫微◎ 破軍〇 遷　丑	天機◎ 奴	官

職場思維：

不管是命好還是被動，對工作沒有很積極的想法，能不要工作就不會想工作，只對自己有興趣或認定的事才會很執著。想法很多，每天感覺很忙，喜歡往外跑與人交際、嗜好有關又瑣碎的事。雖然人際關係不錯，但工作時目標模糊、效率不佳，並且會找藉口掩飾自己的問題。成功的關鍵在於工作時要做好時間管理，加強執行力，並且循規蹈矩、腳踏實地、專業養成、不隨波逐流、不自私自利，才能穩固自己的職場地位。適合從事服務、設計、工程、技藝、公關、仲介、行銷、美的事業、造型、服務業、自由業、娛樂、行銷、家管。

財富能量：

你對財富的使用其實不是很大方，比較傾向喜歡接受而不付出，對自己會很闊綽，對別人大方只在有利害關係時才會付出。對於過好生活與金錢的需求很強烈，而且永遠不會感到滿足。所以，不論工作努力與否，收入是否豐厚或不穩定，都會靠著自身的條件與聰明計算來取得，也會有不勞而獲的財富。你的財富需要靠著節流、房地產、減少物欲、定期穩定儲蓄、不隨意聽信別人亂投資以及富有的另一半，就能達成過愜意又富裕的生活。

戀愛指南：

你對愛情、婚姻的態度基本上比較隨緣，但是喜歡被別人追及被捧上天的感覺。喜歡的對象不論外表長得如何，都是屬於風流多情、注重生活情趣、熱情、體貼、交遊廣闊、多金，會在你身上花錢、沒錢也會花心思，但感情也會相對複雜的類型。所以，你對感情必須要有自己選擇的自己就要承擔的認知。感情保溫的祕訣，就是陪著對方一起做喜歡的活動，並且要能像放風箏一樣，把握在手中的線鬆緊做好調控。

健康守護：

注意生殖器官、頭痛、性病、胃、腸、開刀、泌尿系統、腎、肥胖、氣虛。

天相單星命坐卯酉宮：

紫微○ 七殺△ 福	田	官	奴
天機△ 天梁◎ 父	天相單星 命坐卯宮		廉貞△ 破軍× 遷　酉
天相× 命　卯			疾
太陽○ 巨門◎ 兄	武曲◎ 貪狼◎ 夫	天同○ 太陰◎ 子	天府△ 財

天府△ 財	天同× 太陰× 子	武曲◎ 貪狼◎ 夫	太陽△ 巨門◎ 兄
疾	天相單星 命坐酉宮		天相× 命　酉
廉貞△ 破軍× 遷　卯			天機△ 天梁◎ 父
奴	官	田	紫微○ 七殺△ 福

職場思維：

有個性、聰明具才華、自我要求高。喜歡學習新事物、很會講道理，雖然在工作的時候，外表會讓人有隨和以及可以溝通的感覺，但是實質上是帶著強出頭、霸道和具有野心的本質。只要在處事時不要過於自私自利、愛擺架子、耍派頭、愛說冠冕堂皇的話、勢利眼、收受賄絡貪污、貪杯誤事。能把心裡的欲望及目標明確化，用正向動能鞭策自己，成功是可以預期的。適合從事國際事務、金融、諮商、餐飲、工程、不動產、行政幕僚、家管、娛樂、藝文、設計、服務業、珠寶、代理、公職。

財富能量：

看重金錢、有偏財運，也能有他人餽贈或有祖業可以繼承的好運。因為聰明智力高，也追求過高檔的生活，會對可以給予金錢的對象或事務用心思。但不要因為賺錢不需費力，或者不需要競爭而隨興花錢。金錢的使用首重量入為出並保持謹慎，除了救急之外，不要為了面子幫人作保，以免錢財被別人所損害。把金錢拿來購買房地產、有價證券，可以累積財富、富裕、不愁吃穿。

戀愛指南：

欣賞社交手腕靈活、獨立積極、端正、貴氣、多才多藝、人緣佳、有才幹、有財勢地位的對象。這樣的對象事業心重、比較強勢、直率。如果你們兩個人的價值觀、興趣、認知都能契合，感情就一定是能穩固幸福；相反的，就會常常起爭執。只要你能當對方的支柱，並在情感上增加溫柔浪漫的氛圍，感情一定就能幸福美滿。

健康守護：

注意生殖系統、呼吸道、食道、消化道、排泄、腎、泌尿、神經、水腫、疹、眼睛、過敏、開刀、暗疾。

天相單星命坐巳亥宮：

天相△ 命　巳	天梁○ 父	廉貞△ 七殺◎ 福	田
巨門✕ 兄	天相單星 命坐巳宮		官
紫微○ 貪狼△ 夫			天同△ 奴
太陰○ 天機△ 子	天府◎ 財	太陽✕ 疾	武曲△ 破軍△ 遷　亥

武曲△ 破軍△ 遷　巳	太陽○ 疾	天府◎ 財	太陰△ 天機△ 子
天同△ 奴	天相單星 命坐亥宮		紫微○ 貪狼△ 夫
官			巨門✕ 兄
田	廉貞△ 七殺◎ 福	天梁◎ 父	天相△ 命　亥

職場思維：

在職場上聰明、自信、人緣非常好、不拘泥行事，欲望的表現不會讓人覺得有壓力。工作時會存有貪多的心態，常常身兼多職，但是又執行得不踏實。建議不要有腳踏兩條船，或者存著僥倖的工作態度，務必要培養強化自己的專業與行動執行力，勇於面對挑戰、不退縮，否則就會流於不切實際，或只是為人作嫁的狀況。喜歡在外交際又受人歡迎的你，適合從事團隊行銷、金融、設計、不動產、工程、餐飲、娛樂、諮商協調、家管。

財富能量：

重生活享受又愛面子的你，基本上是不缺錢的，對自己捨得，但對別人並不是那麼大方。會用專業技能或者個人魅力來取財，也可能會有人金錢支援。若是有現成的產業可打理，又需要你來發揚光大，更要做好投資計劃。也許經歷過經濟拮据的過程，更能激發你的賺錢潛能。為了讓自己生活更有安全感、更富裕，做好金錢的使用與儲存計劃絕對是必要的。

戀愛指南：

喜歡浪漫歡樂的戀愛氛圍，容易被外表漂亮迷人、斯文帥氣、溫柔體貼、多金、幽默風趣、交遊廣闊、多才多藝的對象吸引；也容易被燈光好、氣氛佳、好聽話所感動。所以，要慎選交往的對象，不要快速的投入一段戀情，以免賠了夫人又折兵。另外，吸取情感上的經驗，也是讓自己眼睛放亮，不讓自己重蹈覆輒的好方法，這樣才能擁有穩定又幸福的感情。

健康守護：

注意過敏、呼吸道、心臟、血管、眼睛、意外血光、破相、消化、頭痛、腸、泌尿系統、生殖器官。

雙星組合：

武曲天相：見武曲星解說。（269頁）

紫微天相：見紫微星解說。（191頁）

廉貞天相：見廉貞星解說。（309頁）

天梁：坐命命格氣蘊與星性介紹

・五行戊土、南二、屬陽、化氣為蔭。

・號稱父母星、老大星、慈善星、益壽星、蔭福星、中藥星、解厄星、孤獨星、宗教星、老師星。

・代表人物為武王的忠臣李天王。

跟福與壽有關的天梁，天生有著冥冥之中的庇蔭，但跟災難也是有關連的，所以善事做越多才更能制煞解厄。也象徵權威、清高、宗教、歷史悠久、祖蔭、股票期貨、公務、教育，早熟、外表穩重、慈悲善良、獨立、助人人助、有某項專業才華與能力、喜歡往外跑、不修邊幅、做事隨興、不喜歡壓力太大的生活、愛當老大、會求表現、苦口婆心教導他人、樂於從事慈善服務、勞碌、愛面子、不好意思拒絕而吃虧上當、喜歡賺錢但不善於理財、會出去做公益但不在意家中髒亂。天梁的脾氣是看事情，基本上沒事不找事，也不喜歡與人有利益上的糾葛。平常也愛做做發財夢，會玩玩公益彩券、刮刮樂，但若遇到會做暗地事的星曜，就會做見不得光的事，變得愛賭又濫情、不顧家。

老人臉小孩心，可以用來形容天梁內外不同的特色。天梁內心不像外表那麼老派，喜歡自由開放，是有著一顆浪漫雅緻的心，也愛交朋友、閒情雅興、愛收集小玩意。但因為天梁說話不婉轉，又自以為幽默，難免人際會有卡卡的感覺。若真要說天梁愛當老大，只能說是在休閒娛樂、領域性或較無競爭性的教導跟感化上；若是真要跟人逞凶鬥狠，天梁是絕對不敢豁出去的。

命宮坐子午宮，三方四正沒有會逢煞忌星，是合格的**「機月同梁格」**。若是天梁命坐午宮，也是**「壽星入廟格」**，清高廉潔有領導風範。命宮坐丑宮，**「丹墀桂墀格」**，這個格局因為太陽、太陰都在廟旺的宮位，能量充沛、人生運途光明、富貴得志。坐巳亥宮天梁對宮逢天同，同梁巳亥格局若是再逢天馬是**「梁馬飄盪格」**，就會更顯得勞碌飄盪、內心孤獨。

天梁會天機，有宗教情懷與慈善心；廟旺逢昌曲、天才、鳳閣技藝出眾；逢輔弼、魁鉞、三台、八座諸吉，尤其**「陽梁昌祿格」**，積極主動、經歷不凡、學問高、才華洋溢、多才多藝、運氣佳、運途光明順遂、專業領域翹楚、組織要員、能加官晉爵、高貴氣勢旺。逢四煞、空劫、大耗、陰煞、天刑、天月、天虛、忌諸凶星，十賭九輸、破財又容易有意外、健康不佳、刑傷與血光、生活苦或身上會帶頑疾。

適合各項專業師字輩、金融、醫學、化學、美的事業、慈善、教育、服務、娛樂、評論、五術、不動產、仲介、行政幕僚、政治、軍警、公務等工作。

疾病要注意胰臟、青春痘、疲勞、膽、脾、胃、腳、貧血、消化系統、呼吸系統、心臟、肌肉、法令紋、肩、肋骨、骨折。

先天優勢：

合群、豪爽、耿直、心地善良、穩定、耐性佳、不同流合污、熱心、照顧他人、思路清晰、喜歡學習、付出不求回報、客觀公正、謙恭有禮。

福分盲點：

打腫臉充胖子、專制、愛抬槓、懶散、開創性不足、動力不強、效率不彰、怕事、想多做少、碎碎唸、固執、愛賭、投機、漫無目標、倚老賣老。

喜：太陽、祿權科、魁鉞、輔弼、昌曲、三台、八座、天才、鳳閣。

忌：四煞、空劫、耗、刑忌、諸凶星。

天梁化祿：

清高、有才華、熱情、比較圓融、愛往外發展表現、有波折災難但能逢凶化吉、多種才藝或職業在身，可得意外之財或他人的幫助。但行事效率與步調需要再加強，也必須更加奉公守法，才不會當別人的白手套而惹禍上身。

天梁化權：

自信心高、閱歷多、有專業性權威、具管理能力，有能力幫人排解糾紛。但要注意表達方式，避免過於主觀或堅持。要注意變通，以免讓人有倚老賣老、孤傲不通的感覺。

天梁化科：

有好的名望地位、事業順遂、知名度提升、能得意、心情較為愉快、能以理服眾、比較不會固執保守愛說教、也喜歡做善事助人，所以凡事都有福氣在庇蔭著。

格局：

「壽星入廟格」：天梁是壽星坐子午宮皆廟。逢諸吉無煞，象徵人品敦厚、聰明正直、人緣佳、健康長壽、有名顯貴。

「梁馬飄盪格」：除了有**「同梁巳亥格」**的特質外，具有孤獨性與惰性的天梁在巳亥宮落陷時，再與天馬同宮或會逢就是**「梁馬飄盪格」**。更加欠缺開創性，再加上天馬驛動的星性，若無吉星會逢容易四處奔走、飄盪無依。

附註：命宮三方四正只要日月雙星都坐在廟旺位，都是日月並明格。

天梁單星命坐子午宮：

武曲△ 破軍△ 奴	太陽○ 遷　午	天府◎ 疾	太陰△ 天機△ 財
天同△ 官	天梁單星 命坐子宮		紫微○ 貪狼△ 子
田			巨門╳ 夫
福	廉貞△ 七殺◎ 父	天梁◎ 命　子	天相△ 兄

天相△ 兄	天梁○ 命　午	廉貞△ 七殺◎ 父	福
巨門╳ 夫	天梁單星 命坐午宮		田
紫微○ 貪狼△ 子			天同△ 官
太陰○ 天機△ 財	天府◎ 疾	太陽╳ 遷　子	武曲△ 破軍△ 奴

職場思維：

健談但做事謹慎保守、喜歡助人、清廉、愛當老大、高傲，找工作不困難也有貴人幫。工作上的事雖然不會拒絕，但難免會帶著點懶散、動口不動手、不積極、效率低的做事方式。必須要加強判斷與果決力，也不要過於挑剔或堅持原則；必須適時進修、提升專業競爭力，以適應職場變化及升遷後的領導與工作挑戰。適合從事公職、軍警、學術性、專業性、金融、財稅、不動產、行政、幕僚、慈善、醫療、美容、生活百貨、殯葬、農業。

財富能量：

會花心思策劃來賺取與使用金錢。財務有流動性，屬於靜中有動型，也樂意做公益慈善捐款或幫助朋友。若想投資賺錢，投機型的投資盡量避免，也要見好就收。不論是工作或賺得的錢，最好放在不動產以及定期投資上，才能將財富穩定儲存並生活豐足，要不然，持續的滾動金錢或投機心態太重，若判斷失誤，就容易財來財去、為錢傷腦筋了。

戀愛指南：

你除了重視外貌與條件，也有當老大、愛照顧人的個性，會對需要被照顧的對象產生關愛的心，但也許這樣的對象，剛開始時表現樂觀，即使說話直白也只會讓你覺得是打情罵俏，但相處久了，愛忌妒的負面個性就會顯現出來。所以，你必須本著成熟理性、平和寬容的心情來與對方相處，這樣才能降低對方的不安全感與猜忌心，進而改善關係、幸福和樂。

健康守護：

注意胃腸消化系統、肝、膽、瘤、三高、外傷。

天梁單星命坐丑未宮：

太陽○ 官	破軍◎ 奴	天機✕ 遷　未	紫微○ 天府△ 疾
武曲◎ 田	天梁單星 命坐丑宮		太陰○ 財
天同△ 福			貪狼◎ 子
七殺◎ 父	天梁○ 命　丑	廉貞△ 天相◎ 兄	巨門○ 夫

巨門○ 夫	廉貞△ 天相◎ 兄	天梁○ 命　未	七殺◎ 父
貪狼◎ 子	天梁單星 命坐未宮		天同△ 福
太陰✕ 財			武曲◎ 田
紫微○ 天府◎ 疾	天機✕ 遷　丑	破軍◎ 奴	太陽✕ 官

職場思維：

工作時追求理想、才華出眾、做事熱情積極、競爭力佳、靈活變通、有榮譽感、具領導統御能力，表現容易讓上司看見與信任，也能照顧下屬。只要把專業結合口才運用得宜，懂得讚美他人、不畏挫折、行事穩健、增加親和力；不因為好面子而逞強、行事固執、個性彆扭；不玩弄權術或與人為敵，就能發光發熱，收入豐、權位高。適合從事國際事務、貿易、文化、行銷、傳播、餐飲、服務業、諮商、研究、醫療、師字輩、金融、不動產、生活百貨。

財富能量：

不論賺錢是輕鬆入袋還是辛苦費力，只要名位越高，賺錢的能力跟機會越強越多，收入也越好。擅長財務精算，會通曉並運用理財工具來源源生財，或身兼多職來賺錢。房地產運佳，能因為接收祖上的不動產或自己置產、定期儲蓄而致富。紮實的學習投資理財方法，對財富更提升很重要，即使有金錢上的付出或遭遇損失，生活一樣能富足充裕。

戀愛指南：

對方是個能力不錯，能吃苦、聰明口才好、獨立有想法，帶點傲氣、自尊心強、內心深沉、不容易滿足的人。如果兩個人在意見不同時懂得各退一步，或是更有耐心的回答對方所提的疑問，就能減少言語上的摩擦。因為對方只是刀子嘴，若能跟對方多出去走走、活動活動，為彼此增添生活樂趣，對方的心情好，相對的也會對你好，彼此的感情就會更有情趣。

健康守護：

注意頭、胃、腸、消化吸收、脾、胰、三高、慢性病、精神、腫瘤。

天梁單星命坐巳亥宮：

天梁╳ 命　巳	七殺○ 父	福	廉貞◎ 田
紫微△ 天相△ 兄	天梁單星命坐巳宮		官
天機○ 巨門◎ 夫			破軍○ 奴
貪狼△ 子	太陽╳ 太陰◎ 財	武曲○ 天府◎ 疾	天同◎ 遷　亥

天同◎ 遷　巳	武曲○ 天府○ 疾	太陽△ 太陰╳ 財	貪狼△ 子
破軍○ 奴	天梁單星命坐亥宮		天機○ 巨門◎ 夫
官			紫微△ 天相△ 兄
廉貞◎ 田	福	七殺○ 父	天梁╳ 命　亥

職場思維：

靠著某種福分，工作事業常有貴人引薦或提攜，如果沒有出國或外派的機會，也會喜歡在固定工作外再找兼職的工作，或是會覺得下一個工作會更好而經常更換工作。有創意、能力好、願意學習、打拚吃苦的人，能靠著智慧與計劃做出好成績、受人肯定。若是自視甚高，只想靠著靠山、懶散、出一張嘴的人，很容易讓人看出實力好壞，工作上的人際關係就不會那麼實在了。適合專業師字輩、不動產、仲介、金融、醫療、美的事業、慈善、教育、藝術、娛樂、評論、五術、行政幕僚等工作。

財富能量：

財運是不錯的，因為不會只有一種進財的管道，可能也會有長輩的饋贈。賺錢要看自己的心情或身體健康而定。金錢的使用狀態，是花別人錢很大方，花自己的錢就會考量。會為了愛面子、個人嗜好與樂趣而花費，所以，常常有不在計劃內或者盲目的支出。建議不要讓自己成為有財無庫的人，才不會被錢追著跑，造成周轉上的問題。

戀愛指南：

喜歡的對象亮麗、聰明、活動力強、勞碌、愛學習、口才不錯、有宗教信仰，雙方在各自的工作領域上都有不錯的表現，所以，也有各自堅持與固執的一面。不喜歡被別人指使，都想握有主導權。你比較不會主動起爭執，但對於口才伶俐又強勢的對方學習理解與包容，在適當的時機再給予溝通，彼此放軟自己的主觀意識，感情就能長久緊密。

健康守護：

注意骨、意外傷、過敏、呼吸道、肺、三高、青春痘、皮膚、精神、失眠、胃、腸、火氣大。

雙星組合：

天同天梁：見天同星解說。（298頁）

太陽天梁：見太陽星解說。（248頁）

天機天梁：見天機星解說。（220頁）

七殺：坐命命格氣蘊與星性介紹

・五行庚金、屬火、南六、屬陽、化氣為殺。

・號稱將星、桃花星、孤寡星、戰鬥星、競爭星、紀律星、義氣星、魄力星、妾星。

・代表人物是紂王的忠臣黃飛虎。

七殺非常獨立、重利、衝勁強、有才幹、正義感、直言坦白、果決、活動力強、重效率、不矯情、不做作、不喜歡拐彎抹角、不喜歡被別人管束或指正、不得清閒。在剛強、威嚴、認真、任性、急躁、霸道的外表下，藏著脆弱、敏感、多情、容易猜疑的心，即使跟別人起爭執，當下的態度很強硬，但其實是個吃軟不吃硬的人。也很想成為善解人意的人，只是因為習慣堅強，不知道如何表達，或拉不下臉而已。

七殺三方四正沒有會逢空劫刑煞忌星，命坐寅宮為「七殺仰斗格」，命坐申宮為「七殺朝斗格」，性格剛強直率、有謀略、理想、威嚴帶殺氣。（七殺坐子宮、午宮是廣義的七殺仰斗格與七殺朝斗格。）

能獨當一面的七殺，三方四正會逢祿權科、祿存、輔弼、魁鉞、三台、八座與諸吉星，能遇到絕好的機會以及有權勢地位的人相助。積極進取，可以大展身手；更具有智慧、開創力、圓融能力，處理事情更能減少暴戾之氣，增加斡旋折衝能力。事情執行的順利以及達成的完整度，即使歷經艱辛，最後也能成為勝利者，位高權重、成就卓越。如果三方四正會逢空劫、四煞、刑、忌與災劫煞虛哭諸凶星，個性會更加剛硬及猛爆、凶惡。脾氣與膽子比能力大、喜怒無常與人難相處、容易得罪人、出外容易有意外傷害、生活奔波辛勞、積勞成疾、做事難成。有明知不可為而為之、硬要闖關的特性，如果不知修身養性，用正向陽光的心態調整自己做人處事的態度，聽取別人的建議以及吸取教訓，人生一定會有重大的挫折與傷害，對自己及身邊的人都會是辛苦的磨難。

適合開創性、突破性與動態的行業，包括工程、水電、裝修、不動產、國際貿易、航空、運動、軍警、電子、科技、資訊、文創、五金、金屬、機械、醫療、化學、清潔、民意代表、消防、物流、餐飲、服務業、美的行業。注意殘疾、筋、腮骨、骨、痔瘡、肝、呼吸系統疾病、扁桃腺炎、意外血光、脊椎、大腸、直腸、電擊燙傷等問題。

天生優勢：
不計個人得失、以大局為重、不虛偽、忠誠、敢挑戰新局、有才華謀略、反應快速靈敏、濟弱扶貧、精明幹練、勇敢果決、責任感強、不屈不撓、意志堅強、幹勁十足。

福分盲點：
偏激衝動、性急沒耐性、激進好鬥、喜怒形於外、性格強烈、意氣用事、暴力、自大白目、不聽勸、不受教、報復心、容易樹敵、容易不滿、孤傲自我、不計一切。

喜：諸吉星，最喜天魁、天鉞、化祿、紫微。

忌：四煞、空劫、天刑、忌、諸凶星。

格局：

「七殺仰斗格」：七殺命坐寅宮，對宮有紫微天府。加諸吉無煞能力高強、領導管理力優異、有勇有謀、富貴出眾。

「七殺朝斗格」：七殺命坐申宮，對宮有紫微天府。與七殺仰斗相似。但紫微、天府、日月雙星廟旺強度會有不同影響。

附註：七殺不參與生年四化。

七殺單星命坐子午宮：

天同◎ 奴	武曲○ 天府○ 遷 午	太陽△ 太陰× 疾	貪狼△ 財
破軍○ 官	七殺單星 命坐子宮		天機○ 巨門◎ 子
田			紫微△ 天相△ 夫
廉貞◎ 福	父	七殺○ 命 子	天梁× 兄

天梁× 兄	七殺○ 命 午	父	廉貞◎ 福
紫微△ 天相△ 夫	七殺單星 命坐午宮		田
天機○ 巨門◎ 子			破軍○ 官
貪狼△ 財	太陽× 太陰◎ 疾	武曲○ 天府◎ 遷 子	天同◎ 奴

職場思維：

心志堅強、獨立、處事重效率、理想高、有魄力、好動不耐靜、具開創力的你，喜歡做可以發揮領導力、動態不是固定型、不同於一般性質的工作。若不是一個工作做一陣子就覺得無趣，覺得沒有挑戰性而想換工作，就是此處不留爺自有留爺處，去尋找自己的理想。只要不讓個人英雄主義作祟，只追求目標結果，而常常忽略細節，能夠重視組織團隊精神、做事恩怨賞罰分明，對人嘴硬心軟的你，絕對是可以承擔重責大任、取得好成就的。適合從事業務、開發、國際事務、不動產、金融、投資、餐飲、軍警、製造、殯葬、運動、交通運輸、裝修、工程、製造、電子、五金、藝術創作、娛樂、美的事業。

財富能量：

說你愛錢，其實是因為你很愛用錢堆出來的成就感，這樣可以讓你在人群中更有吸引力，或者可以跟人比個高下，所以，只要有賺錢的機會都會想要去把握，也懂得如何在人際關係中主動找到賺錢的機會，並且付諸行動，甚至會有冒著風險的投機心態。此外，你的個性有時候會衝動行事，而容易造成花費上的增多。所以，在花錢之前，要先思考是不是必需要花費的才能蓄積財富。切記，不要接觸賭博、嗜酒色與失業太久，才不會因此坐吃山空。

戀愛指南：

你的個性是顯於外、直接了當，而喜歡的對象個性是軟中帶硬，外表稱頭、熱情好客、進退有禮、中規中矩、聰明有才能、多金或貴婦型的人。若雙方都想爭主導權，千萬不要把你直白的個性拿出來硬碰硬。只要對方的行為是為了讓生活更好，而不是愛發號司令、指使人，那麼心地善良的你就應該要把你所擁有的理性、感性以及幽默感發揮出來，化解緊張氣氛，就能保有美滿的感情。

健康守護：

注意精神、失眠、意外血光、開刀、遺傳疾病、胃、腸、生殖器官、內分泌、新陳代謝、頭、眼、殘疾、筋、骨、痔瘡、肝、呼吸系統、扁桃腺炎、脊椎。

七殺單星命坐寅申宮：

太陽○ 田	破軍◎ 官	天機✕ 奴	紫微○ 天府 遷　申
武曲◎ 福	七殺單星 命坐寅宮		太陰○ 疾
天同△ 父			貪狼◎ 財
七殺◎ 命　寅	天梁○ 兄	廉貞△ 天相◎ 夫	巨門○ 子

巨門○ 子	廉貞△ 天相◎ 夫	天梁○ 兄	七殺◎ 命　申
貪狼◎ 財	七殺單星 命坐申宮		天同△ 父
太陰✕ 疾			武曲◎ 福
紫微○ 天府◎ 遷　寅	天機✕ 奴	破軍◎ 官	太陽✕ 田

職場思維：

有衝勁、精力旺盛、剛強、急躁、不肯認輸、不怕奔波勞累、勇於面對現實、有勇有謀的你，在工作上輸人不輸陣、越忙越起勁。若是眼界太高、空有理想，就容易陷入孤芳自賞、懷才不遇的感覺。你的成功來自於你的膽識、衝勁、才幹，配合實際的計劃以及執行力，所以，必須要有人願意配合你，這時候身段圓融就是很重要的元素，更能讓你功成名就、受人推崇。適合從事財經、金融投資、外交、政治、不動產、科技、運動、製造、裝潢設計、工程、學術研究、創意、表演、軍警、交通運輸、礦業、殯葬、娛樂、餐飲、美的事業、業務、開發、五術。

財富能量：

有偏財運，賺錢的欲望強烈，存摺上數字的增加會讓你更熱衷工作。若是作風正派，努力在事業上發展，可以得到財富貴人的賞識與提拔。除了工作事業上的收入，也會想要做股票、基金金融方面的投資。賺到錢一定要懂得珍惜，不要貪圖享受多彩多姿的生活，耗費大把金錢玩金錢遊戲。若能把錢放在房地產上，就會有不錯的財富累積。

戀愛指南：

你喜歡負責、條件優、聰明能力好、守原則、有信用、瀟灑有禮、懂人情事故的對象。而你凡事大喇喇，表達過於直接、主觀而且很難被說服、凡事都想佔上風，這樣會讓被你惹怒的對方把氣悶在心裡。其實對方並不是病貓，只是不發威而已。所以，你必須收斂自己的個性，互相尊重，一起為共同的目標努力，就能找到幸福。

健康守護：

注意生殖器官、泌尿、內分泌、新陳代謝、精神、水腫、腎、心血管疾病、眼、肛、膽、失眠、胃、腸、開刀、呼吸系統。

七殺單星命辰戌宮：

天機△ 父	紫微◎ 福	田	破軍△ 官
七殺◎ 命　辰	七殺單星 命坐辰宮		奴
太陽◎ 天梁◎ 兄			廉貞△ 天府◎ 遷　戌
武曲△ 天相◎ 夫	天同╳ 巨門╳ 子	貪狼○ 財	太陰◎ 疾

太陰╳ 疾	貪狼○ 財	天同╳ 巨門╳ 子	武曲△ 天相◎ 夫
廉貞△ 天府◎ 遷　辰	七殺單星 命坐戌宮		太陽△ 天梁△ 兄
奴			七殺◎ 命　戌
破軍△ 官	田	紫微△ 福	天機△ 父

職場思維：

工作認真努力實踐自我、對外界新知抱持好奇心、富開創精神又能堅守崗位、有爆發力及競爭力、本領高強、閒不下來。工作型態常為動態型，常出差、外派，或是對現況覺得不滿足而常常變換工作。

其實，你的內心也有柔軟的一面，若能在改革、進化的過程中吸納好的建言，成功機會能變大；若是一意孤行，就會增加自己的身心動盪，所以，做事能內外協調，就不會吃力不討好。適合從事醫療、工程、不動產、裝修、金屬、礦業、貿易、國際事務、製造、美的事業、投資、娛樂、軍警、業務、開發、餐飲、服務、五術。

財富能量：

賺錢方式多變，進財的方式多元，錢財變動大，會運用智慧與人脈以小博大。也具有偏財運，酒色財氣意味濃厚。一生以追求金錢以及滿足心裡的想望奮鬥不懈，很難滿足，最怕快速發展後沒有節制的趁勝追擊，會讓自己的財務變成外華內虛，所以，一定要腳踏實地，並且專注財務的管理，才能降低財務危機，晉升有錢一族。

戀愛指南：

喜歡對象的能力很好，也可能是上流社會人士。正直有為、實事求是、多才多藝、對人際能拿捏、重視生活品質與享受、企圖心與控制欲大。由於雙方都忙於追求想要的生活，造成聚少離多、缺乏情趣，加上你比較急躁、容易動氣，對方也可能不容易妥協。所以，最好不要用支配與左右對方的心態來相處，要互相關懷，製造輕鬆有趣的氛圍，相處就能更為融洽。

健康守護：

注意生殖器官、精神、胃、神經、腎、泌尿、水腫、眼、四肢、腸、過敏、呼吸系統、意外傷。

雙星組合：

武曲七殺：見武曲星解說。（272頁）

紫微七殺：見紫微星解說。（195頁）

廉貞七殺：見廉貞星解說。（312頁）

破軍：坐命命格氣蘊與星性解說

・五行癸水、北七、屬陰、化氣為耗。

・號稱開創星、權星、奴僕星、夫妻星、子息星、情義星、破耗星、帶藥星、孤剋星、自殺星。

・代表人物是殷王朝暴君紂王。

破軍代表著變化速度快、活潑、幽默、喜歡開玩笑、聰明、好奇心強、喜歡新鮮、與眾不同、不服輸、喜歡創意直覺式思考、個性積極事必躬親、敢挑戰冒險患難、不愛走既定規則、豪爽乾脆、重視交情與義氣、具領導能力、自尊心強、勇於改變現狀、不怕辛苦。喜歡自由自主、不受拘束、以小博大，但是個性急、賭性強、有消耗與破壞性質，所以，開銷花費大守不住錢、坐不住、容易受傷、情感失和，也要注意過度自我後帶來的種種問題。

三方四正一定會會逢貪狼與七殺，就是所謂的殺破狼格局，個性好動、不耐靜，主導主觀意識強，膽識過人、勇往直前。好的破軍坐命殺破狼格局，領導統御力強、能攻能守運籌帷幄、戰無不克。如果格局不好，容易衝過頭、得罪人、命運動盪不寧、大起大落。

命宮坐子午宮為「英星入廟格」，在辰戌宮為「日月照壁格」，三方四正無煞忌星，會逢祿權科、祿存、輔弼、魁鉞、三台、八座、龍池、鳳閣與諸吉星，正直堅毅、重情重義、交遊廣闊、嚴正操守佳、懂得運用計劃策略、做事有恆心與毅力，能身經百戰、大破大立，工作事業貴人多，出入高貴場合、吃穿高級、出手豪氣，一生大富貴、風光無限。

如果三方四正會逢空劫、四煞、刑、忌與災劫煞虛哭諸凶星，更為衝動、好強、暴躁、心地不良、資源容易匱乏、資產破敗。很需要虛心學習、紮實耕耘，若是沒有懷著謹慎保守的觀念，行事會過於衝動、不知節制、自私自利、對人不重情義、獨行專斷、人際關係差、劍走偏鋒、心胸狹隘、狡猾。尤其主觀意識強不聽勸告，容易因此交友不慎，或是做錯事還一意孤行、不回頭，破財、官司不斷又傷身。

不適合例行性的工作，適合電子、網路、資訊、電玩、金融、衍生性金融商品、工程拆除、不動產、創意、設計、裝修、影視、表演、娛樂、攝影、廣告、運輸、物流、資源回收、民意代表、軍警、消防、服務業、化學、美的行業。

要注意生殖與性器官、糖尿病、意外傷、開刀、破相、口腔、齒、肺、呼吸道、泌尿排泄、腸類、骨、內分泌、先天罕見疾病、水腫等疾病。

先天優勢：

個性積極、執行力強、開創力、創新力、勇於表現自我、獨立自信、有主見、講求效率、豪爽直率、潛力十足、乾脆、不拖拉、交際社交力強。

福分盲點：

喜新厭舊、見異思遷、破壞性強、意氣用事、強詞奪理、任性、反抗心強、我行我素、翻臉像翻書、報復心強、不擅於計劃、強迫壓迫性、好辯、投機、反覆不定、矛盾。

喜：祿權科與諸吉星，最喜化祿與祿存。

忌：空劫、四煞、刑、忌、虛空劫災煞諸凶星。

破軍化祿：

多才多藝，想法與做法創新、不拘泥、降低破壞性與波動性，增加成功的機率。辛勞增加，但是能先破後成、能因為新契機的改變而得到更好的際遇。身兼多職或進財不只一種，可能會有爆發財的機運，升官加薪、名利雙收、破鏡可能重圓。

破軍化權：

變動增加、個性更為強勢、不畏辛苦勞累、發揮潛能與計劃力、有新的想法而且會付諸執行。開創性強，能掌握管理大權，強迫性更加強。損耗破壞性增強。善於攻擊不善於防守，所以，需要在真正蓄積實力後才可以做重大的決定，以免因為野心太大而失敗，需要重新再來。

格局：

「英星入廟格」：破軍為北斗英星，入廟命坐子午宮。具備強而有力的開創性、英勇氣慨。遇祿存或化祿與諸吉，資源不餘匱乏，也能降低損耗性，成就事業。

「日月照壁格」：破軍命坐辰戌宮，日月雙星坐田宅宮。逢諸吉星格局佳能夠擁有大批的不動產，或者不動產價值高。

破軍單星命坐子午宮：

巨門○ 奴	廉貞△ 天相◎ 遷 午	天梁○ 疾	七殺◎ 財
貪狼◎ 官	破軍單星 命坐子宮		天同△ 子
太陰× 田			武曲◎ 夫
紫微○ 天府◎ 福	天機× 父	破軍◎ 命 子	太陽× 兄

太陽○ 兄	破軍◎ 命 午	天機× 父	紫微○ 天府△ 福
武曲◎ 夫	破軍單星 命坐午宮		太陰○ 田
天同△ 子			貪狼◎ 官
七殺◎ 財	天梁○ 疾	廉貞△ 天相◎ 遷 子	巨門○ 奴

職場思維：

膽子大、性子急、多才多藝、點子多、具變化性、開創力強、具交際手腕。工作時，常為了理想做出驚人之舉，對人事物持有高度興趣與好奇心。成功的方法是一定要經營好職場人緣、培養EQ、發揮協調的能力，掌握工作事業上的有利資源朝多方面發展，並且改變容易闖禍、破壞的特質，藝高人膽大的你，也就能獨當一面、獲得好成績。適合從事醫療、政治、軍警、業務、娛樂、公關、行銷、餐飲、不動產、金融、貿易、水電、工程、攝影、美的事業。

財富能量：

有偏財運，重視實際利益。但有時會過於激進，願意為了工作賺錢，再辛苦奔波也不怕。調度金錢的能力強，有時花費是為了展現實力。金錢的進出頻繁而且大，也會因為重視朋友的情誼而樂於分享。有錢時會支援朋友，但是要注意不要逞強硬撐，損耗自身本錢，以免變成跑三點半。出外時花錢一定要節制，也要看好錢包不被偷或者遺失了。只要財務運用得宜，投資、買房保值、增值能致富。

戀愛指南：

活潑的你，喜歡具獨立性、行動力強、個性剛直、理性果決、能吃苦耐勞、喜歡追求財富、會訂定生活規則與目標、不善於表達情感與幽默、喜歡掌握主控權，也是忙碌一族的對象。所以，你要負責營造輕鬆氣氛，引導讓對方放下嚴謹的風格，讓雙方互動和諧愉悅，即使有爭執也不要針鋒相對，感情會更臻幸福。

健康守護：

注意胃、腸、脾、胰、外傷、心臟、肺、筋骨、眼、精神、感染、生殖器官、糖尿病、開刀、泌尿排泄、口腔、齒、肺、呼吸道、內分泌、先天罕見疾病。

破軍單星命坐寅申宮：

太陰✕ 田	貪狼〇 官	天同✕ 巨門✕ 奴	武曲△ 天相◎ 遷　申
廉貞△ 天府◎ 福	破軍單星 命坐寅宮		太陽△ 天梁△ 疾
父			七殺◎ 財
破軍△ 命　寅	兄	紫微△ 夫	天機△ 子

天機△ 子	紫微◎ 夫	兄	破軍△ 命　申
七殺◎ 財	破軍單星 命坐申宮		父
太陽◎ 天梁◎ 疾			廉貞△ 天府◎ 福
武曲△ 天相◎ 遷　寅	天同✕ 巨門✕ 奴	貪狼〇 官	太陰◎ 田

職場思維：

與眾不同、獨立自我、率性、喜歡表現、會交際、敢走與別人不同的路與風格、有特殊才藝或嗜好，工作機運多，在職場中能受人歡迎。但自己有理想，只要覺得這一個工作不適合自己就會馬上辭職，不會在乎別人的想法，或被別人左右牽制。在職場中只要把自己的專業做到第一把交椅，不要衝動急躁無禮，就能在自己的領域保有發揮的舞台。適合從事表演、傳播、藝術、設計、餐飲、娛樂、外交、國外事務、業務、金融、金屬、電子、科技、工程、不動產、美的行業。

財富能量：

重財也愛花錢，為了工作國內外奔忙勞碌。有偏財運，財富有時來的多又急，若不好好珍惜打理，而是花大錢享受、擺場面，或是投機過頭，錢也會容易來得快去得快，變成過路財神。凡事要記取教訓，因為好運不是常常有，只要懂得財務調度、惜財積財，就會降低財富的損耗。對你而言，不動產與國外投資是好的致富工具。

戀愛指南：

喜歡的對象除了霸道、脾氣大了點、支配欲強之外，優點其實不少。氣度不凡、貴氣端莊、自律、有事業心、負責任、會照顧人。在對方面前，反而是你比較像是會搗蛋、撒野、耍賴的小孩。最怕的是各玩各的或誰也不聽誰的，像兩條交集後的分叉線。所以，不要去挑戰對方的底限，能訂定兩人共同的生活目標與守則，是能夠互相扶持、輔助的一對。

健康守護：

注意眼、心臟、血液、癬、過敏、胃、腸、脾、內分泌、頭痛、新陳代謝、意外傷。

破軍單星命坐辰戌宮：

天同◎ 父	武曲○ 天府○ 福	太陽△ 太陰✕ 田	貪狼△ 官
破軍○ 命　辰	破軍單星 命坐辰宮		天機○ 巨門◎ 奴
兄			紫微△ 天相△ 遷　戌
廉貞◎ 夫	子	七殺○ 財	天梁✕ 疾

天梁✕ 疾	七殺○ 財	子	廉貞◎ 夫
紫微△ 天相△ 遷　辰	破軍單星 命坐戌宮		兄
天機○ 巨門◎ 奴			破軍○ 命　戌
貪狼△ 官	太陽✕ 太陰◎ 田	武曲○ 天府◎ 福	天同◎ 父

職場思維：

在職場上靈活有膽識、才華洋溢、創意多、善於察言觀色、著重實際利益、喜歡追求新鮮事與新知、會利用社交網絡來推展工作事業。外表看似隨興大方、不計較，實則精明計算，對於看上的目標會想盡辦法達到。只要懂得把自己的優點發揮到淋漓盡致，就能事業有成、躋身上流。但若是沒有培養實力，又讓欲望無限擴張，就容易因好大喜功、利慾薰心，而導致財務與感情糾紛不安寧。適合國外事務、科技、金融、投資、不動產、仲介、設計、五術、八大、五金、寶石、娛樂、表演、婚顧、業務、藝文、外交。

財富能量：

永遠在追求成就與財富，不怕競爭大或有難度的進財方式，富貴常常從險中求。有偏財或爆發的機會，喜歡掌控財務，也會在事業上幫別人尋找資金財源。除了賺錢有貴人相助之外，只要有正確的管理與經營觀念，就可以讓不動產增值，衣食無憂、成富成貴。另外，要注意財不露白，以免常常有人情上的借貸壓力，或請你出資做投資，而損失金錢或拉長回收時間。

戀愛指南：

你喜歡的一定是亮麗或帥氣、有異性吸引力、聰明、外向、能力強、具競爭力、做事積極、有才華、忙碌且擅於公關、有傲氣與控制欲的對象。初期兩人的戀愛刺激多彩，但在兩人個性都好強的狀況下，難免都想要佔上風、互不相讓。若沒有互相包容與退讓，容易爭執不下、兩敗俱傷。要維持情感甜蜜，一定要更有耐心並對感情忠誠。多想想當初吸引彼此的優點，感情才能走得更長遠。

健康守護：

注意脾、胃、腸、開刀、意外傷、四肢、內分泌、血液循環、筋骨、食道、呼吸系統。

雙星組合：
紫微破軍：見紫微星解說。（179頁）
廉貞破軍：見廉貞星解說。（316頁）
武曲破軍：見武曲星解說。（274頁）

第四節 星曜入與不入宮位規則

祿存：不入四墓宮。
博士：一定與祿存同宮。
擎羊：不入四馬宮。
陀羅：不入四正宮。
天馬：只入四馬宮。
天魁、**天鉞**：不入辰戌宮。
紅鸞、**天喜**：一定在對宮。
天刑：一定是天姚的逆三合。（逆數）
天姚：一定是天刑的順三合。（順數）

破碎：只入巳酉丑宮。
咸池：只入四正宮。
華蓋：只入四墓宮。
孤辰：只入四馬宮，在寡宿的順三合。（順數）
寡宿：只入四墓宮，在孤辰的逆三合。（逆數）
天巫：只入四馬宮。
天福：不入四墓宮。
天官：不入子午丑宮。
天廚：不入丑卯辰未戌宮。
截空（截路、空亡）：一星佔兩個宮位，截路、空亡不入戌亥宮。
天空、月德、天德：一定在三合宮。
天虛：一定在出生年支的對宮。
台輔與封誥：永遠是三合。
天傷、天使：一定在奴僕宮與疾厄宮夾遷移宮。
長生：只入四馬宮。
臨官：只入四馬宮。

晦氣：一定與龍德相對。

喪門：一定與白虎相對，與弔客相會。

小耗：一定與病符相對。

大耗：一定在歲建的對宮，與喪門、弔客三合。

白虎：一定與喪門相對，與官符相會。

弔客：一定在官符的對宮，與大耗、喪門三合。

流昌、流曲：不入四墓宮。

貼心小提醒：尚有未列出的安星規則，留待下回新書或上課解說。

第五章

空宮的生命素質

基本上紫微斗數的書，都可以把星曜解釋的非常清楚，因為每顆星曜都有其既定廣義與狹義的範疇，是可以被具體的形容與預測。

空宮，有的老師認為宮內沒有主星就是空宮，有的認為連輔星都沒有才算是空宮。但作者認為，無所謂空宮的問題，因為不論宮內有無主輔星，都是看空不是空。一般人對空宮的感覺會虛虛的、怕怕的，因為好像無所本。其實，空宮也可以用相同的邏輯來看待，這時的「有所本」，就是將對宮的星曜拉進來，能量打個折扣，加上三方四正的星曜組合，增加了更多的星曜特質在裏面後，這時就多了更多的可能、機緣與不確定性。所以，空宮的吉凶問題像是萬花筒包羅萬象，是看山不是山、看水不是水，但又看山是山、看水是水……。

空宮的特性是，不論哪一個宮位的人事物，都會呈現出多元、易變動、異地而處、較難掌握、無法被具體規範或量化，命運有如走馬燈的變化。但是，總還能甘之如飴，也會努力試著去解決搖擺不定的思緒，做出一番作為；但也有可能是不想有任何作為的……。

三方四正星曜結構與四化好的話，反而機會源源不絕、可塑性高；更能入境隨俗、遍地開花、無心插柳柳成蔭。若三方四正星曜與四化結構不佳時，常常會有這樣就好了的心態，或者會因為厭惡競爭，退縮無動力、更加怠惰。壞處比較容易擴大，變成脾氣大、膽子小，常有反覆猶豫、人生沒有明確目標，但是又不甘於只有如此的感覺，以致想法猶如多頭馬車，但又控制不住韁繩。

逢空宮時的最好心態就是不要被既定學理制約。若要在人生場上讓自己有更上一層樓的衝勁，惟有提升專業能量，讓自己充滿自信、穩步踏實，才不會淪於虎頭蛇尾而功虧一簣。其實作者覺得，空宮若是格局好，一定會把自己無窮的能量發揮到極致，並且能在歷經必要的磨練過程後，成就更為驚人璀燦。

喜：同宮三方四正逢祿權科、祿存與諸吉星，可以大幅提升能量、穩定心性，一樣能成富成貴。

忌：同宮或三方四正逢空劫、忌、天刑與諸煞星，讓能量下降，原本飄盪不安的本質更惡化。

第六章

命盤排盤及範例解說

看盤注意事項

- 所坐宮位特質。
- 命、身宮定位與呼應。
- 主星、輔星廟旺平陷能量。
- 命宮三方四正，宮內生年四化或自化與吉凶星。
- 有無特殊格局，例如：明珠出海格、英星入廟格、刑忌夾印格、命裡逢空格……等格局。
- 日月雙星是否廟旺或反背。
- 吉凶對星夾、拱或同宮。
- 祿權科會照或忌沖（衝）。
- 雜曜與神煞作用。
- 大限、流年、小限。

第二節 初步排盤解說

（請參照書中排盤方法。）

A小姐：農曆甲午年（西元一九五四年）三月四日午時生：

1依照出生月分與時辰，定命宮在戌宮。

2依照出生月分與時辰，定身宮在戌宮，命身宮同宮。

3依照陽男陰女順安、陰男陽女逆安大限，這個命盤為逆排大限。

4依照生年天干起寅首，甲天干起丙寅。

5依照命宮干支訂出五行局，甲戌訂出火六局，六歲起大限。

6依出生日與五行局安紫微星，再依紫微與天府星線規則安各個星曜，此命盤紫微在辰宮。

7甲年生年四化為廉貞化祿、破軍化權、武曲化科、太陽化忌。

附註：若自己不會排盤，只要將出生年月日輸入於網路上的排盤軟體就可以詳細列出。下列命盤中顯示的廟、旺、得、利、平、不、陷等涵義，請參考第三章中第四節紫微斗數專用及常用名詞解說。

<table>
<tr>
<td>天梁陷
56-65
疾 己巳</td>
<td>七殺旺
46-55
財 庚午</td>
<td>36-45
子 辛未</td>
<td>廉貞廟 祿
26-35
夫 壬申</td>
</tr>
<tr>
<td>紫微得
天相得
66-75
遷 戊辰</td>
<td colspan="2" rowspan="2">A小姐 甲午年
3月4日
午時
陽女火六局
生肖馬</td>
<td>16-25
兄 癸酉</td>
</tr>
<tr>
<td>天機旺
巨門廟
76-85
奴 丁卯</td>
<td>破軍旺 權
身
6-15
命 甲戌</td>
</tr>
<tr>
<td>貪狼平
86-95
官 丙寅</td>
<td>太陽不 忌
太陰廟
96-105
田 丁丑</td>
<td>武曲旺 科
天府廟
106-115
福 丙子</td>
<td>天同廟
116-125
父 乙亥</td>
</tr>
</table>

命盤重點：

此命主破軍旺：請參照第四章生年四化與紫微星曜、格局全解說中，第三節紫微主星星曜破軍坐命解說。（392頁）

・命坐戌宮：

居地位、四墓宮，宮位特質請參照第二章紫微斗數排盤專有工具，第三節地支，第二項地位中說明。（28頁）

・命身同宮：

命身同宮堅持做自己，比較自我，會以自己的信念、目標去追求理想。

・三方四正為殺破狼格局：

獨立、自主、堅強、有開創力、勇於決斷及挑戰極限，人生非常精彩也動盪。

・生年四化：

廉貞化祿、破軍化權、武曲化科、太陽化忌，四化說明請參照第四章生年四化與紫微星曜、格局全解說。

廉貞化祿：

夫妻宮廉貞化祿，命主及另一半異性緣皆佳，都有多婚緣及桃花緣。命主能靠著自身能力以及桃花得財，伴侶有能力，有才華、興趣廣泛、身任要職或是企業主。但因為兩人皆強，也可能會有感情的誘惑，容易起爭執。

破軍化權：

命宮破軍化權，命主外向會追求新事物、效率強、強勢且主觀、不得閒、乾脆、不拖拉、聰明伶俐、工作爭取地位權勢、努力賺錢忘了經營婚姻。命中一定會有破情、財、人的事發生。

武曲化科：

福德宮武曲化科，命主人生重視名聲、重義講信用、心志堅強、心氣寬宏。人生觀以賺錢到老，存摺豐厚過好生活，能留財富給子女為職志。

太陽化忌：

田宅宮太陽化忌，男性星化忌，代表在命主生命中有相關聯的男性，容易因為不合或無緣的問題而有聚少離多、生離死別，或者是會帶給你麻煩的狀況。化忌也代表收藏，命主能因為自身努力賺得高收入與房產，但是在家宅中，容易因為忙於工作、欠親情，而產生爭執或疏離的氛圍。忌沖子女宮時，表示命主雖然努力工作賺錢，提供家庭好的經濟生活，但與小孩卻有相處上的隔閡，關係不緊密、緣分不佳的問題。

・命宮坐生年化權：

將破軍原本較不理性、衝動、暴躁、先斬後奏、消耗性的缺點，轉化為具有智謀與擔當、堅毅的領導力，暴發力與能量更為強勢，機運變動大。在公司為企業的開創人才，能升官發財，也能創業投資從商；但是女命就容易與丈夫爭奪夫權。

・遷移宮：

紫微天相，代表命主雖然能幹、精力旺盛、行動力強，但是絕不是粗俗無理的人，出外非常注重形象、舉止儀態佳、談吐有禮、善於協調、重視面子與排場，出入場合都高級，更能得到別人的尊重與讚賞。

貼心小提醒：完整命盤需要全命盤解說，所有主星、吉凶輔星、神煞與其他論命元素，都會對整體運勢做出吉凶影響。可參考第三章及第四章完整說明。

第三節 完整範例解說：

V先生：依照排盤方法排出命盤，不再贅述。

<table>
<tr>
<td>太陽旺 天巫 破碎
文昌廟 天廚
陀羅陷

力士 45-54 指背
臨官 白虎
財 乙巳</td>
<td>破軍廟 天貴 紅鸞
地空 天才 咸池
祿存廟 天德

博士 35-44 咸池
冠帶 天德
子 丙午</td>
<td>天機陷 科 封誥
擎羊廟 寡宿
身宮

官府 25-34 月煞
沐浴 弔客
夫 丁未</td>
<td>紫微旺 解神
天府得
火星陷

伏兵 15-24 亡神
長生 病符
兄 戊申</td>
</tr>
<tr>
<td>武曲廟 天壽
左輔 天使
地劫

青龍 55-64 天煞
帝旺 龍德
疾 甲辰</td>
<td colspan="2" rowspan="2">V 先生 陰男 土 5 局

陰曆 吉年 吉月 吉日 吉時

命宮：酉
身宮：未

生年四化：

太陰化祿 天同化權 天機化科 巨門化忌

黎庭紫微寶房</td>
<td>太陰旺 祿 天刑
文曲廟 天哭
天鉞

大耗 5-14 將星
養 歲建
命 己酉</td>
</tr>
<tr>
<td>天同平 權 天虛 空亡
鈴星利

小耗 65-74 災煞
衰 大耗
遷 癸卯</td>
<td>貪狼廟 天月
右弼 天空

病符 115-124 攀鞍
胎 晦氣
父 庚戌</td>
</tr>
<tr>
<td>七殺廟 天傷 三台
天官 恩光
陰煞
月德
截路
將軍 75-84 劫煞
病 小耗
奴 壬寅</td>
<td>天梁旺 天姚 華蓋
龍池
鳳閣

奏書 85-94 華蓋
死 官符
官 癸丑</td>
<td>廉貞平 天喜 八座
天相廟

飛廉 95-104 息神
墓 貫索
田 壬子</td>
<td>巨門旺 忌 天福 台輔
天馬 孤辰
天魁 蜚廉

喜神 105-114 歲驛
絕 喪門
福 辛亥</td>
</tr>
</table>

V先生命盤解析：

•命格重點

•「陽梁昌祿格」：廣義的說，只要命宮的三方四正會逢太陽、天梁、文昌、化祿或祿存，就算是「陽梁昌祿格」。命主的這個格局，代表有利於爭取功名與前途，在學業、工作上升遷非常順利。

•「日月並明格」：命盤中太陽與太陰所在的宮位能量都是廟或旺。代表命主行事磊落、社交活絡、人際關係好、工作順遂、積極有目標、具專業長才、領導管理力佳、能平步青雲。

•「明日驅暗格」：太陽在巳宮能量旺，把對宮巨門暗星照亮。能將是非、口舌紛爭、陰暗、猜疑等負面能量適時的去除，以免更多的問題產生。

•「祿權巡逢格」：命宮三方四正有化祿與化權。這表示命主有專業頭腦與能力，並能掌握新機與趨勢，人生順利，可有大發展及成就，有錢又有權。

•「文星拱命格」：文昌與文曲在命宮三方四正會逢。代表命主行事儒雅有風采，有文書才華、聰明、功名順利、感情豐富。

•命宮三方四正主星能量

・命宮太陰旺化祿坐酉宮：

有財福、樂觀、風度氣質佳、體貼善良、熱心助人、情感豐富、驛馬異動多、成就與收入高、賺錢機會佳、身兼多職、田宅置產運佳、家宅佈置清雅美觀、為家庭付出、人緣與女性緣佳、本人與家中女性福祿壽佳、計劃容易成功、一鳴驚人。

・官祿宮天梁旺坐丑宮：

高學歷坐高階，享有清高名聲的工作。有企業家特質，努力向上、實際務實、堅毅、忍耐力強、智慧、有才華、仁慈慷慨幫助屬下、對上忠心對下友愛、有領導統御力、可以得到意外之財或他人的幫助、不輕易放棄、工作問題都能逢凶化吉。

・財帛宮太陽旺坐巳宮：

運用專業能力與領導能力賺錢、能賺大錢也追求卓越與地位、賺大企業與外商及異國財、國內外奔波進財、具賺錢競爭力、財富豐盈、收入高用錢慷慨大方、喜歡賺錢而且樂於付出。

・遷移宮天同平化權：

為工作在外忙碌，或常出外遊樂享受、敏銳有主見、學習力強、能跟隨外界潮流變化、有計劃、能掌實權坐大位、收入佳、在外以和為貴、貴人運強、能逢凶解厄、以柔克剛。

・命宮三方四正輔星作用

・三合文昌、文曲：

氣質、才華、功名、人際關係，都是高水準的表現。

・三方四正會逢陀羅、鈴星：

工作忙碌，更增加了辛勞與工作事項的困難度，所以，非常重視職場專業性；但要避免與人爭執與思維僵化、原地打轉的狀況。

・命宮坐有天刑、天哭、天鉞：

天刑是刑剋，也代表官司、法律。一生中要注意官司所帶來的影響，它也是業力星，所以，發生是必然，若命格好就能解。

天哭有難言之隱，是別人無法察覺，只有老天跟自己知道的傷心事。

天鉞是女性與上天無形中的助力，也代表自助、助人、人助、天助。

・命宮文曲自化忌：

・自化忌為無中生有的壓力、煩心與困擾，容易被不當的誤導而產生失誤、耗損。要穩定心性，尤其在說話方式、口頭約定、文書簽約、金錢上要注意。

・命宮、官祿宮、財帛宮、遷移宮，神煞與雜曜作用：

・命宮長生十二神為養：

代表生育力佳、有福、養命、穩重有主見、有才華風範。同宮天刑、天哭、天鉞如前述，有官司或難過的事，但都有無形的助力與貴人幫忙解決。

・命宮博士十二神為大耗：

會有親人早離、健康問題割除器官、精神消耗、做錯判斷導致損耗，但同宮主星強旺並且化祿，對宮又有化權會照，損失能彌補。

・官祿宮長生十二神為死：

極端聰明、但會迷失或自尋煩惱。工作時脾氣大、固執，但對宮有化科、三方有化祿會照有貴助，同宮天姚增加人際與桃花異性緣，有龍池、鳳閣能助其居上流地位。

・官祿宮博士十二神為奏書：

有天賜的福祿、文書才華，在職場上能錦上添花、增加名聲。另外，再加上華蓋，除了工作靈感與敏感度增加外，也代表職場的黑暗與辛苦被隱藏。

・財帛宮長生十二神為臨官：

能獨當一面、白手起家，也因為升官的喜慶，讓收入與財富越來越好。

・財帛宮博士十二神為力士：

代表有權勢及天分，對宮忌沖，雖然精神緊繃、財務進出周轉大，但因為有勇氣權謀，並且能得到有力人士幫助，三方有化祿會照，即使影響財富但損失可控制。同宮天巫聰明能理財、破碎會為親朋好友付出金錢、天廚喜歡花錢吃美食及吃高級飲食。

・遷移宮長生十二神為衰：

雖然代表盛極必衰，且同宮有天虛、空亡、鈴星，三方有忌，降低能量、增加口舌是非、心神不寧與忙碌煩躁，但同宮也有化權、提升力量，三方及對宮有化科與化祿會照，危機常常能有貴人解。

・遷移宮博士十二神為小耗：

出外花費多，金錢與精神有耗損，小有變遷。

・日月雙星能量：

・太陰、太陽皆旺：

太陽、太陰都是旺，代表運勢強、光明磊落、心地善良、聰明、人緣好、工作事業與財富常常是順風順水。

・身宮與夫妻宮同宮：

與配偶有一生的不解之緣與重視。雖然三合會忌因事爭執，但同宮化科且三合化權會照，夫妻家庭關係緊密，不會離異。

・生命故事解說：

依照生年四化的照與沖，V先生的幾個生命重要元素是自己、女性及田宅、外在環境與權勢、配偶與工作名聲、福德修為與財富。

1命宮有生年四化，太陰化祿：

太陰代表女性、女性家屬、女性朋友及同事與客戶、財富與房地產；化祿代表命主與上述的元素，有好而且多的緣分。命宮太陰化祿也代表命主的個性，外表溫和儒雅、打扮得體、細心體貼、聰明靈巧、能力強、感情豐富、善良、人緣佳，與異性也會有很多的接觸機會及吸引力，能進財豐沛順遂為家庭賺進財富，擁有品質佳的不動產，與家庭關係良好並照顧家庭。

2太陰化祿照遷移宮：

表示命主喜歡並且常常外出，會從事外國的事務或生意。出外工作與賺錢順利，也能得到好名聲與人緣。

3遷移宮有生年四化，天同化權：

天同代表福氣、逸樂、與人為善、入境隨俗。命主不但朋友多，也能出外得福，忙碌與出外享樂兼有。工作有開創力，能靠著外在環境與貴人多助的好機緣，得福、得權勢。

4天同化權照命宮：

讓命主更有企圖心與計劃能力，更能享有掌控外界與自身力量的權力。

5夫妻宮也是身宮，有生年四化天機化科：

表示命主的配偶智慧巧智、有能力、心思縝密、善於精算、能計劃並按部就班、個性溫和與人為善，可以得到貴人的幫助，也會是別人的貴人。夫妻之間雖然各自工作忙碌，相處機會不多，但會為彼此打算及忍耐，命運連結深，互敬互愛一生。

6天機化科照官祿宮：

化科照的靈動力，讓命主在工作事業上，除了自己的能力外，也能得到貴人的貴助。與另一半無形中的支持，在每次的變動中都能做好的決策與判斷，並在工作事業上得到名聲與福蔭。

7福德宮有生年四化，巨門化忌但三合會權科：

福德宮除了是享樂與福報的宮位，也代表著精神與人生觀的狀態。巨門代表著吃食享受、貴重物品、口舌、聰明、專業、祕密與負面思惟，所以，除了吃穿不用愁外，命主這輩子要修的課題與使命是自身的福德修為、培養信仰，以及節制更大的欲望。忌代表了困擾、問題、麻煩……，在化忌的宮位也代表著致力追求或投注，但卻仍然感到空缺、不滿足或不完美。化忌的宮位也是收藏與總結的宮位，因為V先生化忌的宮位在我宮，而且福德宮又有權科會照，所以，即使過程辛苦，耗費精神心力壓力大，但終有得，能享有為工作與生活努力後收入豐厚的成果。也因為這樣，更呈現出想要的東西會越來越多；更擔心未來會不會更好，越來越覺得不滿足與不安的精神壓力。只要保持正向樂觀、謹言慎行、說話不要衝動，就能安然度過每次的難關，以V先生的智慧與格局是一定可以應付的。

8巨門化忌沖財帛：

表示對個人成就有很高的要求，也喜歡錦衣玉食與高檔享受，對家人與朋友也心甘情願、大方付出，所以，賺得多也花得多。雖然花不完，但財富都是在滿足所有人的需求，並且要勞心計劃與安排金錢，在金錢上還是有不為人知的辛苦。

・命格整理：

依照上述的重點摘要後，大致就可以看出V先生的命格，是躋身上流社會的好命命格水準了。集合了象徵光明、學識、財祿、權位的星曜格局組合，V先生在職場工作的道路上，可以說是過關斬將、步步高升。即使是在工作路途中有荊棘、風雨，也都有貴人開路與提攜，成為收入豐厚、地位高的高層領導。V先生本命的星曜組合，讓他成為一位人緣佳、個性善良、體貼、氣度佳、學歷學識高、願意幫助他人、外地驛馬異動多、成就高、職位高、身兼多職、財富多、欲望多、田宅置產運佳、為家庭付出、情感豐富、工作順遂、計劃容易成功，但責任與精神壓力也超大的成功企業人士。

貼心小提醒：本命、大限、流年的整體運勢，一定要檢視各宮特質、主星與吉星、煞星、雜曜、神煞的落點作用來參看，才能達到紫微斗數提早預知，並且做好生涯規劃的效用。

B小姐：大限與流年注意事項重點說明，排盤方法與星曜，不再贅述。

<table>
<tr>
<td>天府得 天貴 紅鸞
天鉞 限壬鉞 八座
身宮
絕 6 -15 小耗
飛廉 劫煞
命 12 24 36 48 60 72 84 乙巳</td>
<td>天同陷 流忌 台輔
太陰不 流科
天福
墓 116 -125 大耗
奏書 災煞
父 11 23 35 47 59 71 83 丙午</td>
<td>武曲廟忌 限壬忌 流權
貪狼廟 天德 寡宿
左輔科 限壬科
右弼 流鉞
限喜
死 106 -115 龍德
將軍 天煞
福 10 22 34 46 58 70 82 丁未</td>
<td>太陽得 流祿 陰煞
巨門廟 天哭
天馬 限馬
病 96 -105 白虎
小耗 指背
田 9 21 33 45 57 69 81 戊申</td>
</tr>
<tr>
<td>文曲得 天姚
天虛
胎 16 -25 官符
喜神 華蓋
兄 1 13 25 37 49 61 73 甲辰</td>
<td colspan="2" rowspan="2">B小姐 陽女 火6局
陰曆 吉年 吉月 吉日 吉時
命宮：巳
身宮：巳
生年四化：
天梁化祿 紫微化權 左輔化科 武曲化忌
黎庭紫微寶房</td>
<td>天相陷 天廚 三台
流喜
衰 86 -95 天德
青龍 咸池
官 8 20 32 44 56 68 80 己酉</td>
</tr>
<tr>
<td>廉貞平 空亡 咸池
破軍陷 天才 月德
天魁 限壬魁 流鸞
鈴星利 天壽
流曲
養 26 -35 貫索
病符 小限 息神
夫 2 14 26 38 50 62 74 癸卯</td>
<td>天機利 天傷 解神
天梁廟祿 限壬祿 華蓋
文昌陷 天官
陀羅廟 限流陀
帝旺 弔客
力士 76 -85 月煞
奴 7 19 31 43 55 67 79 庚戌</td>
</tr>
<tr>
<td>天月 封誥
限壬昌 龍池
流馬
長生 36 -45 喪門
大耗 大限 歲驛
子 3 15 27 39 51 63 75 壬寅</td>
<td>火星得 限鸞 破碎
流魁
沐浴 46 -55 晦氣
伏兵 攀鞍
財 4 16 28 40 52 64 76 癸丑</td>
<td>擎羊陷 限壬羊 鳳閣
天刑 蜚廉
天使
限壬曲
冠帶 56 -65 歲建
官府 流年 將星
疾 5 17 29 41 53 65 77 壬子</td>
<td>紫微旺權 限壬權 恩光
七殺平 天巫 孤辰
地空 天空 月馬
地劫 天喜
祿存廟 限壬祿存 流昌
臨官 66 -75 病符
博士 亡神
遷 6 18 30 42 54 66 78 辛亥</td>
</tr>
</table>

．命身同宮在巳：

以自己的主觀意識為主張，敏感、愛自己、喜歡自由、為自己的理想走天涯，難免固執、我行我素、計較得失。

．生年四化：

1 **天梁化祿在奴僕宮：**

朋友或顧客、屬下、學生眾多。眾生是命主生命的養分與起源，與眾生為善、教育眾生能得到更好的福蔭，相對對自身財富、親子、親友等關係有助。

2 **紫微化權在遷移宮：**

外在形象有專業權威，能掌握指導或管理權，做事重效率與面子、在意自己的表現，希望能得到他人的支持與肯定。出外的機會多且有勢在必行之勢。要注意生活上各種執行過程中使用的方式，才能不因為反作用力受傷，又能得到好的反饋。

3 **左輔化科在福德宮：**

到老都喜歡學習、注重精神品質、社交關係、保守好名聲、助人才更有人助。雖然有理智的一面，但又過於深思，乃至於左思右想。不過，若是將此作用於金錢、人際在正確的管理上，對財富累積、在外際遇、夫妻關係等都能發揮好的助力。

4 **武曲化忌在福德宮：**

這輩子潛意識及內心揮之不去的考題，也是這輩子所欠缺與不圓滿、不擅長，但又必須去面對與修煉的課題。除了是自身福德修為、享受需求的滿足度、負面個性的展現、對金錢的不安全感，除了給自己帶來精神上的糾纏外，也要防止因為金錢觀或思考方向問題，而對婚姻、人際、所處環境產生錯誤的執著。

・大限注意事項

大限命宮空宮坐四馬宮寅宮：

・**優勢：**

有無限的想像與發展空間，只要有發揮的舞台都可以去嘗試。尤其出國發展、移居都有可能，也是人生的關鍵選項。

・**劣勢：**

容易被別人或外界形勢所主導，或者機會多導致抓不到重點。也容易信心不足或過於自信錯失機會的事情都有可能發生。

・**說明：**

大限三方四正有以下三個格局，「陽梁昌祿格」、「機月同梁格」、「巨日同宮格」；財帛宮有生年及大限祿，但日月雙星能量不夠強。

這一步大限格局不差，綜和前述三項格局，加上大限命宮空宮坐四馬宮，遷移宮又坐有天馬，所以命主在這個大限一定會有移居國外生活或工作的狀況。另外，家中會有新生命的誕生，但與另一半並不一定會有婚姻的狀態，而且可能常有兩地往返、分開（因大環境的問題分開居住）的現象，但此大限還是以伴侶的居住地及伴侶為生活主軸。

在財務上來財比較輕鬆，也比較會用心思做規劃並建立儲蓄的習慣，比起上個大限的財運佳。此大限身體上會有傷，除了生育的剖腹傷，也要注意外出的安全；或避免金屬、火所導致的傷害。另外，心情也要儘量保持平衡、勿波動。

命主此大限四化與生年四化重疊，更加重了本命中與奴僕、遷移、福德宮的關係。除了對上述的宮位直接加乘作用外，也會使這個大限中自己與財帛、子女、奴僕的因緣產生巨大變化，進而影響了與福德、手足、母親、自身與家庭的連結、感情與婚姻的型態。

命主在這個大限中要注意的是財務的規劃、外界情勢的變化、伴侶的相處模式、新生命的到來對家庭與自身的影響、母親與手足給予的支持、助力與關係維護。

只要設定人生目標，就不會落入空宮的信心不足、多頭馬車無所依循的奔波辛勞，也就能勇敢面對自己的選擇與人生變化。

・流年注意事項：

庚子年（一〇九年）流年命宮空宮坐子宮：

・優勢：

除了空宮所賦予的可能性外，感情較柔軟、豐富，對新的人生變化有機會停下腳步思考，能更成熟堅定的面對。

・劣勢：

也可能胡思亂想、一意孤行。今年因為星曜的特性，容易有將想法衝動付諸實現或亂無章法的狀況，所以容易傷人、情、財，或者不得不暫時斷開的狀況。

・說明：

流年命宮空宮加上大限命宮空宮變化性很大，人生在今年有重大的轉變。外表看似開朗堅定，但內心又藏著憂慮與不安定感，常常處於緊張壓力與擔心未來的情況下。但是值得恭喜與開心的是新生命的加入與人生新階段的展開。雖然家中喜添人口，但是命主今年可能因此有必要的醫療檢查與剖腹手術導致的刑傷，要注意術後身體的修護，避免術後衍生的問題。精神、生活與健康上也需要原生家庭親友的幫助，與自身的堅強信念做支持。

今年與伴侶的關係因為小孩的降臨而趨於和諧，但是因為大環境的使然，還是會有遠距離的問題。命主今年開始會比較辛勞，心裡有想法一定要與伴侶做好溝通，不要堅持己見，雙方在此時也不要為了金錢或付出的多寡計較產生爭執。

工作因為小孩而暫時停擺，財務的花費也加大，更容易產生不安全感，但是伴侶會給予適時的資助，或者命主也會有其他的資源助力能解決。

會有國內外的進出機會，只要積極做好安全規劃大致上無虞。

以上是紫微斗數論命的基本方法彙整，讀者可以試著用上述的方法解盤，增加自己的論命功力。最後，祝各位讀者能輕鬆學習、快速上手，並且學以致用，進而開啟全新的好命模式。

填讀者回函抽免費論命活動

即日起至 2021 年 6 月 30 日前購書的讀者，填寫完整的線上表單，就有機會抽中跟老師面對面（或是 line／電話）諮詢命盤的機會。

抽獎時間：2021 年 7 月 5 日將通知中獎的讀者，並公布在大樹林 FB

名　　額：4 位

注意事項：

1. 購買本書時請保留發票紀錄（請先拍照存證）
2. 中獎讀者須提出購買憑證才能符合資格，若無法提出名額將由下一位讀者遞補
3. 面談（或電話）時間請先跟老師預約，時間以一小時為限。
4. 時間確認後請勿隨意更改時間，若更改時間視為自動放棄。

連結表單：https://reurl.cc/GdVkY3

國家圖書館出版品預行編目(CIP)資料

學紫微斗數一遇見更好的自己/黎庭著. -- 初版. -- 新北市：智林文化出版社, 2021.01
面；　公分. -- (新生活視野；31)
ISBN 978-986-7792-69-3(平裝)

1.紫微斗數

293.11　　109021590

新生活視野31

學紫微斗數一遇見更好的自己

作　　者／黎　庭
編　　輯／張家瑋
校　　對／黃惠娟
排　　版／菩薩蠻電腦科技有限公司
出 版 者／智林文化（大樹林出版社）
地　　址／新北市中和區中山路2段530號6樓之1
通訊地址／新北市中和區中正路872號6樓之2
電　　話／(02) 2222-7270
傳　　真／(02) 2222-1270
網　　站／www.guidebook.com.tw
E-mail／notime.chung@msa.hinet.net
Facebook／www.facebook.com/bigtreebook
總 經 銷／旭昇圖書有限公司
地　　址／新北市中和區中山路二段352號2樓
電　　話／(02)2245-1480　　傳　　真／(02)2245-1479
本版印刷／2022年08月

定價／480 元　　ISBN / 978-986-7792-69-3